AF459934

VAILLANTES JEUNES FILLES

Assis dans un grand fauteuil, il faisait le catéchisme (P. 16.)

(1)

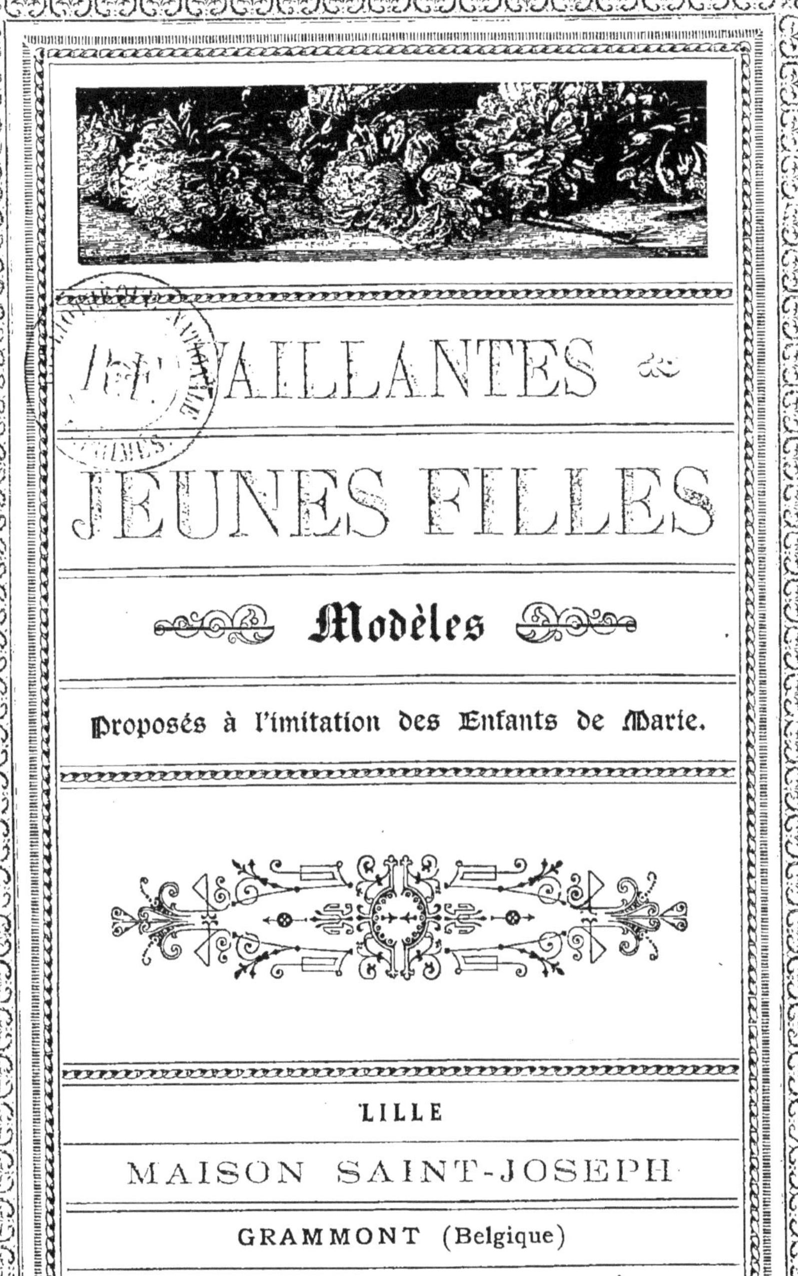

VAILLANTES JEUNES FILLES

Modèles

Proposés à l'imitation des Enfants de Marie.

LILLE

MAISON SAINT-JOSEPH

GRAMMONT (Belgique)

ŒUVRE DE SAINT-CHARLES BORROMÉE

Jeanne fit à sa mère un récit exact de tout ce qui s'était passé. (P. 197.)

AVANT-PROPOS

Nous avons publié naguère, sous le titre de *Jeunes Vaillants,* un recueil qui a obtenu un certain succès. On s'est demandé si les sœurs des jeunes chrétiens auxquels il s'adressait ne pourraient pas avoir, elles aussi, leur galerie de modèles, indistinctement choisis dans toutes les classes de la société.

Voici donc la galerie des *Jeunes Vaillantes;* nos lectrices ne se plaindront pas : elle a le double d'étendue de la première. Et parmi les innombrables anecdotes, les traits intéressants et instructifs que contiennent les esquisses biographiques de ces *modèles,* il n'y a pas une ligne qui ne soit d'une rigoureuse exactitude : tout est du domaine historique.

Plusieurs de nos héroïnes appartiennent à la période de la grande Révolution : alors surtout le courage, la fidélité, la constance avaient l'occasion de se signaler. Puis, ces jeunes filles se sont trouvées mêlées à de graves événements, dont les scènes dramatiques augmentent l'intérêt de notre recueil.

A cette époque où la frivolité, l'indifférence, les défaillances morales sont, hélas! si fréquentes, où l'abaissement des caractères rend de plus en plus rares les exemples d'une sérieuse vertu, de tels spectacles nous paraissent avoir une opportunité particulière.

La principale leçon qui s'en dégage c'est celle-ci : Toute force vient de Dieu, et il n'y a pas de véritable vertu sans cette force. Les anciens l'avaient bien compris, car le mot latin que nous traduisons par *vertu* ne signifie pas autre chose que l'énergie de l'âme, le courage de faire le bien. « Jeunes filles vaillantes » est donc ici le synonyme de « Jeunes filles d'une haute vertu. » Les systèmes contemporains par lesquels on prétend rendre tout facile et faire acquérir à la jeunesse la vertu comme la science sans peine ni effort, sont de brillantes chimères.

« La force vient de Dieu, » disons-nous; et puisqu'il n'y a pas de vertu sans cette force, il faut avant tout la demander à Dieu. Après cela, il est indispensable d'en venir résolument, généreusement à la pratique. Qu'on commence par de petits actes de courage, et peu à peu on acquerra la vaillance; que l'on soit fidèle à se vaincre dans les menues occasions journalières, et un jour on obtiendra la victoire dans les grands combats de la vie, dans la lutte contre les passions et l'esprit du mal.

Nous souhaitons à nos Lectrices de devenir les premières « *Jeunes Vaillantes* » du XXe siècle, les émules de ces nobles chrétiennes dont elles vont contempler les belles actions.

Marie-Thérèse CHAPPUIS [1]

Sur la limite du Jura, se trouve un petit village du nom de Soyhières. Il se cache dans une gorge profonde. Ses maisons, peu nombreuses, s'attachent aux flancs des rochers qui s'élèvent à droite et à gauche; une petite rivière coule au fond de la vallée, et sépare deux grandes montagnes : celle du pèlerinage de Notre-Dame du Forbourg et celle du château des anciens seigneurs de Soyhières. Au-dessus s'élèvent des forêts de sapins qui, de cimes en cimes, atteignent la région des nuages; le tout forme un tableau complet, saisissant.

C'est là que naquit, en 1793, le 16 du mois de juin, Marie-Thérèse Chappuis. On assure que le site du lieu n'est pas sans influence sur les qualités morales et sur les dispositions de l'esprit. S'il en est ainsi, il faut tout d'abord reconnaître qu'on trouverait peu de femmes dont l'âme ait été plus capable de sentir, l'esprit plus propre à méditer les grandes et belles choses, et le goût plus sûr pour les apprécier.

Pour bien comprendre Marie-Thérèse Chappuis, il faut aller visiter le lieu de sa naissance, il faut gravir les sentiers qu'elle a si souvent parcourus, il faut aller prier au pèlerinage de Notre-

(1) Ce récit de la jeunesse de Marie-Thérèse est emprunté à la belle *Vie de la vénérée Mère Marie de Sales Chappuis*, par le R. P. Brisson, Supérieur général des Oblats de Saint-François de Sales. (Paris, 79, rue de Vaugirard. — Reproduction interdite.)

Dame du Forbourg qu'elle a tant aimé, il faut la suivre dans tous les petits ermitages de solitude et de prière où elle se retirait.

Le village de Soyhières avait, de tout temps, été habité par des familles patriarcales où la piété était héréditaire et la Providence avait ménagé à ce bon peuple des pasteurs dignes de ce troupeau de choix. L'un d'eux, mort il y a cent cinquante ans, avait laissé une réputation de grande doctrine et d'une foi des plus vives envers le Très Saint Sacrement, dont il avait défendu le dogme contre les calvinistes. On remarque, dans le cimetière du village, son tombeau sur lequel on voit une main bénissant et consacrant le vin du calice. Plus récemment, un autre curé, M. l'abbé Blanchard, mourut en odeur de sainteté. Un pèlerinage s'est organisé à sa tombe, qui se trouve sous la première marche de l'église de Soyhières.

La famille Chappuis comptait parmi les meilleures de ce bon pays. M. Chappuis, l'un des Cent-Suisses de Louis XVI, avait conservé sous l'habit militaire toutes les vertus de sa première éducation, et il perpétuait dans ce village les traditions d'honneur, de bonnes manières, qui caractérisaient alors la nation française. Sa femme offrait l'exemple de toutes les vertus domestiques; l'économie la mieux raisonnée, une piété forte et généreuse distinguaient Mme Chappuis.

Tout près d'eux, dans une maison de famille, vivait dans les pratiques de la plus aimable piété un vieil oncle qui avait été, pendant de longues années, curé de Soyhières. Il avait une nièce, qui participait à toutes ses bonnes œuvres et qui donnait à cette maison la vie et le mouvement nécessaires à l'éducation des enfants de M. Chappuis, dont elle se chargeait en grande partie. Ce vieil oncle avait passé le temps de la révolution caché dans une espèce de galetas obscur, pratiqué au milieu des chambres de la maison comme un entresol déguisé. Il sortait de là aussitôt les ténèbres de la nuit, afin de prendre pendant quelques instants l'air qui lui manquait le reste de la journée. A côté de ce galetas se trouvait une chambre boisée, n'ayant de vue que sur la cour par une seule fenêtre. Son isolement de la rue et sa parfaite convenance l'avaient fait choisir pour être la chapelle domestique pendant les jours de la Terreur. C'est là que vers minuit ce vénérable prêtre venait célébrer les saints mystères, auxquels assistaient la famille et quelques vieux serviteurs dont la fidélité et la discrétion étaient à l'épreuve.

Telle était à peu près la physionomie de la famille Chappuis lorsque naquit Marie-Thérèse.

Quand elle vint au monde, elle était si chétive et si faible que l'on crut qu'elle ne pourrait exister que quelques heures. Mais sa mère, à qui Dieu avait donné un sentiment tout particulier, assura que le saint baptême donnerait à la petite fille ce qu'il fallait pour vivre, et demanda que l'on se hâtât de la faire baptiser. Toutefois, l'embarras était grand : aucun des prêtres catholiques cachés chez M. Chappuis ne se trouvait à la maison au moment de la naissance de l'enfant. D'un autre côté, il n'aurait pas été prudent de faire sortir le cher oncle de sa cachette ignorée. Cependant Mme Chappuis insistait sur la nécessité de faire donner tout de suite le baptême à la petite fille, qui était attaquée de convulsions violentes.

Un des frères de M. Chappuis, venu pour voir sa belle-sœur, prit alors une résolution qui n'était pas sans danger pour lui et qui témoignait bien de la vivacité de sa foi. « Je vais aller, dit-il, faire baptiser ma petite nièce à Petit-Lucelle. » Petit-Lucelle est un village distant de près de deux lieues de Soyhières; pour y arriver, il faut gravir la montagne abrupte qui sépare les deux communes; cette montagne servait alors de frontière entre les pays dont s'était emparé la France et le pays resté à la Suisse. Ce village, n'étant pas sous la domination révolutionnaire, avait conservé son église, son curé, et c'était là que se rendaient en cachette ceux de Soyhières qui voulaient participer aux sacrements et entendre la messe. Le frère de M. Chappuis fait mettre sa petite nièce dans un panier à vendange que l'on couvre d'une serviette, et chargeant son précieux fardeau sur son épaule, il s'en va à Petit-Lucelle par un chemin détourné à travers les broussailles et les rochers pour ne pas donner l'éveil aux gens du gouvernement. Mais, arrivé au sommet de la montagne, il fait la désagréable rencontre d'un employé de la douane française, qui lui crie d'avoir à déclarer ce qu'il porte dans son panier. « Ah! c'est de la bonne marchandise, répond-il à l'agent du fisc républicain. — Eh bien! reprend le douanier, si c'est de la bonne marchandise, continue ton chemin, citoyen. »

La petite Thérèse fut donc baptisée le jour même de sa naissance; et selon que l'avait prévu Mme Chappuis, quand on rapporta l'enfant, elle était blanche et rose de toute noire qu'elle était avant son baptême, et la mère, rayonnante de joie, disait: « Nous l'élèverons tout aussi bien que ses autres frères et ses autres sœurs. »

Mme Chappuis environna Thérèse, pendant sa première enfance, de tous les soins possibles, afin de conserver cette chère petite, qu'elle regardait comme un précieux trésor. Elle n'eut pas moins de sollicitude pour son âme. Dès les premières lueurs de la raison, elle s'attacha à lui inculquer l'amour de Notre-Seigneur, une douce confiance en Dieu, un zèle ardent pour la vertu et un éloignement absolu pour tout ce qui pouvait être répréhensible. Cette semence, jetée avec intelligence et amour dans cette petite âme, ne pouvait manquer d'y germer et de s'y développer. Aussi la petite Thérèse pouvait à peine parler, que déjà elle témoignait par des signes combien elle aimait les objets de dévotion. Lorsque sa mère la faisait prier, tout son petit être se recueillait d'une façon admirable; on la voyait joindre les mains, et sa physionomie prenait une telle expression que les personnes présentes s'écriaient : « Ce sera une sainte plus tard. » Pendant toute sa vie elle conserva dans la prière cette attitude et cette expression de candeur, ce charme d'un enfant qui parle à Dieu dans toute l'effusion de son âme. Elle a souvent dit que, dès ce moment, elle se sentait tout enveloppée de Dieu, et qu'elle éprouvait en sa présence un sentiment de confiance et d'abandon si grand, qu'elle n'aurait pu appeler le bon Dieu autrement que son Père. Elle aimait à assister à la prière que l'on faisait en commun dans la famille. Soixante-quinze ans plus tard, il lui semblait qu'elle avait encore dans l'oreille le son de la voix de son père disant gravement la formule de la prière, et celle de ses frères et de ses sœurs répondant sur tous les tons propres à leur âge.

Thérèse était avide de toutes les petites dévotions que sa mère faisait faire à ses sœurs plus âgées, et il lui semblait qu'elle avait droit d'y être admise comme ses aînées. Cependant une chose la peinait : elle avait remarqué quelque mystère à propos des exercices de piété qui se faisaient dans la famille. On ne lui disait pas tout; les plus grands en étaient instruits; on se cachait d'elle. Elle va trouver sa mère, l'embrasse et lui dit : « Mère, vous ne m'aimez donc pas? Que fait-on pendant la nuit? Mes frères et mes sœurs se lèvent, je les entends marcher tout doucement; vous sortez de la maison : où allez-vous ainsi? » Sa mère commença par lui faire observer qu'il ne fallait jamais suivre sa curiosité. Puis elle ajouta : « C'est vrai, il se passe à la maison quelque chose de mystérieux, qu'on n'a pas encore jugé bon de te montrer; mais si tu promets de n'en jamais rien dire, on t'appellera ce soir, à minuit. »

Sur l'assurance de Thérèse de garder le plus grand secret, on vint la faire lever au milieu de la nuit. Quel ne fut pas son étonnement, quand elle vit dans une chambre de la maison de sa tante un autel couvert de cierges allumés, et un prêtre revêtu d'ornements sacerdotaux, qu'elle reconnut être son oncle! Tout le monde, prosterné à genoux, priait devant cet autel. Il lui sembla tout d'abord que ces choses extraordinaires devaient avoir quelque but caché et insaisissable pour son esprit; mais, à l'élévation, elle se sentit tout à coup éclairée : « Je compris tout, a-t-elle dit depuis; Dieu se révéla à moi, et j'en reçus une impression de lumières qui me sont toujours restées présentes. » Elle avait alors quatre ans.

La petite Thérèse avait été initiée au plus grand des secrets, à celui qui pouvait compromettre davantage toute la famille; mais sa discrétion extraordinaire autorisait cette confiance, et permettait à sa mère de ne plus se cacher, quand elle préparait ce qui était nécessaire à la nourriture et aux vêtements des prêtres émigrés qui venaient se réfugier à la maison de M. Chappuis.

Thérèse était vivement impressionnée de ce qu'elle entendait dire de ces martyrs de la foi, et elle se prenait à regretter de n'être pas un homme, afin de pouvoir donner aussi au bon Dieu un témoignage généreux de sa fidélité. Dès lors elle conçut pour les prêtres une vénération qu'elle a toujours gardée, et qu'elle témoignait constamment à tous les prêtres avec lesquels elle se trouvait en rapport.

Non seulement son respect pour les ministres de Dieu lui était communiqué par l'exemple de sa mère et de tous les siens, mais l'amour du devoir, le respect pour la vérité et pour la justice lui étaient inculqués par toute la conduite de son père, M. Chappuis. Elle aimait à rappeler une de ses premières lumières sur l'obligation des devoirs de son état.

M. Chappuis exerçait momentanément dans son village les fonctions de juge. Un jour, il céda à la fatigue et n'assista pas à l'audience, où l'on devait juger un homme dont l'innocence ne lui paraissait pas douteuse. L'homme fut jugé, et M. Chappuis eut la douleur d'apprendre que cet innocent avait été condamné et exécuté sur-le-champ. Il se reprocha amèrement ce qu'il appelait un manque à son devoir. Plus tard il fit dire des messes pour le repos de l'âme du défunt, et il aida sa famille de tout son pouvoir. Thérèse dut, comme ses frères aînés, prier pour le pauvre condamné; elle n'oublia jamais cette leçon du devoir et de l'honneur, qui, dans sa pensée d'enfant, grandissait son père et l'élevait au-dessus de tout ce qu'elle pouvait imaginer de plus digne et de plus respectable.

D'un autre côté, sa mère était l'image de toutes les vertus

domestiques. Ses soins, sa sollicitude pour chacun de ses enfants, son bon jugement, sa charité dévouée pour les pauvres, et surtout pour les prêtres exilés de France, touchaient vivement la petite Thérèse. Il en était de même des leçons de piété, de patience et de discrétion qu'elle recevait de sa mère; car Mme Chappuis possédait et pratiquait ces vertus jusqu'à l'héroïsme. Plusieurs fois, pendant la révolution, elle exposa sa vie en recueillant chez elle des prêtres poursuivis par le gouvernement d'alors; et, quand elle put craindre que sa maison ne fût dénoncée comme un refuge de prêtres bannis, elle leur donna asile dans une ferme de la famille.

Un jour, elle emportait sur ses épaules un matelas destiné à un pauvre prêtre qui venait d'arriver de France, quand elle rencontra M. Chappuis, qui lui dit vivement : « Vous ne savez pas à quoi vous vous exposez, à quoi vous exposez nos enfants et moi! Si j'étais interrogé, il me serait impossible de mentir et de ne pas avouer ce que vous faites. » Dans la suite, M. Chappuis ne passa plus par ce chemin, et la bonne dame n'en continua pas moins son service de dévouement et de charité.

La première éducation chrétienne de Thérèse trouvait encore un secours bien puissant dans son oncle maternel, vénérable et saint prêtre qui était resté caché à Soyhières pendant la révolution, comme nous l'avons dit plus haut.

Aussitôt que les lois de proscription se furent un peu adoucies, le bon M. Fleury sortit de la cachette où il s'était enseveli; mais sa santé, altérée par toutes les souffrances d'une si longue réclusion, ne lui permettait plus de se livrer à un ministère actif. Il se consacra tout entier à l'éducation des enfants de sa nièce. Il habitait avec une de ses sœurs, qui ne s'était pas mariée, une maison voisine de celle de M. Chappuis; aussi la maison de l'oncle était-elle constamment envahie par tout ce petit peuple d'enfants, au nombre de huit ou neuf. C'est là qu'on venait dîner les jours de récompense; c'était auprès de la tante qu'on était sûr de trouver une avocate pour obtenir le pardon d'une faute; c'était la tante qui préparait les meilleures parties de plaisir, qui intervenait dans toutes les questions, qui résolvait toutes les difficultés et apaisait tous les différends.

L'oncle avait un autre rôle : il faisait le catéchisme. Quand, après les jeux, venait l'heure où l'oncle attendait son auditoire, on le voyait assis dans un grand fauteuil; chacun se rangeait autour de lui, selon son âge, et aussitôt la leçon commençait. « Nous sommes créés pour connaître, aimer et servir Dieu. Dieu est fidèle, il ne peut se tromper, ni nous tromper. » C'était par ces paroles que commençait toujours et invariablement le catéchisme. Ces paroles, dites d'une voix grave et sonore, impressionnaient ces jeunes enfants. Quelquefois le catéchiste les accompagnait d'un commentaire; d'autres fois il reprenait la suite de ses explications, ou entrait en matière sur un autre sujet. « Ce début, toujours le même, nous mettait dans l'âme, a dit souvent Marie-Thérèse, un fonds de foi sérieuse et convaincue, qui nous est toujours resté. » Cette foi vive a dominé, en effet, toute sa vie, et la suite a montré de quelle influence elle a été sur ses frères et ses sœurs, puisque sur huit arrivés à l'âge de suivre une carrière, six se sont faits religieux, et les deux qui sont restés dans le monde ont donné l'exemple des plus vraies et des plus solides vertus chrétiennes.

Thérèse n'était pas la moins attentive au catéchisme. Le catéchisme avait pour elle la préférence sur toutes les autres leçons. Aussi, quoique l'une des plus petites, elle recevait souvent la mission d'aller voir si l'oncle était prêt à commencer. Elle se glissait alors sur le fourneau de la chambre où le bon oncle lisait son bréviaire, se tapissait sur le degré le plus élevé du poêle, et suivait de là, page à page, la lecture du bréviaire.

Quelquefois c'était long, d'autrefois c'était beaucoup plus court. « Il prend l'image rouge! » disait-elle aux autres. L'oncle se servait toujours de l'image rouge pour marquer l'endroit où il s'arrêtait dans son bréviaire. Aussitôt tout le monde arrivait sagement se mettre à sa place. Les plus petits n'apprenaient qu'une ou deux questions du chapitre, les grands l'apprenaient en entier.

« Ce Catéchisme se composait d'un gros volume, dans lequel toute la doctrine se trouvait longuement et clairement exposée. C'était vraiment une théologie, disait plus tard Marie-Thérèse ; dans la suite, je n'ai rien appris en instruction religieuse que je n'eusse entendu au Catéchisme de mon oncle. »

Le cher oncle profitait de toutes les circonstances pour affermir leur foi et former leurs âmes. Les événements de famille, les circonstances les plus fortuites, lui fournissaient l'occasion de régler leur jugement sur les principes de la foi, et d'affectionner leurs cœurs aux dogmes et aux pratiques de notre sainte religion.

Les lois du temps permettaient bien aux prêtres de reparaître, mais elles leur refusaient le droit d'exercer leur saint ministère. Un soir, M. Fleury est appelé près d'un malade, pour lui porter en secret les derniers sacrements. Il invoque son bon ange, et il se met en marche ; mais voici qu'au détour d'un chemin il se sent pressé de quitter la voie qu'il avait prise, et qui était de beaucoup la plus courte, pour en prendre une autre bien plus longue. A son retour, on vient lui apprendre que les gens du gouvernement l'attendaient sur le chemin qu'il avait quitté. On devait, s'il eût été pris, lui faire payer de sa tête la transgression aux lois. Le lendemain, le sujet de l'instruction fut sur la confiance que l'on doit avoir aux saints anges, et sur l'efficacité de la prière qu'on leur adresse.

Thérèse était la septième des onze enfants de M. Chappuis. C'est au milieu de cette nombreuse famille que se passèrent les vingt-deux premières années de sa vie.

Si la modestie de la famille n'avait pas cherché à tenir secrets une foule de détails, si surtout Marie-Thérèse n'avait pas employé tous les moyens pour voiler ces premiers temps de sa vie, nous aurions certainement une ample matière pour édifier nos lectrices. Celui qui écrit ces lignes est bien allé, voyageur solitaire, rechercher dans les lieux mêmes, peu de temps après la mort de la bonne Mère, les souvenirs qui restaient dans la mémoire des vieillards. Il en a retrouvé encore quelques-uns; mais de quoi peut-on se rappeler après soixante ans d'absence? Cependant il a recueilli de la bouche de vieux serviteurs de la maison des détails circonstanciés et gracieux qui témoignent tous du caractère charmant, de la douceur, de la piété de Mlle Thérèse.

Une bonne vieille plus qu'octogénaire, qui avait servi pendant toute sa jeunesse chez M. Chappuis, Barbe, était accroupie sur son lit, tenant en main un gros chapelet dont elle récitait les *Ave* à haute voix lorsque j'entrai pour l'interroger sur son ancienne maîtresse. « Je viens, lui dis-je, recueillir ici des détails sur la vie de Mlle Marie-Thérèse Chappuis. Je désire les porter à notre Saint-Père le Pape, afin qu'il puisse la faire déclarer sainte. — Oh! que vous faites bien! Quelle bonne pensée vous avez là! Dites à notre bon Saint-Père le Pape que c'était une vraie sainte. Oh! qu'elle était bonne! comme elle était aimable, toujours égale, ne se fâchant jamais de quoi que ce soit! Aussi comme nous l'aimions! comme elle priait bien le bon Dieu! Elle était toujours occupée à prier, soit chez sa tante, soit à l'église; on ne lui voyait jamais lever les yeux. Ç'a été un bien gros chagrin pour tous quand elle a voulu s'en aller au couvent. Elle-même en a ressenti une grande peine; elle faisait un si rude sacrifice en nous quittant! »

Ce témoignage de piété et de douceur, je l'ai recueilli de la bouche des autres serviteurs qui avaient travaillé chez son père, et qui se plaisaient à me redire leur admiration avec un sentiment aussi vif, aussi frais que s'ils eussent quitté leur pieuse maîtresse depuis seulement quelques mois.

C'est avec ces éléments que je vais tracer les principaux traits de cette période de sa vie. J'ai fait connaître le milieu dans lequel Dieu avait placé notre chère petite Thérèse. Si la Providence a soin d'environner de tous les principes de vie la plante qui croît au milieu des champs, elle avait, ainsi que nous venons de le

Mme Chappuis faisait de temps à autre de petites fêtes à ses enfants. (P. 20.)

voir, pourvu abondamment aux conditions nécessaires pour protéger et faire grandir cette âme, et pour la préparer aux plus douces et aux plus fortes vertus. D'un autre côté, la petite Thérèse avait reçu de sa mère une disposition particulière à la piété et au recueillement, et de son père une force d'âme, une énergie de volonté et une rectitude de jugement peu ordinaires. Elle aimait passionnément le vrai et le beau. La grâce de son baptême avait fortifié et développé les qualités naturelles de son esprit et de son cœur, et, tout enfant, elle faisait présager ce qu'elle serait un jour. Les domestiques de la maison et les gens du village l'appelaient la petite sainte de M. Chappuis, et réellement elle en faisait des actes dès sa plus tendre enfance.

Sa mère avait remarqué que jamais Thérèse ne conservait aucun des jouets que les parents et les amis de la famille ont coutume de donner aux enfants. Elle recevait avec une grâce et une amabilité sans pareilles ce qu'on lui offrait, et elle remerciait si affectueusement, que ceux qui lui faisaient ces petits dons en étaient touchés. Mais après avoir regardé ces objets pendant quelques instants et exprimé combien elle les trouvait beaux, elle les portait aussitôt à sa mère et lui disait : « Voilà pour mettre dans l'armoire. » Cela fait, Thérèse n'y pensait plus et évitait de les revoir.

Mme Chappuis, en bonne mère, faisait de temps à autre de petites fêtes à ses enfants lorsqu'on avait été sage et qu'on avait bien su son Catéchisme. On organisait un goûter où rien ne manquait. C'étaient des fruits du verger de l'oncle l'abbé, du miel de ses ruches, du lait des plus belles vaches de l'étable, des gâteaux sortant du four et des œufs brouillés à la crème. Ce dernier mets était celui de Thérèse. La faiblesse de son estomac lui faisait naturellement préférer ce qui était cuit aux crudités et au laitage froid. Mais il arrivait presque toujours, d'après l'avis de Thérèse, que les œufs à la crème étaient nécessaires à Xavier, qui revenait de faire une course ou qui rentrait de la chasse, ou bien à Fidèle (1), qui avait trop étudié le matin, ou bien encore à sa

(1) Noms de deux de ses frères.

sœur Marie-Joseph. « Marie avait eu tant d'ouvrage! Elle était si peu forte, qu'elle en avait besoin plus que tous les autres. » Les œufs à la crème se trouvaient ainsi partagés, et Thérèse prenait, dans les fruits qui restaient, sa part, dont elle avait toujours soin de faire l'éloge.

Un de ses proches parents avait fait le voyage de Paris, et il en avait rapporté pour Thérèse une très belle poupée à laquelle rien ne manquait; elle avait des cheveux, des yeux et une toilette de la dernière mode. Tout cela excitait l'admiration des sœurs de Thérèse et de ses petites compagnes. Thérèse la regarde avec elles; elle écoute leurs appréciations et y applaudit pour leur être agréable et pour ne pas désobliger l'oncle généreux qui lui faisait un si beau cadeau. Mais, tout le monde parti, Thérèse prend la poupée sur ses genoux, la regarde attentivement et lui pose cette question : « Qui vous a créée et mise au monde? » Mais la poupée ne répond rien. « Elle n'a pas d'âme, dit Thérèse ; elle ne peut pas connaître, aimer et servir Dieu : je n'en veux pas. » Et elle la jette loin d'elle avec un mouvement de dédain. Mme Chappuis demande à Thérèse ce qu'il faut faire de la poupée : « Oh! la mettre dans l'armoire, » dit Thérèse ; et depuis elle n'a plus voulu jamais la regarder. On a conservé longtemps dans la famille ces différents objets comme témoignage des goûts sérieux et de la raison précoce de la petite Thérèse. Sa bonne mère y voyait un avant-coureur de la sainteté de celle pour qui elle avait tant prié.

Aussi cette judicieuse mère cultivait-elle avec soin cette plante que Dieu lui avait confiée, et s'appliquait-elle constamment à développer le riche fonds qu'elle remarquait en cette enfant. Non contente de l'instruire par les mille moyens qu'une mère chrétienne a sous la main dans l'intérieur de la maison, elle la menait auprès des pauvres et des malades qu'elle allait visiter au village. Elle lui apprenait ainsi à aimer l'aumône et à compatir aux souffrances des autres. Ce sentiment pour les pauvres s'accrut rapidement dans le cœur de Thérèse.

Dans l'une de ces visites, faite à une jeune femme amie de sa mère, et qui était à ses derniers instants, elle fut très frappée d'entendre dire par cette mourante : « Oh! mon Dieu! qu'il est dur de voir la lumière quand il n'est plus temps d'en profiter! » Thérèse en demanda l'explication à sa mère. Mme Chappuis lui répondit : « Cette dame a toujours été très bonne chrétienne; mais, au moment de sa mort, Dieu lui a fait voir ce qu'elle aurait pu faire pour lui, et elle éprouve le regret de ne pas y avoir pensé plus tôt. » Depuis, la petite Thérèse avait coutume de dire très souvent au bon Dieu : « Oh! je vous prie, donnez-moi la lumière quand il en est temps. C'est si triste de ne pas voir ce qu'il faut faire pour vous! » On peut voir dans la suite de sa vie combien Dieu exauça cette prière, et de quelles lumières il environna constamment cette âme si fidèle dès ses premières années.

Cette fidélité à la grâce était accompagnée d'un jugement rare chez une enfant aussi jeune. Sa mère le savait et ne craignait pas de confier à Thérèse les fonctions les plus délicates. Elle l'envoyait porter aux prêtres qui se tenaient cachés dans une des fermes de la famille Chappuis, à une certaine distance de Soyhières, les provisions et les repas qu'on leur préparait à la maison. Thérèse s'en allait portant son petit panier avec un air de simplicité et d'assurance qui déjouait toute supposition. Cependant, il arriva qu'un jour elle vit venir à elle sur le chemin plusieurs hommes dont la figure et les vêtements annonçaient des révolutionnaires. Aussitôt, sans se troubler, elle s'assied au bord du chemin sur son petit panier, et pendant qu'ils passent elle paraît s'occuper à cueillir les pâquerettes qui se trouvaient sous sa main. Ce jour-là le dîner eut quelques minutes de retard; elle en donna l'explication aux bons prêtres. Ceux-ci admirèrent la sagesse qui brillait dans une si jeune enfant : Thérèse avait six ans.

Malgré la difficulté des temps, les frères et sœurs aînés de la petite Thérèse avaient fait leur première communion. Instruits et préparés par le cher oncle, constamment entourés de la vigilance d'une pieuse mère, ils avaient tous apporté à ce grand acte les dispositions désirables. Thérèse enviait leur bonheur, et elle réclamait de Dieu et de ses parents cette grâce, qu'elle mettait au-dessus de toutes les autres.

Une des meilleures dispositions pour s'approcher de la sainte table est, sans contredit, la pureté de conscience. Or notre jeune petite Thérèse n'avait certainement terni la robe de son innocence baptismale par aucune faute considérable. Ni dans ses pensées, ni dans ses paroles, ni dans aucune action, elle n'avait offensé Dieu d'une manière grave. Ce qu'elle se reprochait le plus, avant sa première communion, c'était un acte de taquinerie peu convenable envers une petite fille qu'elle avait voulu fâcher et faire crier.

La Révolution française, qui s'était étendue jusque sur cette partie de la Suisse qu'habitait M. Chappuis, rendait toujours impossible tout exercice extérieur du culte. Les prêtres n'osaient pas y reparaître en public, et, si la persécution officielle était moins violente, les trahisons étaient peut-être plus redoutables. Un grand nombre d'étrangers avaient envahi le pays, et les familles chrétiennes avaient tout à craindre des dispositions hostiles et haineuses de ces aventuriers. On se cachait donc, et, si la guillotine n'était plus à craindre, on redoutait les dénonciations et la persécution. Elles ne manquaient pas à ceux qui voulaient rester fidèles.

C'était en secret qu'on assistait au saint sacrifice de la messe; c'était comme à la dérobée qu'on allait se confesser et communier, et l'on avait grand soin de le faire sans aucun témoin.

Cependant Thérèse avait déjà obtenu la grâce de pouvoir se confesser à son oncle, le vénérable abbé Fleury; mais elle désirait vivement la sainte communion. Elle allait avoir huit ans. Depuis déjà plus de quatre ans, elle avait reçu de Dieu la lumière la plus claire et la plus pénétrante de l'auguste mystère de la sainte Eucharistie. Elle avait tout compris à cette première messe à laquelle elle avait assisté au milieu de la nuit, dans la maison solitaire de sa tante. A partir de ce moment, son amour pour le Sauveur caché sous ce voile de sa divine charité n'avait fait que grandir, et c'était perpétuellement qu'elle le cherchait, qu'elle l'adorait, et qu'elle lui témoignait, par tous les élans de son âme, combien elle désirait s'unir à lui. Le cher oncle et sa famille, connaissant ces ardeurs, décidèrent qu'il était à propos de lui faire faire sa première communion, malgré son jeune âge.

Cette grande fête de famille pour tous les parents de la jeune Thérèse devait coïncider avec un grand événement pour l'Église. Le général Bonaparte avait songé à une réconciliation avec le Saint-Siège, et l'on préparait en France et à Rome l'affaire du Concordat. L'exercice extérieur et public de la religion allait être rétabli dans tous les pays soumis à la France. Ce fut peu de jours avant la signature de l'acte qui rendait la liberté à l'Église, que Thérèse Chappuis reçut, pour la première fois, son Dieu dans le sacrement de son amour.

Soixante-dix ans plus tard, la bonne Mère, interrogée sur sa première communion, répondit : « En ce moment, le Sauveur m'a tout donné, j'ai tout vu, et ce que j'avais reçu, et ce que je devais recevoir le reste de ma vie. » A dater de ce moment, Thérèse sentit qu'elle n'était plus seule; tout sembla se transformer autour d'elle. Les pèlerinages qu'elle aimait à faire à la chapelle des Trépassés, à Notre-Dame du Forbourg, n'étaient plus pour elle une simple récréation d'enfant. Au lieu de s'y rendre en la compagnie de tous ses frères et de ses sœurs, elle y allait accompagnée de Xavier, son frère aîné, qui la suivait à distance, et qui lui laissait la liberté de prier et de s'entretenir avec Dieu. Dans ces pèlerinages, Thérèse ne suivait pas seulement les sentiments d'une dévotion affective, elle pratiquait encore des pénitences proportionnées à son âge. Le mercredi et le vendredi, elle disait à son frère : « Il faut mettre aujourd'hui de petits cailloux dans nos souliers pour monter à Notre-Dame du Forbourg. » Et les enfants mettaient, en effet, tous deux des cailloux dans leurs souliers.

Il ne faudrait pas croire que cette surabondance de grâces intérieures ait rendu la jeune Thérèse moins sociable; au contraire, elle devenait plus liante encore avec ses frères et ses sœurs. C'était avec plus d'aisance qu'elle leur parlait, qu'elle leur rendait de petits services; ses jeux avaient plus d'entrain, plus d'amabilité, car le bon Dieu lui disait qu'il fallait tout bien faire pour lui être agréable. Dieu devenait en quelque sorte le lien qui unissait son âme à tout ce qui l'entourait, à son pays, à la maison paternelle, à chacun de ses parents; et, si à cette époque il lui avait fallu quitter Soyhières, ses frères, ses parents, elle a plusieurs fois assuré qu'elle en serait morte de douleur.

Peu après sa première communion, la petite église de Soyhières fut rendue à la piété des bons habitants du village. On y célébra la sainte messe, le Saint-Sacrement reprit sa place au tabernacle. Ce fut une joie universelle. On se sentait revivre; des larmes de bonheur coulaient de tous les yeux; on se félicitait : Dieu était revenu au milieu de ses enfants. Mais personne n'éprouva plus de bonheur que Thérèse : elle allait donc pouvoir visiter son Sauveur autant qu'elle le désirait; elle allait souvent pouvoir le recevoir réellement et substantiellement dans son sacrement ineffable. L'église, jusque-là déserte et désolée, allait devenir pour elle un séjour de délices. C'était là désormais que Dieu allait lui parler cœur à cœur !

Dès lors commença à se manifester en elle cet attrait invincible qui la portait vers l'autel où résidait Notre-Seigneur, et qui lui faisait dire à la fin de sa vie : « Mes deux plus grands sacrifices en entrant en religion ont été de quitter ma famille, et de me trouver séparée de l'autel par les grilles de la clôture. » Aussi combien de fois se rendait-elle à l'église pour y visiter Notre-Seigneur !

La Providence, qui a ses vues en tout, avait placé près de l'église sa maison paternelle et la maison de sa tante. On pénétrait à l'église par l'extrémité du jardin de son père, et la maison de sa tante n'en était séparée que par la rue étroite du village. Les anges adorateurs de Jésus au Saint-Sacrement ont pu seuls compter le nombre de ses visites à son bien-aimé Sauveur. Elle aurait voulu ne pas s'en séparer; mais elle comprenait aussi que la meilleure manière de rester près de lui était de faire sa sainte volonté et de remplir les devoirs de son état. De sa chambre, elle apercevait la lumière de la lampe du Saint-Sacrement; elle dirigeait de là son regard et son cœur vers l'objet divin de toutes ses affections.

Devenue un peu plus grande, elle obtint la faveur d'entretenir elle-même la lampe du sanctuaire. La ponctualité, la propreté, l'ordre, l'exactitude qu'elle apporta à cette fonction firent l'édification de la paroisse. Nous avons entendu le récit d'une ancienne servante de la maison de son père. Elle nous disait que rien au monde n'égalait la sollicitude et la dévotion de Mlle Thérèse dans cet office. « Mlle Thérèse ressemblait, disait cette bonne fille, à un séraphin. »

L'église de Soyhières devait dès lors devenir un sanctuaire privilégié. Dieu y était aimé plus qu'ailleurs, et il était dans l'ordre de sa providence d'en faire un lieu où il se manifesterait lui-même d'une manière plus sensible et plus constante. Pendant de longues années, cette église fut le théâtre de la sainteté et des œuvres de M. l'abbé Blanchard; aujourd'hui elle est devenue un lieu de pèlerinage, où les malades viennent chercher la guérison près du tombeau de ce saint prêtre.

Douée comme elle l'était d'un jugement si sûr et d'un esprit si droit, Thérèse devait avoir, plus que beaucoup d'autres, une grande aptitude pour la science; mais, tout enfant, elle avait su reconnaître la meilleure part, et elle regardait la science comme chose assez vaine lorsqu'elle n'avait pas Dieu pour objet.

Ce qu'elle apprenait, ce qu'elle savait dans la perfection, c'était son catéchisme; elle lui donnait presque tout son temps; aussi Thérèse avait-elle plus que tous ses frères et sœurs le talent de répondre juste à toutes les questions du cher oncle. Pour les autres études, elle n'y apportait guère d'attrait que celui du devoir. L'étude de la grammaire et des mathématiques

Ensemble ils faisaient leurs petits pèlerinages. (P. 29.)

lui était très pénible; elle s'y rangeait pourtant, grâce à sa bonne volonté de faire tout pour obéir à ses parents, et aussi grâce au professeur qui se chargeait des leçons. Ce professeur était le bon oncle l'abbé, qui admirait à la fois et les dispositions pieuses de sa nièce et les efforts qu'elle savait faire pour se vaincre, en apprenant des choses qui l'intéressaient si peu.

M. Chappuis aimait ses enfants, mais il exigeait de la sagesse et de la tranquillité. Les jeux bruyants ne lui allaient pas; cela le distrayait de ses préoccupations et de ses études. La troupe joyeuse se mettait au repos quand M. Chappuis paraissait; mais petit à petit chacun s'effaçait, et il ne restait plus auprès du père que Thérèse. Une grande ressemblance des traits du visage et du caractère unissait M. Chappuis à sa fille. Quoiqu'elle fût encore bien jeune, il aimait à causer avec elle, et à lui parler même de choses qui auraient semblé au-dessus de la portée d'un enfant. Thérèse le comprenait, et les yeux fixés sur son père, avec l'expression de l'affection et de l'admiration la plus complète, elle lui répondait toujours à propos et avec une lucidité et un jugement qui charmaient M. Chappuis.

Les frères et sœurs n'étaient pas jaloux de cette préférence; ils savaient bien que Thérèse n'en usait que pour obtenir de leur père ce qu'ils pouvaient désirer. On la choisissait ordinairement pour arbitre des différends, et pour avocate quand on avait fait quelque faute.

S'était-on querellé, frappé même, on venait chercher Thérèse, on lui exposait le fait, et ensemble on allait trouver Mme Chappuis. Chacun s'expliquait alors; le blâme était décerné au plus coupable. « Embrassez-vous maintenant, » disait Mme Chappuis, et chacun s'en allait tout à fait remis.

S'agissait-il d'obtenir une grande faveur, quelque chose qu'on avait désiré depuis longtemps et qui était du ressort de M. Chappuis, Thérèse en était seule chargée. Elle allait directement à la question près de son père. Les motifs qu'elle donnait étaient toujours trouvés bons, et elle revenait victorieuse vers la petite troupe, qui attendait anxieusement la réponse. « C'est fait, disait-elle; il faut remercier le bon Dieu et dire un *Ave Maria* à Notre-Dame du Forbourg. »

Mais c'est surtout dans leur petite direction spirituelle que Thérèse excellait. Ces chers enfants, élevés dans la crainte de Dieu, se reprochaient leurs fautes et en concevaient un repentir qui allait souvent jusqu'à les inquiéter et les troubler. Ils venaient alors trouver Thérèse et lui disaient ce qu'ils avaient fait de mal. Thérèse les écoutait, puis leur disait : « Demandez-en pardon, faites un acte de contrition et n'y pensez plus. » Lorsque la faute avait été plus grave, Thérèse répondait : « Il faudra aller demander pardon à Notre-Dame du Forbourg. » Et l'on organisait alors un pèlerinage à Notre-Dame.

Parmi les frères de Thérèse, il en était un pour lequel elle avait plus d'affection : c'était François. François se rapprochait d'elle par son âge et par son caractère; il n'avait que deux ans de plus qu'elle. D'une nature délicate et douce, il était porté à la piété; d'une santé frêle, il avait besoin de soins et d'affection. Empêché par sa santé de prendre part aux courses, aux jeux de ses frères, il restait plus souvent à la maison, et il trouvait dans ses conversations avec Thérèse un dédommagement pour cette vie trop paisible et trop sédentaire. Aussi François et Thérèse étaient-ils des inséparables. Ensemble ils priaient, ensemble ils faisaient leurs petits pèlerinages, ensemble ils construisaient sous les grands arbres du verger des cellules pour y vivre en solitaires, afin de s'en aller après, tous les deux, en paradis....

On ne saurait dire combien cette affection mutuelle de ces deux enfants développa chez eux les sentiments de la foi et les dispositions à la piété. Ils ne parlaient que du bon Dieu, que du désir de devenir un jour de grands saints. On formait des projets pour l'avenir, et après ces entretiens on se mettait à genoux et l'on priait pour son père et pour sa mère, pour les membres de la famille si nombreux et si unis.

Le plus souvent les deux enfants allaient ensemble à Notre-Dame du Forbourg. Leur mère les y envoyait pour demander à Notre-Dame la guérison d'un petit frère, la santé du bon oncle, le courage et la force dont leur père avait besoin pour remplir ses charges en ces temps d'épreuve. François et Thérèse prenaient alors le petit sentier qui, aujourd'hui encore, part de

Soyhières à travers la montagne et se dirige vers la chapelle vénérée.

A moitié chemin, ils entraient pour se reposer dans une métairie qui leur appartenait. Cette métairie se trouve encadrée dans une espèce de coupe de verdure creusée dans la montagne, au milieu de hautes herbes où les vaches suisses semblent disparaître, tant le pâturage est abondant. Des bouquets de taillis sont semés çà et là sur les bords de cette coupe.

Après avoir traversé la métairie, le petit sentier reprend pour arriver bientôt à la lisière du bois. Ce bois, que les exigences du site, et sans doute aussi le respect pour le sanctuaire qu'il environne, ont fait respecter par ceux qui le possèdent, est exactement aujourd'hui ce qu'il était à l'époque où Thérèse le parcourait. Ce sont les mêmes arbres séculaires, les mêmes fontaines qui coulent au bord du petit chemin, marqué à chaque pas par des *ex-voto* et frayé par les pas des pèlerins de la contrée. Ce sont les mêmes fleurs au doux parfum. Ce sont les mêmes chants d'oiseaux.

Une grande peine attendait ces heureux enfants et devait encore augmenter leur mutuelle affection. François, délicat, comme nous l'avons dit, et d'une complexion faible, s'était un jour aventuré à faire seul une grande course dans la montagne. L'heure du repas arrivait. Craignant de donner de l'inquiétude à ses parents, il avait hâté le pas pour rentrer à la maison. La lassitude le forçant de s'arrêter, il entra dans une de ces petites grottes qu'on rencontre si fréquemment dans les rochers de la montagne et qui, par leur humidité et leur fraîcheur, sont souvent mortelles au voyageur fatigué qui a l'imprudence de s'y asseoir.

C'est ce qui arriva au pauvre enfant. En quelques minutes il contracta la longue maladie de poitrine qui devait le faire souffrir pendant près de onze ans pour l'enlever ensuite à l'affection de sa famille. Quand François rentra, on fut obligé de le mettre au lit. Il y fut longtemps malade et ne s'en releva que pour traîner cette existence triste et pleine de mélancolie qui est le partage des malheureux poitrinaires. Cette maladie rendit Thérèse plus attentive à donner des soins à son frère et ne fit qu'augmenter l'ardeur de leurs désirs pour Dieu et leurs souhaits du ciel. Quand François fut mieux et qu'il put marcher, ils allaient bien encore souvent à Nôtre-Dame du Forbourg; mais François paraissait affectionner davantage un autre but de promenade.

A l'autre extrémité du village, sur le versant de la même montagne, on découvre, après avoir gravi un sentier étroit et escarpé, dans un endroit désert et presque sauvage, une petite église sous le nom de Notre-Dame des Défunts. C'était aux temps anciens l'église paroissiale. Les gens du village la visitent comme étant consacrée aux âmes du purgatoire. On ne pouvait mieux choisir comme monument dédié à la mort.

Cette chapelle se détache sur un sol verdâtre, presque noir; quelques broussailles rares et maigres, comme celles qui se voient aux flancs des Alpes, l'environnent tristement. Par-dessus cette végétation ingrate, on a pour horizon un immense éboulement de la montagne; les siècles ont détaché un à un les bancs de pierre qui s'élevaient à pic et qui soutenaient la lisière des bois. Des blocs se sont répandus et amoncelés çà et là sur une grande surface, jusqu'au fond d'un ravin obscur. Ils affectent tous des formes régulières et ressemblent à des pierres de taille. On dirait un amas de ruines, et on se croirait en face d'une de ces anciennes villes d'Orient, vastes nécropoles, sépulture d'un grand peuple. Quand on les considère en masse, ou seuls, isolés comme des tombeaux, la surprise, la tristesse et une immense impression de mélancolie saisissent involontairement l'âme et la pensée.

C'était la promenade que François affectionnait; il y conduisait souvent Thérèse. François portait sur ses traits amaigris l'empreinte de la maladie qui le minait et qui devait le conduire à la mort. Il le savait et il s'en entretenait avec Thérèse, la seule confidente intime de ses pensées. « Allons prier pour les morts, lui disait-il, ce sera prier aussi pour moi ; » et les deux enfants arrivaient fatigués à la petite chapelle. Après la prière d'usage, ils allaient s'asseoir sur une pierre, en face de cette immense désolation de la nature. Que disaient-ils alors? François parlait d'abord de son état et de la fatigue de la route, puis il exprimait à Thérèse le bonheur qu'il aurait de quitter ce monde où il souffrait tant et d'aller voir Dieu, qui se révélait déjà à lui par une vue lumineuse et par un sentiment ineffable. Thérèse, émue, écoutait son frère et lui disait combien elle serait heureuse aussi de voir le bon Dieu dans le ciel, combien déjà elle aimait à penser à lui, comme elle le voyait partout et comme il se faisait sentir à elle. Et les deux enfants revenaient à la maison paternelle le cœur plein d'une pieuse émotion et embaumé du parfum de la prière.

Thérèse venait d'avoir douze ans. Jusque-là le cher oncle s'était chargé de son instruction. On n'avait pas voulu la confier aux soins du bon vieux maître d'école de Soyhières, qui assurément méritait bien la confiance de tout le monde par sa profonde religion et par son soin pour les enfants ; mais il avait vieilli, et n'avait presque plus d'autorité dans sa classe.

On résolut donc d'envoyer Thérèse au pensionnat de la Visitation de Fribourg. Ce fut pour elle l'occasion d'un sacrifice si dur, qu'elle faillit en perdre entièrement la santé et la vie. Elle aimait assurément ses maîtresses, elle estimait leurs vertus, et se trouvait naturellement portée à leur obéir; mais Fribourg n'était plus Soyhières. Elle avait laissé un père, une mère, des frères, des sœurs, et surtout un pauvre malade qui ne pouvait se passer d'elle. Ce ne fut donc qu'à force de courage et de vertu qu'elle put rester pensionnaire. Cependant ses forces physiques trahissaient son bon vouloir, et bien des fois, pendant ses trois années de pension, elle dut revenir à la maison pour se guérir et pour reprendre un peu de vigueur.

Celui qui écrit cette vie a bien cherché à se renseigner sur ces trois années, dans le désir d'offrir aux élèves un modèle achevé de la vie de pensionnaires. Pour cela, il a jadis interrogé Thérèse elle-même qui lui a répondu : « Pendant ce temps-là, j'ai presque toujours été malade; je ne pouvais pas faire une année entière, j'étais obligée de revenir chez nous. Je travaillais avec bonne volonté, et ce que j'aimais le mieux à apprendre, c'était ce que l'on appelle aujourd'hui l'analyse logique. L'arithmétique me faisait mal à la tête; mais je la comprenais à la première explication. Ce que je retenais le mieux, c'étaient les leçons sur le Catéchisme et sur l'histoire de l'Église. Les instructions de M. l'aumônier me plaisaient, surtout lorsqu'il nous citait les conciles et les Pères de l'Église. »

J'ai interrogé à Fribourg deux ou trois anciennes religieuses qui avaient été ses compagnes de pensionnat. Le souvenir de ces bonnes anciennes était tout de respect pour Thérèse Chappuis. Un seul sentiment, celui de la vénération, leur était resté dans la mémoire. Aucun fait particulier, rien d'extraordinaire ne s'était gravé dans leur esprit. Ce qu'elle a été religieuse, me disaient-elles, elle l'a été pensionnaire. Tout, chez elle, était édification et charité. La jeune Thérèse avait compris assurément qu'une pensionnaire ne doit pas se distinguer d'entre ses compagnes, qu'elle ne doit faire avec elles qu'un cœur et qu'une âme, et elle s'était si bien faite toute à toutes, qu'elle semblait passer inaperçue.

Mais, sous cette apparence d'uniformité, Thérèse possédait une volonté énergique et un entrain qui avait quelque chose de chevaleresque lorsqu'il était question d'entreprendre le bien. Il y a dans le jardin du monastère de la Visitation de Fribourg un petit tertre qui est devenu célèbre dans l'histoire du couvent. Les pensionnaires s'exerçaient parfois à le gravir pendant la récréation. Un jour, elles se préparaient à le monter à la course, à qui arriverait la première, quand la maîtresse s'écria : « Eh bien, que celle qui arrivera la première s'engage à ne point faire la moindre faute au règlement pendant tout le temps qu'elle restera au pensionnat. » La parole n'était pas dite que Thérèse était en haut du tertre; les autres, muettes et immobiles, restaient en bas. On marqua l'endroit où Thérèse était arrivée, on y bâtit une petite chapelle, et, pendant la retraite des pensionnaires, c'est là que l'on va s'agenouiller quand on a pris une résolution généreuse de faire ce que le bon Dieu demande.

Sa santé délicate ne l'empêchait pas de prendre part à toutes les récréations, qu'elle animait par son entrain. Dans un coin du jardin se trouvait un réservoir d'eau qu'on avait décoré du nom de la Sarine; les poissons de la Sarine avaient fort à faire pour suivre la pâture que Thérèse leur jetait, et leurs évolutions n'étaient pas une des moindres récréations du pensionnat. Ils la reconnaissaient et venaient en foule vers elle, aussitôt qu'elle arrivait sur la rive. En hiver, la neige servait à tous les jeux. Des montagnes, des grottes, des chapelles s'élevaient par enchantement; on y creusait aussi son tombeau, en s'étendant sur la couche blanche qui venait de tomber; on y imprimait toute sa personne, puis l'on regardait la neige nouvelle qui venait vous recouvrir pour jamais. « C'est ainsi que cela se passera bientôt pour nous, » disait Thérèse.

Thérèse s'était résignée à la volonté de ses parents et aux convenances de sa famille en allant au pensionnat de la Visitation de Fribourg; mais, nous l'avons dit, elle avait laissé à la maison paternelle un frère qui avait vraiment besoin d'elle, François, le jeune malade qu'elle affectionnait tant, dont elle partageait les promenades, les longues journées de langueur et de souffrance. Il se mourait de la poitrine.

Cette maladie communique à l'âme quelque chose de mélancolique et de grave qui mûrit l'homme avant l'âge. Thérèse trouvait dans la société de ce frère, qui causait peu, un moyen de recueillement, un aliment à ses douces affections et à son amour pour Dieu. Souvent ils passaient de longues heures à savourer ensemble une parole que leur avait dite le cher oncle, ou une réflexion que leur inspirait la bonté de Dieu pour eux, ou un sentiment qu'ils éprouvaient à la vue de la beauté de la nature, de l'aspect du bois, du chant des oiseaux.

Thérèse avait fait un très grand sacrifice en vivant trois ans

Le premier usage que le jeune Chappuis fit de sa liberté fut d'écrire à sa famille. (P. 40.)

loin de son frère et de tout ce qu'elle aimait. Aussi son retour fut-il pour elle une joie dont elle gardait encore l'impression longtemps après son entrée au couvent. Revenue à la maison paternelle, ses devoirs avaient grandi; et les jeux qu'elle affectionnait dans son enfance, les longues parties avec ses frères et ses sœurs, et tous ces amusements dans lesquels son heureux caractère et sa grande innocence savaient trouver le bonheur, tout cela devait cesser pour faire place à des soins plus graves.

Le mariage de son frère aîné, l'entrée en religion de ses sœurs, les décès des uns, les départs des autres, les détails de la vie domestique auxquels sa grande amabilité et son parfait jugement devaient nécessairement la mêler, toutes ces circonstances allaient lui créer une autre existence, moins heureuse sans doute, mais plus utile et plus méritoire.

Son naturel et sa conscience la portaient, nous l'avons déjà dit, à entretenir la paix au milieu de ses frères et de ses sœurs. Elle avait pour cela un à-propos remarquable; elle savait faire tous les sacrifices nécessaires. Souvent M. Chappuis ordonnait aux aînés des choses difficiles; Thérèse les encourageait et commençait parfois elle-même la besogne commandée. Mme Chappuis, plus douce et plus condescendante, avait quelquefois un peu de peine à accommoder tout le monde; Thérèse lui venait en aide. Elle expliquait la pensée de sa mère, la faisait goûter, et trouvait le moyen de la faire exécuter mieux encore que ne le désirait cette excellente femme.

Mme Chappuis, pour exercer le jugement et le goût de ses filles, avait coutume de les emmener avec elle à la ville pour le choix des différents objets de toilette à leur usage. Chacune avait la liberté de prendre ce qui lui plaisait le plus, et aujourd'hui on montre encore dans la famille des coiffures de ce temps-là, étiquetées au nom de chacune des demoiselles Chappuis. C'est une relique de famille, où l'on retrouve le caractère de chacune des acheteuses.

De retour à la maison, chacune admirait ses achats; mais, comme Thérèse avait un goût plus sûr, il arrivait souvent que la robe qu'elle avait achetée paraissait plus belle. Il s'ensuivait des regrets qu'on ne pouvait pas toujours dissimuler. Thérèse s'en apercevait-elle, aussitôt elle courait à sa mère et lui persuadait que la robe qui déplaisait à sa sœur avait maintenant toutes ses préférences. Elle disait vrai, car ce qu'elle préférait toujours, c'était d'être agréable aux autres et de sacrifier ses inclinations.

Cette délicatesse de sentiments ne se manifestait pas seulement à l'égard de ses sœurs; elle se faisait remarquer en toute circonstance.

On avait préparé à Soyhières et dans plusieurs villages voisins un grand pèlerinage à Notre-Dame de Forbourg. Les pèlerinages de cette époque étaient pour toutes les jeunes filles une occasion de montrer leurs toilettes et de faire connaître la fortune de leur famille. Un certain nombre de nœuds, portés sur la robe, indiquaient la quotité de la dot qu'elles devaient avoir; celles qui ne se destinaient pas au mariage ne portaient pas ce signe distinctif, mais elles avaient soin de porter dans leur coiffure des filaments d'or ou d'argent, dont le nombre ou la forme servaient à déterminer la situation de leurs parents. Or, à l'un de ces pèlerinages, Mlle Thérèse s'était habillée selon son goût. Elle n'eut qu'à jeter un regard pour remarquer combien sa toilette était plus élégante que celle des jeunes filles de Soyhières et des villages voisins. En sortant de l'église, elle entend quelques jeunes filles se dire tristement entre elles qu'elles sont dépassées par Mlle Thérèse. Que fait Thérèse? Arrivée devant la porte de sa tante, où passait la procession, elle entre dans la maison, défait vivement toute sa toilette, revêt ses habits les plus usés, et rejoint la procession au sortir du village. « Mais qu'avez-vous fait là? lui disent toutes les jeunes filles. — Oh! j'étais trop mal dans ma robe, et je suis allée en mettre une autre, dans laquelle je me trouve plus à l'aise pour gravir la montagne. »

Une sœur domestique de la Visitation de Mâcon, qui, dans son enfance, avait servi dans la maison de M. Chappuis, racontait avec attendrissement combien Mlle Thérèse était bonne. « Elle venait souvent, disait-elle, où je faisais la vaisselle; comme j'étais encore petite et que je n'avais pas beaucoup de force, Mlle Thérèse prenait ma place, m'envoyait m'amuser, et, quand je revenais, toute ma besogne était finie. Elle n'oubliait jamais de me dire que c'était le bon Dieu que je devais remercier, parce que tout ce qui nous est bon vient de lui. »

Sa présence au milieu des domestiques leur donnait du courage. « Nous nous sentons plus forts, disaient-ils, lorsque nous la voyons; elle nous aide en nous regardant. » Mais elle était surtout chère à son père. Celui-ci la consultait, non seulement pour ses affaires temporelles, comme nous l'avons dit, mais il avait l'habitude de lui confier les peines de son âme, et de chercher près d'elle les lumières dont il pensait avoir besoin dans les circonstances difficiles où il se trouvait. Une réponse courte, catégorique, suivait toujours les questions que M. Chappuis adressait à sa fille. Lorsque Thérèse ne pouvait lui donner son sentiment dans des choses épineuses ou incertaines, elle lui répondait par une parole de confiance en Dieu, si claire et si assurée, que M. Chappuis retrouvait le calme et la paix qu'il venait chercher près d'elle.

Dans cette nombreuse famille, tous se trouvaient alors réunis, à l'exception d'un seul, un frère tombé du nid paternel par suite de la tourmente révolutionnaire. Le jeune Fidèle languissait, malade, dans les prisons militaires d'Autriche. Il avait pour compagnons de captivité des soldats et des officiers sans religion. On avait appris aussi que leurs efforts pour l'entraîner dans leur voie n'étaient pas restés sans résultat. Une certaine froideur de la part de Fidèle envers sa famille avait rendu encore plus rares les communications qui auraient pu l'entretenir dans le bien. « Ce sera l'enfant prodigue, » disait avec douleur M. Chappuis. Mais Thérèse priait et se confiait en Dieu. Or voici qu'un jour un homme d'une mise assez soignée vient trouver Fidèle dans sa prison, et, sans lui dire son nom ni d'où il venait, lui remet un petit sac de toile d'un poids respectable. « Prenez cela, lui dit-il, et hâtez-vous de partir pour la frontière; » et il disparaît aussitôt. Le jeune homme, étonné de cette visite inattendue, ouvre le petit sac de toile et y trouve une somme en or assez ronde. Un ami a bientôt organisé sa fuite, et, profitant d'une nuit obscure et d'un épais brouillard, il escalade les murs de sa prison et en franchit les fossés au grand péril de sa vie. Il se met en marche par des chemins inconnus. Son angoisse était grande en voyant arriver le jour. Où était-il? quel chemin avait-il fait et dans quelle direction s'était-il avancé? N'allait-il pas tomber entre les mains des soldats ou des gendarmes autrichiens? C'était bien le cas de se recommander à Dieu et aux bons anges de toute la famille qui priait pour lui.

Échappé à ce premier danger, il continue sa route, marchant la nuit, se cachant le jour. Enfin, harassé de fatigue et à bout de courage, il se hasarde un soir à frapper à la porte d'une petite maison isolée à quelque distance d'une ville dont on apercevait les toits. Il frappe, un vieux domestique vient ouvrir et lui parle en français. « Où suis-je? lui dit le jeune fugitif. — Vous êtes à Lemberg, chez un émigré français, ancien religieux qui s'est retiré dans ce pays pour fuir la révolution. Je suis moi-même un religieux. Nous avons, mon prieur et moi, quitté ensemble notre Chartreuse, pour venir attendre ici des temps meilleurs et rentrer dans notre maison, ou bien nous préparer à paraître devant Dieu. — Le nom de votre prieur? — Dom François Lachat. — Mais dom François est notre parent, il est de notre pays, il nous connaît ; je l'ai vu bien des fois : je suis Fidèle Chappuis. » Aussitôt la porte de dom François est ouverte, et les deux exilés sont dans les bras l'un de l'autre. Toute la journée se passe en conversations sur la famille, sur les affaires de la France, sur leur captivité. Fidèle raconte au long son départ de Vienne; comment il a été fait prisonnier par l'armée autrichienne, et sa délivrance singulière de la prison militaire. Le bon religieux lui dit à son tour comment Dieu lui a donné le temps de quitter sain et sauf son monastère, malgré les recherches des révolutionnaires ; comment il se trouve en ce pays, où il peut encore faire quelque bien; comment il a pu se créer quelques ressources en donnant des leçons de langue française et de littérature.

Après ces premières émotions, le bon vieillard dit au jeune fugitif : « Mon désir serait de vous garder près de moi, mais mes ressources ne me permettraient pas de vous nourrir. Cherchez un emploi, je vous aiderai de mes démarches et de mon influence, et avec le secours de Dieu nous arriverons. » En effet, quelque temps après, Fidèle entrait à titre de secrétaire chez le prince Mavrocordato, hospodar de Moldavie.

Fidèle, installé dans cette fonction délicate, ne trompa pas l'attente du prince, qui, découvrant de jour en jour les qualités du jeune homme, lui accorda de plus en plus sa confiance. Il le prit non seulement pour secrétaire, mais comme conseiller dans une foule d'affaires d'intérêt, et s'en remit à lui pour la gestion d'une grande partie de ses domaines.

Le premier usage que le jeune Chappuis fit de sa liberté fut d'écrire longuement à sa famille, de lui redire toutes les merveilles de la Providence sur lui, de lui affirmer sa constante affection, et de la rassurer sur la conservation de sa foi et de ses pratiques religieuses. On respira dans la famille Chappuis; tout le monde se retrouvait.

Cependant la santé de Fidèle, ébranlée par tant de secousses, affaiblie par une dure captivité, commençait à donner de sérieuses inquiétudes. Le prince s'en aperçut, et, défendant à son secrétaire le travail opiniâtre auquel il se livrait, lui donna l'ordre de faire chaque jour une longue promenade. Il lui fit présent, pour cela, d'une voiture avec un attelage complet. La voiture était en fer et avait été fabriquée par des ouvriers très habiles. Le bon air, l'exercice entretinrent pendant quelque temps cette santé chancelante; mais tout à coup le jeune malade se sentit frappé à mort. Il fit alors demander un prêtre, Mgr Berardi, missionnaire apostolique à Jassy. Le prélat vint régulièrement le visiter durant plusieurs semaines et lui apporter toutes les consolations de la religion. Enfin Fidèle, se sentant plus mal, demanda les derniers sacrements, que lui administra Mgr Berardi, accompagné d'un Père jésuite ami de la famille. A partir de ce moment, les deux prêtres ne quittèrent plus le malade, qui remit à Dieu son âme entre leurs mains avec le calme et le bonheur d'un prédestiné, le 29 octobre 1811.

Il nous a semblé que cet épisode où l'on voit si bien l'action de la Providence, n'était pas déplacé dans le récit de la jeunesse de Marie-Thérèse.

Notre pieuse jeune fille partageait son temps entre la maison de son père, celle de sa tante et l'église de sa paroisse.

La maison de M. Chappuis, telle qu'on la voit encore au petit village de Soyhières, est une vaste et belle construction dont l'aspect a quelque chose de magistral qui rappelle les grandes lignes du style de Louis XIV. M. Chappuis, qui l'a fait bâtir et qui en a été lui-même l'architecte, s'est souvenu, ce semble, du palais de Versailles, où il avait passé ses belles années comme Cent-Suisse du roi. Cette grande maison était destinée à devenir une auberge.

L'état d'hôtelier, dans ce pays et à cette époque, était bien loin de faire l'impression qu'il produit aujourd'hui. Dans un pays parfaitement chrétien, de mœurs patriarcales, où toutes les familles se connaissaient à vingt lieues à la ronde, où il n'y avait d'autre commerce que celui des produits des champs et de l'étable, et où l'on ne voyait d'autres étrangers que de rares voyageurs dont le passage faisait époque dans les annales de la maison; dans un tel pays, l'hospitalité avait conservé quelque chose de son caractère antique. On peut visiter dans la maison l'appartement commode, soigné et propre, destiné à recevoir gratuitement les pauvres qui venaient le soir demander à coucher pour l'amour de Notre-Seigneur et de sa sainte Mère et promettaient, en retour, de prier pour le bonheur et la santé des enfants et la conservation des jours des vieillards. Aussi l'état d'hôtelier était-il alors regardé comme une espèce de magistrature. M. Chappuis était, du reste, parfois obligé de remplir la fonction de juge de son village. Sa position de maître d'auberge lui permettait à la fois de faire du bien et d'exercer un contrôle moral sur le pays et la contrée.

Cette dignité de l'hôtelier était comprise de ceux qui venaient prendre chez lui le repas du passant ou le repos du voyageur. Leur conduite, leurs paroles étaient remplies de respect et de déférence pour le maître, pour la maîtresse de la maison. Bien plus, on les prenait pour conseillers dans les affaires d'intérêt, et très souvent pour des questions graves de l'établissement des enfants, pour les questions de mariage, d'alliance avec des familles que l'on supposait être connues des maîtres de l'auberge.

Ces conditions expliquent comment M. Chappuis avait pris ce métier. La conduite de ses enfants, qui tous ont vécu saintement, témoigne bien de la vérité de ce que j'avance. La profession d'hôtelier était vraiment honorable et n'avait rien de compromettant pour l'éducation de la famille. « On pouvait alors, nous disait avec son sens exquis Mgr Marilley, évêque de Fribourg, on pouvait alors élever et perfectionner des chrétiens dans le tracas d'une auberge. » Cela était si vrai que M. Chappuis, dont nous avons déjà signalé la sévérité, croyait pouvoir permettre à ses filles, lorsqu'il était content d'elles, d'aller à la petite trappe. La petite trappe, que l'on vous montrera encore dans la maison de M. Chappuis, était une petite fenêtre ouvrant sur la salle à manger de l'auberge. Cette fenêtre se trouvait dans l'office au-dessus d'un grand fourneau en faïence ; on n'avait qu'à monter sur le fourneau, ouvrir le petit volet, et on assistait à toutes les conversations tenues dans la salle. C'est là qu'on apprenait les nouvelles du canton, les projets de mariage ; c'est là qu'on saisissait au naturel le genre, le caractère et les singularités des paysans suisses qui venaient y fumer leur tabac tout en causant politique ou négoce. Cette récréation que tout le monde s'accordait, lorsqu'on en avait la permission, était grandement du goût des plus jeunes filles de M. Chappuis. Thérèse seule ne la recherchait guère ; elle préférait aller dans la maison du bon oncle l'abbé, où elle pouvait suivre son goût pour le recueillement et la prière.

L'église était bien le lieu où Thérèse passait les plus heureux moments de sa journée. (P. 48.)

Un fait qui témoigne du respect qu'on avait dans la maison de M. Chappuis pour les lois de la sainte Église est resté dans la mémoire de sa famille. Un vendredi de l'année 1814, arrivent vers dix heures du matin quelques courriers prussiens. C'était une avant-garde qui annonçait la venue du roi et qui venait donner des ordres pour préparer le dîner de Sa Majesté. M. Chappuis commençait à s'excuser auprès de cette troupe sur l'impossibilité où il était de servir sitôt un repas royal et surtout de donner, lui catholique, un repas gras un vendredi. Une altercation vive s'engageait lorsque le roi arrive et s'informe de la cause du débat. « Sire, lui dit M. Chappuis, je n'ai pas la permission de servir du gras à mes hôtes le vendredi ; mais si Votre Majesté veut bien faire encore une petite demi-heure de marche, elle trouvera à Délémont une très bonne auberge tenue par M. X***, qui a demandé et obtenu de M. le curé la permission de préparer des aliments gras à ses hôtes les jours d'abstinence de l'Église. — Ah ! monsieur Chappuis, reprend le roi, mais je serai enchanté de faire chez vous un dîner maigre ; je n'en veux pas d'autre. »

Le chef cuisinier, furieux, refusa de se mettre à la besogne, et les domestiques de l'auberge, guidés par M. et Mme Chappuis, durent s'ingénier à trouver ce que l'on pourrait servir au roi. Pendant que le dîner du roi se prépare, le chef de cuisine du roi va et vient, cherchant querelle à tout le monde et disant que son maître sera malade de manger une pareille marmelade. Il prend alors un plat d'épinards qu'on allait faire au beurre, et il l'accommode avec du jus de viande qu'il avait trouvé dans l'office. Le repas servi, le roi se met à table, mange comme quatre de tout ce qu'on lui sert et affirme gracieusement qu'il n'a jamais rien trouvé de meilleur que les mets que lui fait servir M. Chappuis. Vient bientôt le tour du plat d'épinards préparé par le chef cuisinier ; le roi en goûte et reconnaît aussitôt qu'on y a mis du jus de viande : il soupçonne l'auteur de la fraude. « Ah ! pour ce mets-là, dit-il, on l'a fait mauvais, mais mauvais au possible ! Je n'en veux pas goûter. Tout ce que vous m'avez donné jusqu'ici est parfait ; mais que ces épinards sont détestables ! Je condamne le cuisinier qui les a préparés à les avaler pour sa pénitence. »

Les domestiques de M. Chappuis n'ont jamais oublié la figure et le désappointement du chef cuisinier du roi, et la famille a gardé un beau souvenir des paroles de félicitation royale que la fermeté de son caractère et la sincérité de sa foi avaient méritées à M. Chappuis.

Thérèse s'était fait un oratoire de la chambre où elle avait entendu pour la première fois la messe. Dieu seul sait ce qu'elle a reçu de grâces dans ce cénacle de ses premières impressions.

La solitude de cette maison habitée par un vieillard et sa nièce, tous les souvenirs qui s'y rattachaient, car c'était là que l'oncle l'abbé avait vécu enfermé pendant tout le temps de la révolution, le calme habituel de cette demeure, sa situation près du versant de la montagne qui en dérobe aux regards des passants tout un côté et qui lui donne l'air d'une chartreuse, en avaient fait pour Thérèse un séjour de prédilection. Elle pouvait librement se laisser aller à son attrait pour la solitude intérieure et pour les entretiens avec Dieu. Combien d'heures, combien de journées n'a-t-elle pas ainsi passées dans des communications tout intimes avec son divin Sauveur? Le Maître se plaisait à l'instruire lui-même et sans aucun secours de livre et de parole humaine. Ce qui reste de ses écrits nous indique clairement que la seule action de Dieu opérait en cette âme. Elle recevait sans avoir été inspirée par aucune lecture; tout lui venait d'une lumière intérieure et spéciale. La maison du grand-oncle a donc été vraiment le sanctuaire où cette âme a reçu la lumière divine et où elle l'a entretenue dans son cœur pendant plusieurs années.

Mais son union à Dieu, si persévérante et si entière qu'elle fût, n'ôtait rien au charme qu'elle répandait dans cette demeure du vieillard. Thérèse, toujours gaie, aimable, alerte, y apportait la vie et le mouvement. Un trait la dépeint au naturel.

La nièce du cher oncle, Marie-Salomée, était encore jeune; ses bonnes manières et la fortune qu'elle pouvait attendre la désignaient au choix des prétendants du village. L'un d'eux, encouragé sans doute par quelques bonnes paroles de l'oncle, s'enhardit à venir la demander en mariage. La nièce l'apprend, et, comme elle ne voulait pas se marier, elle prie Thérèse de recevoir le postulant. Celui-ci ne se fait pas attendre; mais, dès que Marie-Salomée l'aperçoit, elle se hâte de monter dans la chambre haute et charge Thérèse de dire qu'elle n'y est pas. Thérèse reçoit le brave garçon, lui parle de tout ce qui pouvait l'intéresser, hormis de son affaire, et après l'avoir ainsi tenu sur les charbons pendant un assez long temps : « Vous seriez sans doute content de saluer aujourd'hui ma tante, lui dit-elle; mais vous voyez, elle n'est pas ici. » Le jeune homme se retire; Thérèse le reconduit poliment à la porte, et pendant qu'il la fermait elle appelle à haute voix sa tante, de manière à être entendue et comprise du prétendant. « Venez maintenant, dit-elle, vous pouvez être tranquille, il n'y reviendra plus. » Ce fut la vérité.

Malgré son séjour habituel chez son oncle, Thérèse ne laissait pas que de se trouver à la maison paternelle pour y rendre tous les services que l'on pouvait désirer. A cette époque les deux habitations ne se trouvaient pas séparées par la rue, qui traversait le village à un autre endroit; elles étaient réunies dans le même clos et avaient le même jardin. Thérèse continuait ses soins à François, le jeune malade dont la vie s'éteignait peu à peu. Elle le réconfortait de ses bonnes paroles et lui ouvrait, par ses excellents avis et ses vues surnaturelles, des horizons où le cœur de ce pauvre enfant trouvait d'immenses consolations. Alors recommençaient ces entretiens sur le bonheur d'être à Dieu, sur la reconnaissance qu'ils lui devaient pour leur avoir appris à l'aimer. Ces longs devis, où chacun répandait toute son âme comme un parfum, étaient en même temps un moyen d'accroître leurs connaissances des choses célestes et d'enflammer leur volonté par de nouvelles et de plus saintes ardeurs.

Thérèse avait encore un autre motif qui lui tenait au cœur de revenir de temps à autre dans la maison paternelle. La maison de M. Chappuis était la maison de tous les prêtres et de tous les religieux du canton. Ils y venaient comme chez eux :

Mme Chappuis était leur providence, et M. Chappuis se plaisait à leurs entretiens et aimait à les recevoir à sa table. La jeune Thérèse, qui, par un privilège d'affection toute particulière, ne quittait presque pas son père quand il était chez lui, prenait un grand bonheur à ces conversations. Elle a souvent redit avec quelle dignité et quelle science ces prêtres traitaient les questions de théologie et de doctrine ecclésiastique. Plusieurs étaient docteurs en théologie, et avaient fait leurs études au collège Germanique à Rome. M. Chappuis, suivant l'usage de ce temps, avait fait aussi lui-même quelques études théologiques. Il était le promoteur de toutes les questions, et son bon jugement, son goût pour les choses sérieuses et saintes, jetaient une grande vie et une grande lumière dans la discussion.

Thérèse, quoique jeune, comprenait tout, et son heureuse mémoire lui permettait de retenir et de classer ces documents, qui formèrent plus tard le fond de doctrine qui lui fut si utile pour sa conduite particulière et surtout pour la direction des âmes. Ces conférences avaient de plus inspiré à la jeune Thérèse un grand sentiment de respect pour l'Église, une profonde obéissance à ses décisions, une vénération toute d'amour pour notre Saint-Père le Pape, et un attachement des plus sincères et des plus actifs pour les prêtres.

La vie du prêtre, ses rapports avec Dieu, son pouvoir sur Notre-Seigneur, sa mission près des âmes, tout cela l'enthousiasmait, et souvent elle se prenait à dire : « O mon Dieu, que j'aurais aimé à être votre prêtre ! »

Thérèse disposait encore d'un certain temps en dehors de ces occupations que nous venons de signaler. Naturellement active et laborieuse, elle travaillait alors, malgré sa faible santé, pour l'église de son village. Elle excellait à faire du filet. Elle confectionna un grand nombre de nappes d'autel et d'aubes qui doivent se retrouver encore à la sacristie de Soyhières, car à la perfection du travail elle ajoutait la solidité. C'était pour s'unir à Dieu qu'elle s'occupait ainsi des travaux manuels.

Outre le soin des ornements auxquels elle veillait avec un goût et un ordre admirables, elle avait pris la charge de l'entretien de la lampe du Saint-Sacrement. C'était elle qui, deux fois le jour, allait donner ses soins à la lampe du sanctuaire. « Elle venait chez nous, dit la bonne Sœur de Mâcon, autrefois petite servante chez M. Chappuis, elle venait prendre du feu pour rallumer la lampe, parce que nous habitions une maison tout près de l'église. Je la voyais remplir cette fonction avec un respect si dévot et si soigneux que j'en étais émerveillée. Elle mettait une grâce remarquable à tout ce qu'elle faisait; mais lorsqu'il s'agissait des choses du bon Dieu, c'était bien mieux encore. Ça me donnait tant de dévotion, que je la regardais sans lui dire un mot, pendant qu'elle prenait son feu et que je la suivais des yeux jusqu'à ce qu'elle fût entrée à l'église. »

L'église était bien le lieu où Thérèse passait les plus heureux instants de sa journée. Chaque jour, elle assistait au saint sacrifice de la messe. Elle faisait précéder cet exercice d'une assez longue préparation, dans laquelle son âme se disposait à recevoir les grâces que Dieu lui prodiguait en abondance; car le saint sacrifice de la messe fut toujours pour elle l'instant où le Sauveur se communiquait à son âme de la manière la plus positive. C'était là que Dieu lui révélait ordinairement les vues les plus complètes sur les âmes qu'elle avait à conduire et sur les affaires qu'elle avait à traiter. Son recueillement pendant le saint sacrifice était tel, qu'on l'aurait crue absente de son corps et toute ravie en Dieu.

L'église de Soyhières, bâtie au XVIe siècle, à l'époque où la plupart de nos églises furent reconstruites pour remplacer celles de la seconde période de nos édifices religieux, n'offre pas de caractère architectural, mais elle est régulière. On y entre par un petit porche surmonté d'un clocher de forme quadrangulaire. La nef est belle et large, et le sanctuaire où se trouve l'autel ne manque pas d'élégance.

Si jamais la Providence vous conduit à Soyhières, entrez dans ce modeste sanctuaire; informez-vous où est placé le banc de famille, ce banc où allait prier habituellement la jeune Thérèse; agenouillez-vous là et priez avec elle. Son souvenir vous excitera à la ferveur, et peut-être obtiendrez-vous du bon Dieu ce que vous avez jusqu'ici cherché vainement ailleurs.

Rentrée chez elle, Thérèse continuait ses bons soins à son père, à sa mère, et surtout à son jeune frère malade, dont l'état s'aggravait chaque jour. Enfin le moment de la séparation de ces deux âmes si unies en Dieu et si sympathiques par caractère, le moment suprême approchait. Le courage ne manqua ni à l'un ni à l'autre. Thérèse fut la première à prévenir son frère qu'ils n'avaient plus que quelques jours à se voir sur cette terre. Elle lui recommanda de ne pas l'oublier auprès de Dieu, et elle insista pour qu'il lui obtînt de n'avoir plus jamais d'autre d'affection ici-bas que celle de la volonté divine, et de ne vivre que pour son saint amour. François le lui promit; il reçut les sacrements et s'endormit dans le Seigneur. Après sa mort, sa figure prit une expression céleste. Les habitants du village vinrent le visiter, et, par dévotion, lui firent toucher leurs chapelets et d'autres objets de piété. « C'est un ange qui est retourné vers Dieu, » disaient-ils. François fut enterré dans le cimetière tout près de l'église. On y voit sa tombe, formée d'une grande pierre carrée; une petite croix de fer forgé la surmonte. A cette croix se trouve un bénitier qu'on avait soin de remplir d'eau bénite chaque dimanche, après l'aspersion faite à la messe, afin que les parents et les amis de la famille pussent en prendre et s'en signer en souvenir du cher et bien-aimé défunt. Cette coutume fut longtemps conservée.

Jusqu'alors la vie de Thérèse, extérieurement occupée des devoirs domestiques et tout absorbée intérieurement dans la pensée et la présence de Dieu, avait suffi à son âme active et ardente. La pensée de la vie religieuse lui était bien venue parfois; mais son grand besoin était, comme elle le disait, de *servir*

Dieu, et, pourvu qu'elle le pût faire entièrement et librement, le reste lui importait peu.

Ses pieux parents, ses frères, toute sa famille, le bon curé de la paroisse, la désignaient pour la vie religieuse : on ne pouvait la comprendre autrement. Elle-même sentait bien que sa mission était terminée dans sa famille après la mort de son jeune frère; mais la grande liberté dont elle jouissait pour tous ses pieux exercices, le bonheur inexprimable de se trouver avec des parents si bons, des frères et des sœurs si unis, si chrétiens, l'empêchaient de sentir la privation d'une vie plus retirée et plus monastique.

D'un autre côté, M. Chappuis, qui avait déjà vu partir pour le cloître l'aînée de ses filles, cherchait à retenir près de lui ses autres enfants. « Restez avec nous, leur disait-il; la maison est assez grande, il y a de quoi vous faire à chacun votre cellule. Vous pourrez contenter vos goûts de solitude et de vie religieuse; vous pourrez prier, chanter l'office, et nous serons heureux de le faire avec vous. »

Thérèse voulut avoir la réponse de Dieu sur sa vocation, et elle forma le projet d'aller la demander à Notre-Dame des Ermites. L'abbaye d'Einsiedeln se trouve éloignée de plus de trente lieues de Soyhières. En ce temps, on ne comprenait pas les pèlerinages tout à fait comme aujourd'hui. Un pèlerinage était un voyage fait à pied, en priant, en se mortifiant de toutes manières. Thérèse était d'une complexion délicate; les fréquentes maladies qu'elle avait eues dans son enfance, un mal d'estomac violent qui parfois mettait sa vie en danger, devaient faire réfléchir mûrement ses parents avant de lui permettre une semblable tentative. Assurée intérieurement que Dieu voulait qu'elle le fît, Thérèse obtint la permission. On lui donna pour compagnes trois femmes du village, et elles se mirent en route.

Le premier jour, Thérèse fut tellement fatiguée qu'elle crut ne pas pouvoir avancer plus loin; mais la sainte communion, qu'elle fit le lendemain, lui permit de continuer son voyage. Les pèle-

C'était là que vers minuit ce vénérable prêtre venait célébrer les saints mystères. (P. 11.)

rines mirent trois jours pour arriver. Elles prenaient leurs repas sur l'herbe du chemin et en se reposant. Le soir, elles allaient coucher chez des connaissances qui avaient coutume d'héberger les pèlerins venant des montagnes du Jura au sanctuaire de Notre-Dame.

La vue de la noble et antique abbaye, l'aspect grandiose de ses monuments, la richesse de son église, les chants des religieux, reposèrent instantanément la voyageuse. Il lui semblait, en montant les degrés du parvis, qu'elle sortait de chez elle. Elle arriva à Einsiedeln au coucher du soleil, alors qu'on sonnait l'angélus. Elle a dit plus tard n'avoir jamais oublié l'impression qu'elle éprouva. C'était un sentiment d'une joie qui se mêlait à l'admiration et à la reconnaissance. Notre-Dame lui fut bien bonne et lui accorda dans son sanctuaire toutes les lumières qu'elle désirait. Après avoir reçu les réponses pour lesquelles elle était spécialement venue, elle laissa aller son âme à la contemplation des mystères de la vie de Notre-Seigneur. Elle recueillit auprès de Notre-Dame des vues si profondes et si vives sur la sainte enfance de Notre-Seigneur, sur sa vie à Nazareth, sur son obéissance, sur son travail, que, dans la suite de sa vie, elle eut pour les fêtes et les temps consacrés à l'enfance de Notre-Seigneur une dévotion spéciale, qu'elle communiquait à toutes les personnes qui l'entouraient.

On avait compté les jours et les heures à Soyhières. M. Chappuis s'était mis en marche pour aller au-devant de sa fille. Du plus loin qu'elle l'aperçoit, elle se met à courir à sa rencontre. Elle tombe dans ses bras, et lui raconte ce qu'elle a reçu du bon Dieu, et tout ce qu'il a fait pour elle dans ce grand voyage. Tout est décidé, et Thérèse pense dès lors partir pour le couvent. La fatigue du voyage de Notre-Dame des Ermites, le chagrin de la mort de son frère, avaient sensiblement affaibli sa santé; le médecin, effrayé, déclare qu'il est nécessaire de changer d'air. Thérèse demande à aller à Fribourg. Toute la famille cherche à l'en détourner; sa tante ajoute à toutes les raisons l'autorité de son affection pour elle; elle cherche à la retenir, mais Thérèse lui répond : « Il faut agir pendant que l'on voit clair. »

Quelques jours après, elle était conduite par sa mère au monastère de Fribourg. Le croirait-on? La pauvre Thérèse fut d'abord envahie par un si vif sentiment de tristesse qu'elle crut s'être trompée sur sa vocation, ou du moins sur le choix du couvent, et rentra à Soyhières. Là Dieu la soumit à de grandes épreuves. En proie à des angoisses inexprimables, à une sorte d'agonie morale, Thérèse recourut à la prière et comprit enfin que sa place était réellement à Fribourg. Vaillante autant que généreuse, elle brisa tous les liens qui la retenaient à sa famille et au doux pays natal, et rentra au monastère de Fribourg, cette fois pour ne plus le quitter. « C'est une affaire finie, dit-elle résolument à son père et à sa sœur qui l'avaient accompagnée : je suis religieuse pour toujours. » On peut voir dans la suite de sa *Vie* par quelles faveurs exceptionnelles Dieu bénit son courage et sa fidélité à la grâce.

Aspasie PETIT (1)

'EST à Courcelles-sur-Aujon (2) que naquit, le 4 mai 1799, dans une maison dépendante de l'ancien château-fort qui appartint jadis au pieux duc de Penthièvre, l'enfant prédestinée dont nous allons raconter la jeunesse. Son père, Étienne Petit, à la fois percepteur et marchand de bois, est aussi désigné dans l'acte de naissance sous le nom de propriétaire-cultivateur, parce qu'il faisait valoir ses terres. C'était un homme de grande allure, honnête, vif et désintéressé à l'excès. Angélique Morel, sa digne compagne, fille de Nicolas Morel, ancien commandant des gardes du corps des ducs de Bourgogne, mort depuis juge de paix à Selongey (Côte-d'Or), possédait une âme vigoureuse, une volonté prompte à la décision, une science consommée des détails du ménage.

Leur fils premier-né mourut au berceau, et ce fut pour Étienne Petit une cuisante douleur; aussi salua-t-il avec transport l'heureuse naissance de celle qu'il appela Désirée-Claude-Aspasie. L'excellent homme s'est peint tout entier dans le choix des noms qu'il donna à sa fille. Elle était bien la *désirée* de la famille, celle en qui revivraient les aïeux et en particulier *Claude* Petit, le père

(1) Extrait de « l'Histoire de la Mère Marie de Jésus — *Première partie, Aspasie Petit* » par l'abbé Ch. Rondot, curé de Louvemont. Langres, imprimerie Lepitre. (Reproduction interdite.) Cette Vie, aussi intéressante qu'édifiante, a été approuvée par plusieurs évêques.

(2) Dans le département de la Haute-Marne, près de Langres. Courcelles-sur-Aujon se nomme aussi Courcelotte et dépend de la paroisse de Saint-Loup.

bien-aimé d'Étienne. *Aspasie* était le nom à la mode, sonore et païen, souvenir d'une révolution qui, accueillie à son début comme une aurore annonçant des jours remplis de félicités nouvelles, laissait encore dans quelques esprits naïfs, malgré ses excès incroyables, une foi invincible en l'avenir par la liberté.

Aspasie fut baptisée presque en cachette, le 6 mai, par un confesseur de la foi, M. Jobard. Les lois qui proscrivaient les prêtres n'étant point rapportées, les pasteurs restaient sous le coup des plus odieuses mesures. Ils n'en continuaient pas moins de remplir à la dérobée les devoirs périlleux de leur ministère, sous la garde de la foi publique et de la vénération de leurs paroisses.

Mme Petit confia sa fille à une nourrice de Giey-sur-Aujon, qui donna une nourriture malsaine à l'enfant. Aussi la vit-on bientôt dépérir, et lorsqu'on la retira des mains de cette femme, il était déjà tard : le lait gâté qu'elle avait bu, lui avait inoculé le germe de maladies affreuses qui furent longtemps pour elle une source de cruelles épreuves. Elle languissait, étique et chétive, ne voulant ni vivre ni mourir, quand Mme Petit, dans un élan de piété, la conduisit à Notre-Dame de Montrot, protectrice particulière des enfants malades. La foi de sa mère eut raison du mal : Aspasie fut guérie. Mais la Sainte Vierge lui laissa l'aiguillon de la souffrance pour lui rappeler sans cesse que la santé dont elle jouissait, toute chancelante qu'elle fût toujours, elle la devait à ses deux mères, celle de la terre et celle du ciel.

Les natures qui ont souffert de très jeune âge sont généralement douées d'une délicatesse plus exquise d'esprit et de sentiment. L'on s'attache aussi plus volontiers à ces tendres et chères créatures qui n'ont connu de la vie que le côté amer. On voudrait leur rendre en affection le bonheur que leur enlève la souffrance. En voyant grandir sa frêle enfant, son unique amour en ce monde, qu'un souffle pouvait flétrir et briser, M. Petit redoublait pour elle de caresses, de bonté, d'attentions. Il ne pouvait la regarder sans que les larmes lui vinssent aux yeux : « Si Dieu allait lui redemander sa fille! Jamais, non jamais il ne pourrait se résigner à un tel sacrifice! » Alors il l'accablait de tendresses, et le caractère d'Aspasie eût pu souffrir de ces continuelles gâteries, si sa mère n'eût interposé sa clairvoyante autorité, empêchant ainsi le cœur de l'enfant de s'amollir.

Elle assistait attentive à l'éclosion de ses premiers défauts, et lorsqu'ils apparaissaient, les attaquait sans pitié. Aspasie avait dès lors l'esprit vif, le cœur très aimant, toutes les qualités d'une âme naturellement bonne. Elle se plaisait à l'église, et si parfois sa suivante, la fidèle Jeanne, l'y emmenait avec elle, l'enfant ne remuait point; elle joignait pieusement les mains, ses yeux se fixaient ardemment sur l'autel, et tout son petit corps prenait l'attitude de la prière.

A mesure qu'elle grandissait, s'accentuait en elle la ressemblance paternelle. Élevée et généreuse comme M. Petit, comme lui les menus détails ne la touchaient point; elle ne les voyait pas, et quand on lui signalait ses négligences, elle rougissait et devenait maladroite. Alors sa mère la reprenait sévèrement. M. Petit ne manquait guère de prendre la défense de sa fille. Un jour qu'il l'excusait, elle lui dit : « Papa, laissez maman me gronder, c'est pour mon bien! » Sous l'apparente rudesse de sa mère, l'enfant avait deviné une affection profonde. Que de fois en effet durant ses longues maladies, et au fort de ses douleurs, elle avait aperçu des larmes qui coulaient silencieuses sur le visage impassible de Mme Petit! Elle s'était sentie aimée, et elle avait compris que les fortes natures ont aussi le privilège des fortes affections.

Élevée dans la crainte de Dieu, elle professait pour le péché une sorte de haine personnelle, mais elle possédait surtout comme l'instinct de la pureté. Déjà l'enfant éprouvait les chastes alarmes de la pudeur. Elle s'amusait un jour avec des compagnes de son âge, montée sur une voiture qui stationnait dans la cour. Un petit garçon, assez espiègle, s'approcha d'elles malgré leur défense. Aspasie, irritée, saisit alors un de ses sabots et le lança au front de l'insolent qui tomba, étourdi par le coup. Elle s'enfuit tremblante et resta cachée jusqu'au soir. Une de ses tantes la découvrit enfin blottie dans un coin, et tout en larmes : « Pourquoi pleures-tu, mon enfant ? — Hélas ! je viens de tuer un petit garçon qui voulait jouer avec nous. » Et elle raconta l'incident d'une voix coupée par les sanglots. La bonne tante l'assura que le mort était bien ressuscité et courait les rues. Alors seulement elle se consola ; mais plus tard elle se reprochait comme une de ses grandes fautes cette enfantine vivacité.

Le prêtre dont un enfant a reçu les premières leçons exerce toujours sur lui une influence marquée. M. Jobard, qui avait baptisé Aspasie la voyait grandir. Presque dès le berceau il l'avait distinguée, et à mesure que l'esprit s'éveillait en elle, que l'âme s'ouvrait aux choses de Dieu, il y versait goutte à goutte la foi vive et la passion du sacrifice qui le caractérisaient.

On peut dire qu'il forma la jeune Aspasie à son image et à sa ressemblance. Si elle fut plus tard une véritable *vaillante*, c'est en partie sans doute parce qu'elle eut un *vaillant* pour son premier maître. D'abord vicaire de Noyers, dans le Tonnerrois, M. Jobard refusa de prêter le serment schismatique. Alors sa tête fut mise à prix, on le traqua comme une bête fauve. Son frère le conduisit jusqu'en Suisse, l'ayant caché dans une voiture chargée de sacs. Mais à peine le jeune vicaire eut-il goûté cette triste sécurité de l'exil, que sa conscience lui reprocha comme un crime d'avoir déserté son poste, qui pourtant n'était plus tenable. Il revint, décidé à mourir pourvu que ce fût en France, et qu'il pût sauver des âmes françaises. Le cardinal de la Luzerne qui continuait à gouverner son diocèse, du fond de sa retraite, le nomma curé de Giey, Saint-Loup et Ternat. Les familles catholiques l'accueillirent avec bonheur ; si les églises se fermaient, vingt maisons s'ouvraient toutes grandes pour le recevoir. On improvisait un autel dans une grange, la nuit ; on se disait à l'oreille que le lendemain, de très grand matin, M. Jobard célébrerait la messe ; un souffle de joie courait avec mystère dans la paroisse, et à l'heure fixée, une foule d'ombres noires se glissaient dans la grange transformée en sanctuaire, où brûlaient secrètement deux cierges. Puis on commençait la messe sans bruit; des soupirs étouffés s'échappaient des rangs pressés des fidèles, soupirs qui rappelaient ceux des Juifs pleurant sur le bord des fleuves de Babylone; la voix du prêtre, voilée par la prudence et par l'émotion, s'élevait à peine, semblable à un murmure confus qui exprimait tous les sentiments, répondait à toutes les pensées, à toutes les craintes. Que d'angoisses, d'espérances et de tristesses dans ce silence!

L'Office achevé et les âmes nourries du Pain qui fortifie, la grange reprenait son aspect ordinaire; on ramenait quelques bottes de paille au milieu, on replaçait dans un coin les planches de l'autel; nul alors n'eût pu se douter que ces murs mal crépis, ce toit dont on apercevait la charpente nue, avaient abrité les plus augustes mystères.

M. Jobard était donc un saint prêtre, mais chez lui l'austérité n'excluait point l'enjouement. Il ne dédaignait pas d'improviser, dans le patois du pays, des quatrains et de charmantes chansonnettes qui faisaient les délices de M. Petit. Il composait aussi des *mystères*, dans la manière naïve du moyen âge, et les faisait jouer par les enfants. Aspasie remplit une fois le rôle de l'Ange dans la Résurrection. Rien n'est propre à intéresser et à instruire une paroisse comme ces petites scènes religieuses où c'est par la bouche des enfants que la vérité parle et que la grâce pénètre au cœur des parents.

Tel fut l'homme qui dirigea les premiers pas d'Aspasie, qui reçut les premiers aveux de sa conscience. Elle ne l'oublia jamais, et elle parlait de lui comme d'un confesseur de la foi, d'un ami de la famille, digne de toute affection et de tout respect. Cependant — et ce fut un des regrets de sa vie, — elle n'était plus déjà à Courcelles quand il mourut; on avait dû la mettre en pension à Langres. Aux vacances suivantes, elle ne retrouva plus le prêtre qui l'avait baptisée et dont le souvenir l'accompagnait partout. Un soir qu'elle parcourait, en compagnie de la bonne Jeanne, la route de Saint-Loup à Courcelles, toute préoccupée et pensant à l'homme de Dieu, qu'il ne lui était plus donné de revoir, elle crut l'apercevoir dans l'ombre du cimetière, se promenant comme autrefois et récitant son office : « Oh! Monsieur l'abbé! s'écria-t-elle; voilà Monsieur l'abbé! » Mais Jeanne, glacée de peur, pressait le pas, n'osant se retourner.

L'enfant avait-elle vu vraiment M. Jobard? On ne saurait suspecter sa sincérité. Elle le dit à sa mère, qui lui imposa doucement silence, lui faisant comprendre que c'était là une chose extraordinaire. Ni l'une ni l'autre n'en parlèrent désormais, mais ce souvenir resta gravé dans leur pensée et dans leur cœur. Et Mme Petit qui réfléchissait beaucoup, se demandait en remerciant Dieu, quel avenir était réservé à sa fille encore si jeune et déjà prévenue de tant de grâces.

Aspasie était alors une charmante petite fille aux yeux éveillés et pétillant d'intelligence, avec un air réservé qui lui venait surtout de l'éducation rigide qu'elle recevait de sa mère. Elle ne faisait rien sans la consulter du regard, se formant ainsi à la réflexion et à l'habitude précieuse de passer au crible en quelque sorte ses actes, ses intentions mêmes. A cette forte école elle acquit de bonne heure ce jugement solide, qui devint en elle si remarquable plus tard. Toutefois son excessive timidité fut un obstacle énorme à ses progrès dans l'étude. Il n'y avait alors à Saint-Loup pour instruire les enfants qu'un vieux maître d'école, brave homme au fond, mais d'un abord terrifiant, avec les prétentions pédantes de l'ancien magister. M. Petit le pria de donner des leçons à sa fille. Or devant ce maître à l'extérieur dur et au front sévère, l'enfant prit peur, et la crainte paralysa toutes ses facultés. Rien qu'à le voir, elle tremblait comme la feuille, et Mme Petit elle-même renonça à dominer par la raison des dispositions purement nerveuses. Elle se souvint qu'elle avait à Langres un oncle prêtre qui l'aimait beaucoup, M. Clément; elle résolut de lui confier Aspasie.

L'abbé Clément était resté à Langres pendant la Révolution.

L'un des actes les plus doux de son ministère d'apôtre fut de bénir chez lui, dans sa petite chambre, le mariage de M. et de Mme Petit. Ces deux fiancés venant à la dérobée demander à l'Église, réfugiée au fond d'une pauvre maison heureusement ignorée, la grâce qui fait les ménages unis et les âmes fermes, n'est-ce pas là une scène touchante, et comme une page de l'histoire intime de la primitive Église?

La retraite de M. Clément fut un jour découverte; on brisa ses vitres à coups de pierres, et des bandits lui mirent le poignard sur la gorge : « Le serment ou la mort! » hurlaient-ils. Le prêtre se redressa et les regardant en face, l'héroïsme de la foi dans les yeux, il ouvrit son vêtement, et plaçant sa tête sur un meuble comme sur un billot : « Frappez! » dit-il simplement. Les misérables furent décontenancés. Habitués à voir tout trembler devant eux, ils se sentirent vaincus par une force supérieure en présence de cet homme qu'ils voulaient assassiner.

C'est chez lui que Mme Petit amena sa fille. Doux et fortifiant intérieur où à côté de M. Clément, grave et méditatif, Aspasie trouva la compagnie d'une excellente fille, nommée Colette, toute dévouée à son maître. Elle accueillit l'enfant les bras ouverts, et chaque jour, le matin et le soir, elle la conduisait chez Mme Varney, ancienne religieuse dominicaine, qui, sous l'habit laïque, continuait à donner, suivant l'esprit et la grâce de son ordre, tout son temps et tous ses soins à l'éducation chrétienne de la jeunesse.

Bientôt les Dames du Saint-Enfant-Jésus, sous l'inspiration de Mme Liégault, ouvrirent à Langres le premier pensionnat religieux rétabli depuis ces inoubliables folies d'impiété qui avaient à la fois chassé Dieu des écoles et des églises. Aspasie assistait comme externe à leurs cours, fréquentés par les jeunes filles des meilleures maisons de la ville. Elle s'y fit remarquer tout d'abord par sa vive intelligence et par son heureuse mémoire. Mais si l'esprit était bien doué, la main restait rebelle à tous les principes de la calligraphie. En vain l'enfant essayait-elle de tracer de son mieux les pleins et les déliés, la plume demeurait rétive entre ses doigts, et produisait une écriture bizarre, composée de bâtons raides et de déplorables pattes de mouche. Jamais elle ne put corriger ce défaut. Plus tard, en dépit des principes, elle sut se faire une écriture à elle, rapide et virile, où sous les frémissements de la plume, l'observateur découvre un caractère. Mais personne alors ne devina qu'une écriture si inégale pût jamais devenir même passable, et ses maîtresses épuisèrent tous les moyens pour réformer les fausses manœuvres de sa main désespérément ingrate. Un vieux professeur surtout entreprit de la tirer de ses funestes errements calligraphiques. Une vague ressemblance avec le magister de Saint-Loup l'effaroucha jusqu'à la terrifier. Aussi quelles transes quand sonnait l'heure fâcheuse de la classe! Punitions et réprimandes pleuvaient et faisaient trembler la main de plus belle; à chaque fois, nouvelles maladresses de plume. Il faut croire qu'on n'était pas tendre à les relever, car toute sa vie elle garda un souvenir pénible de ces dures leçons : « J'ai pleuré du sang, disait-elle, et vraiment mes cahiers en étaient souvent tachés. »

Mais lorsqu'elle rentrait chez M. Clément, quelle aimable compensation à ses déboires d'écolière! Le vieillard la faisait asseoir à ses pieds, et lui expliquait le Catéchisme. Elle recueillait avec une sorte de ravissement les enseignements substantiels qui jaillissaient de sa bouche et de son cœur. Tout un horizon de foi et de prière s'ouvrait devant elle, et quand M. Clément ajoutait : « Bientôt, mon enfant, tu feras ta première Communion! Souviens-toi que, si tu es pieuse, ce sera le plus beau jour de ta vie! » elle se sentait prise à la fois du plus vif désir de devenir bonne et d'une singulière défiance d'elle-même. Son grand-oncle lui signalait surtout la nécessité et les merveilles de la foi. Seule, la foi l'avait aidé à triompher dans les tourmentes de sa vie; au sein des angoisses, seule l'Eucharistie, le mystère de foi par excellence, était demeurée pour lui le viatique, la force, la paix et l'espérance. En lui tout parlait, surtout le passé qui se dressait devant la petite fille attentive, comme un témoin irrécusable de la vérité des choses qui la subjuguaient.

Elle était déjà dans sa onzième année. Comme l'époque de sa première Communion approchait, M. Clément lui fit suivre les catéchismes de M. Varney, vicaire de la cathédrale, dont elle devint peut-être l'élève la plus distinguée. Aspasie reçut de lui un prix mérité « par sa sagesse et son application. » C'était un livre ayant pour titre : *L'âme élevée à Dieu.* Elle en était fière et se plaisait à le relire; il lui rappelait tant de choses! Sans doute qu'il avait gardé ces parfums qu'on a respirés dans l'enfance, et qu'on cherche en vain plus tard; parfums suaves et bénis, dont pas un toutefois n'approche du parfum laissé par notre première Communion.

Plus tard, quand Aspasie relisait l'*Ame élevée à Dieu,* son cœur lui disait qu'elle n'avait jamais failli aux engagements de ce grand jour. Voir ce livre, lui rappelait la bonté de M. Clément, le zèle de M. Varney, la figure souriante de Colette, toutes les expansions de son âme irradiée de la grâce divine.

C'était le jour de l'Ascension, le 31 mai 1810. Elle couronnait ainsi le beau mois de Marie en recevant son Dieu pour la première fois. Avant de quitter la maison, M. Clément la fit venir et la bénit tendrement. Que se passa-t-il alors entre elle et Jésus-Christ? On a pu conclure de ses paroles que le Sauveur lui avait laissé voir quelque chose de l'avenir. Si elle n'en eût pas la claire intuition, du moins elle sut que Dieu lui demanderait beaucoup, et elle lui promit dès lors, suivant le mot qu'elle aimait à répéter « de ne lui refuser jamais rien. » Dans sa vieillesse elle disait encore : « Je ne saurais entendre le chant du *Veni Creator* sans être émue. C'est comme un écho du jour de ma première Communion! »

En terminant, M. Varney dit aux enfants : « Maintenant que le sang de Jésus coule dans vos veines, allez partout où la gloire de Dieu vous appelle! » — « Il m'a semblé alors, disait-elle, qu'un monde nouveau s'ouvrait devant moi, et que j'étais prête à m'envoler au delà des mers pour y porter la connaissance et l'amour du Dieu qui venait de se donner à moi! »

Ces années furent les plus heureuses de la vie d'Aspasie. Plus tard les souffrances s'acharneront sur son corps, tandis que des peines spirituelles inouïes tourmenteront son âme presque désespérée. Mais alors Dieu se révélait à elle, lui parlait avec sa clémente bonté, et la comblait d'une ineffable joie. Puis l'amitié jeune, mais chaude comme les premières affections, et durable parce qu'elle était née sur les marches de l'autel, commençait à réjouir sa vie. Mlle Victoire Morlot, la sœur du futur archevêque de Paris, avait été sa compagne au banquet de l'Eucharistie. C'étaient deux âmes dignes l'une de l'autre, et qui se portèrent mutuellement à la pratique de la vertu.

M. Clément recevait souvent chez lui neuf autres de ses petites nièces, neuf sœurs pieuses comme Aspasie, et parfaitement élevées. Mlles Augustine Chauchard, cousine d'Aspasie, et Marie Parisot, se joignaient à cette gracieuse troupe et formaient un essaim charmant de petites filles qui adoraient M. Clément. Le bon vieillard recommandait bien à Colette de ne les point contrister, Aspasie surtout. La brave domestique l'écoutait de son mieux et les gâtait à plaisir.

A l'époque des vacances, M. Petit venait chercher sa fille, et les invitait toutes à fêter les vacances chez lui. La maison de Courcelles se remplissait de cris joyeux. Mme Petit elle-même, sans se départir de sa sévère clairvoyance, se mêlait à l'entrain général. Alors c'étaient des promenades, des excursions, des parties de pêche sur les bords de l'Aujon. Elles ne redoutaient point de saisir les écrevisses cachées sous les pierres qu'elles soulevaient de leurs petites mains. M. Petit présidait à leurs plaisirs.

On ne passait jamais les vacances sans faire plusieurs pèlerinages à Notre-Dame de Montrot. Aspasie aimait et comprenait la nature. La vallée, ravissante avec ses teintes d'automne, les grands arbres, la prairie, tout leur rappelait le Créateur qui doit être si beau puisque ses œuvres sont si belles; et la route s'achevait ainsi dans la prière, dans la contemplation. Elles pénétraient sous les massifs ondoyants où la Vierge de Montrot a établi son séjour. Retraite silencieuse, à l'ombre d'une côte à pic couverte de forêts, dans une anse de verdure soigneusement entretenue; tout y respire le recueillement et la paix.

L'automne s'écoulait ainsi dans une joie doublée par la piété. Une année, Julie et Sophie Clément étaient venues à Courcelotte. C'était au début des vacances, et l'on devisait de leur meilleur emploi.

« Si nous pouvions les passer sans faire de péché! disait l'une.

— Ce serait bien beau, reprit Sophie, mais malheureusement il y a une espèce de péché que l'on commet toujours à Courcelles.

— Qu'est-ce donc? interrompit Aspasie.

— C'est de manger entre ses repas. Pourtant, quand on a dit ses grâces, on ne doit plus rien prendre.

— Oh bien! répliqua gravement Aspasie, si nous attendions au soir pour les dire? »

Sophie, qui était la présidente naturelle de ce concile enfantin, déclara que la conscience ne saurait approuver ce sacrifice fait à la sensualité, et l'on tomba d'accord pour prendre une décision énergique. On ne mangerait rien jusqu'au souper, pas même une noisette. Et pour s'aguerrir, les enfants se mirent à courir dans le verger, dans le jardin, à travers les poiriers et les coudriers; elles allèrent jusqu'à la lisière du bois, emplissant leurs tabliers de noisettes et de pommes, sans qu'une seule fois elles manquassent à leur résolution.

Leurs entretiens roulaient le plus souvent sur les questions traitées au catéchisme ou dans les sermons qu'elles avaient entendus. Un jour qu'elles allaient comme d'ordinaire à la cueillette des noisettes, elles en vinrent à parler de la présence de Dieu : « Dieu pense toujours à nous, disaient-elles, car il nous aime; nous devrions donc toujours penser à lui. Mais comment faire? Car d'abord on oublie souvent.... » Alors elles s'attachèrent sur le bras une feuille d'arbre, à l'aide d'une épingle, afin que cette vue leur rappelât le souvenir de Dieu, puis elles se dispersèrent à travers le bois, cherchant dans le taillis les plus beaux coudriers. Et pendant qu'elles travaillaient activement, butinant comme des abeilles, de temps en temps une voix s'élevait du milieu des branches : « Aspasie, y es-tu? » Et aussitôt une autre voix joyeuse répondait : « Oui, Sophie, j'y suis! » C'est-à-dire : Je suis en la présence de Dieu.

Elles furent bien douces ces années qui s'écoulèrent à Langres et à Courcelles, au sein de la famille, au sein de l'amitié. Au départ, au retour surtout, on fêtait Aspasie et ses compagnes. Ses tantes de Courcelles gardaient toujours une provision de gâteaux, de friandises; les petites filles faisaient de charmants goûters sur l'herbe ; une gaîté communicative y présidait, et l'air ne cessait de retentir de leurs chants. D'ailleurs chacune d'elles réservait une ample part pour les pauvres, à qui elles couraient la porter, pendant que Mme Petit, qui avait tout observé, souriait et remerciait Dieu de la générosité de ces jeunes cœurs.

Malgré son apparence de vigueur, la santé d'Aspasie donnait toujours de graves inquiétudes. Elle avait douze ans, ses maîtresses la chérissaient, son esprit s'ouvrait à la science comme son âme à la grâce, mais à la voir si frêle, on sentait que le moindre choc briserait l'enveloppe délicate de ce cœur dévoré d'une incroyable ardeur pour le bien. Inquiet, M. Petit rappela sa fille à la maison, et c'est avec larmes qu'Aspasie fit ses adieux à la bonne Colette. Celle-ci, nous le savons, l'avait gâtée et dorlotée de son mieux. La croyant toujours petite enfant, elle continuait à lui prodiguer les soins les plus attentifs et les plus minutieux. A sa trop douce école, Aspasie n'avait rien appris de la science du ménage, et le peu qu'elle en avait autrefois acquis, elle l'avait oublié. Le lendemain de son arrivée, Mme Petit lui intima l'ordre de faire elle-même son lit. L'enfant pleura. D'abord elle ne savait pas, et cet ouvrage lui paraissait au-dessus de ses forces. Son père la raillait doucement : « Ma fille, c'est le proverbe, vois-tu, comme on fait son lit on se couche. » Mme Petit déclara que, si le lit était mal fait, on le recommencerait, et Aspasie, le cœur bien gros, se mit à l'œuvre.

Naturellement maladroite, sa timidité et sa crainte de mal faire redoublaient son inaptitude aux détails d'intérieur. Sa mère ne manquait aucune occasion de relever ses négligences, et quand Aspasie pleurait : « Ma fille, disait-elle sévèrement, vous êtes une petite orgueilleuse! » L'enfant était toute surprise de se voir tant de défauts. L'oncle Clément qui la choyait, Colette qui faisait d'elle son idole, ne lui trouvaient que d'heureuses dispositions, une obéissance parfaite, de la douceur et de la piété; et voilà qu'elle se découvrait paresseuse, d'humeur désagréable et pleine d'amour-propre! Elle se demandait comment s'était pu produire ce changement, et s'examinant scrupuleusement sur ces mystérieux défauts, elle en était réduite à dire : « Pourtant je les ai, puisque maman l'assure. » Et pendant plus d'un an elle s'appliqua à les chercher, récitant chaque jour trois dizaines de chapelet, afin d'obtenir de la Sainte Vierge l'amour du travail, l'esprit d'ordre et d'humilité : « Je priais alors de tout mon cœur, car j'avais bien de la peine de sentir ma mère toujours mécontente de moi. »

Cette époque de sa vie lui fut particulièrement pénible, parce que sa conscience trop délicate lui grossissait la portée des reproches de sa mère. Alors elle se troublait, et, se croyant une grande pécheresse, n'osait plus communier, surtout quand sa mère lui avait fait quelques reproches après ses confessions. Mme Petit s'en aperçut, et ces jours-là désormais elle lui épargna les réprimandes. Mais le résultat de cette éducation d'une sévérité exagérée devint préjudiciable au caractère de l'enfant. Elle perdit son enjouement et sa bonne gaîté; son visage maladif revêtit une teinte étrange de tristesse et d'ennui; en elle tout souffrait, le cœur, l'esprit, le corps. Cela frappait tout le monde, et son pauvre père se désolait de voir ses traits s'altérer sous l'influence d'un malaise ignoré, mais profond. L'enfant ne s'en rendait pas compte, elle souffrait, voilà tout; et parce qu'elle souffrait en silence, elle s'imaginait que personne au monde ne s'en doutait. Une de ses tantes de Châtillon, Mme Louis-Darnet, qui observait avec anxiété ce changement, lui écrivit : « Crois-moi, ma chère enfant, prends un air ouvert et gracieux. Amène quand même le sourire sur tes lèvres; il ira jusqu'à ton cœur. Il faut rendre heureux ceux qui nous entourent, et pour cela paraître nous-mêmes toujours contentes. Demande-toi souvent : Suis-je aimable? Consulte le miroir si tu veux; mais je t'en prie, corrige-toi d'un défaut qui éloignerait les cœurs. »

C'était la raison même qui parlait, avec le charme décisif d'une critique spirituelle dictée par le cœur le plus aimant. Aspasie comprit cette leçon donnée avec tant de délicatesse, et désormais elle prit l'habitude de ce bon sourire qui, depuis, éclaira toujours sa figure. Dans ses peines les plus intenses, comme dans les éclaircies de bonheur, elle souriait toujours. C'était le rayonnement de sa bonté qui tombait comme une lumière joyeuse de ses yeux et de ses lèvres.

Quelque temps après, Mme Louis-Darnet la fit venir à Châtillon pour l'étudier de plus près — car elle devinait en elle une âme d'élite, — et pour lui glisser quelques nouvelles et adroites leçons. Comme on le sait, Aspasie n'était pas *rangeuse.* Mme Louis la conduisit chez Mme Clerc sa sœur, dont la jeune fille, Sophie, était un modèle d'ordre et de bonne tenue : « Aspasie voudrait voir la belle armoire de Sophie, » dit simplement Mme Louis. Le linge admirablement plié formait de gracieux dessins. Le tout, disposé avec une parfaite symétrie, offrait un ensemble qui plaisait à l'œil. Pendant que Sophie entrait dans les savants détails de l'arrangement et du trousseau, Aspasie songeait à sa pauvre armoire à elle, où les objets étaient jetés plutôt que placés, dans un pêle-mêle désolant : « J'étais honteuse en moi-même, disait-elle, et il me tardait d'aller mettre toutes mes affaires en bon ordre. J'avais à cœur de profiter d'une leçon faite avec tant de tact et de ménagement. »

Aspasie retournait souvent à Châtillon. Elle aimait la société de ses cousines, se trouvant avec elles à l'unisson de la charité. Mme Louis la menait aux hôpitaux, dans les prisons, chez les

Il n'y avait dans cette paroisse qu'une école mixte. (P. 96.)

pauvres. Dès lors toute souffrance touchait son cœur ouvert à la miséricorde. C'est là qu'elle connut M. Caverot, conservateur des hypothèques, père du cardinal archevêque de Lyon, ramené par M. Jobard à la pratique complète des devoirs du chrétien. Elle y rencontra aussi un juge intègre et distingué, allié à sa famille, M. Courtois, qui communiait tous les jours. Aussi lui confiait-elle volontiers ses peines de conscience. Un jour qu'elle n'osait communier, arrêtée par ses scrupules ordinaires : « Allez donc, mon enfant, lui dit-il, allez, mais humiliez-vous beaucoup, beaucoup. »

A M. Jobard avait succédé M. Sommier, confesseur de la foi comme lui, mais plus austère d'idées et de formes. Pendant la Révolution il s'était exilé en Suisse, dans un canton catholique où il fut frappé surtout de la simplicité des mœurs. Lorsque les églises se rouvrirent, il revint, mais vieilli, cassé, avec un zèle chagrin, qui voilait ses excellentes intentions et sa grande bonté. Le clergé d'alors s'était fortement trempé dans l'exil, et quand il travaillait à reconquérir les paroisses envahies par les idées révolutionnaires, il apportait souvent avec lui le glaive des réformes radicales. M. Sommier obtint d'abord plein succès, grâce à la docilité de ses paroissiens qui saluaient avec bonheur la religion catholique enfin ressuscitée et refleurissant avec une sève étonnante. Or il se souvenait d'avoir vu en Suisse des costumes très modestes et portés indistinctement par les femmes de toute condition : simple béguin, cheveux plats, bandeaux unis, robe ample et brune, tablier à bavette. Les vêtements tiennent dans le cœur des femmes l'immense place qu'y occupe la vanité ; c'est pourquoi ces questions d'habits, qui à première vue semblent futiles, demeurent au fond très graves. M. Sommier l'entendait ainsi, et il estimait qu'en imposant le costume qui l'avait charmé en Suisse, la piété bénéficierait de toute la vanité forcément négligée. Il s'adressa d'abord à Mme Morel, tante d'Aspasie, qui se conforma aveuglément à ses prescriptions. L'exemple gagna Mme Petit qui, sentant une opposition sourde de la part de son mari, n'osait adopter tout d'un coup l'uniforme. Elle se risqua jusqu'au béguin, et supprima son joli bonnet rond, crêté de rubans, ses touffes de papillotes, alors à la mode, puis enfin le chapeau d'Aspasie.

M. Petit murmurait; le brave homme se mirait dans sa fille, il la voulait élégante et bien mise, et ne détestait pas un certain luxe même dans la toilette de sa femme. Aussi quand elles apparurent avec leur tablier à bavette, il se fâcha tout de bon, et déclara qu'il ne supporterait pas cet horrible costume. Mme Petit n'insista pas, mais désormais les deux femmes s'imposèrent une simplicité de plus en plus sévère.

On était alors dans cette fatale année 1814, où Blücher et Schwartzenberg établirent leur quartier général à Langres, pour de là se diriger sur Paris. Les campagnes étaient inondées de Cosaques, les habitants fuyaient dans les forêts; nulle discipline, nulle sauvegarde, mais partout le pillage, l'incendie, les meurtres, l'épouvante. La pauvre Aspasie, affolée à la vue de sa mère qui tremblait elle-même, s'attachait à ses pas, saisie de terreurs étranges. Tout à coup on vint annoncer qu'une troupe russe considérable se dirigeait sur Courcelles. M. Petit n'hésita pas, il s'avança au devant des ennemis et se fit présenter au général. « Général, lui dit-il, ce pays est pauvre, désolé et sans ressources, les habitants ne possèdent que de maigres provisions, et des maisons chétives. Mon habitation n'est pas un palais, mais c'est la plus confortable du village. Je vous offre l'hospitalité chez moi. » Le général, flatté de cet accueil, le suivit. En chemin, M. Petit lui confia les terreurs de sa femme et de sa fille. Les ordres les plus sévères furent alors donnés de respecter les habitants et les propriétés, et Saint-Loup ne subit aucun acte vexatoire, grâce à la présence d'esprit et à l'aménité de M. Petit.

Les années qui suivirent furent remplies de cruelles épreuves pour Aspasie. Elle ressentait alors le contre-coup des imprudences de sa nourrice. Quand elle eut dix-sept ans, le mal qui avait désolé son enfance revêtit une forme nouvelle et produisit une sorte de teigne qui lui attaqua le cuir chevelu. La médecine du temps, peu éclairée, ne reculait pas devant des opérations aussi empiriques que douloureuses. On arracha à la pauvre enfant ses cheveux un à un, ensuite on lui couvrit la tête d'un bonnet enduit de poix, qu'elle dut conserver longtemps. Le remède était radical, sans doute, mais il eut pour effet, suivant l'expression vulgaire, d'enfermer le loup dans la bergerie. Un abcès se détermina, et le médecin qui vint l'ouvrir déclara que deux jours plus tard, il eût fallu en venir à l'opération du trépan, car le crâne était presque atteint.

La maladie pourtant disparut, après de longs mois et des douleurs inouïes. Son bonnet enduit de poix, c'était sa couronne d'épines à elle, et c'est dans cet esprit de foi qu'elle souffrait, résignée à tout. Heureuse encore si les humeurs dispersées sur tout le corps ne l'eussent contrainte pendant deux ans à un régime dépuratif continu. Alors elle faisait peine à voir, avec ses joues creuses, son teint couperosé et sa taille fléchissante. Mais elle remerciait Dieu d'être ainsi séparée de toute société, et de vivre dans le monde comme n'y étant pas.

— J'avais besoin de tout cela, disait-elle. C'est ainsi que j'ai pu échapper aux dangers du monde, à cet âge où tant de jeunes personnes se laissent séduire par ses faux attraits. Sans ce mal providentiel, que serais-je devenue?

Elle était enfin guérie; l'âge et la maladie emportèrent jusqu'au dernier reste du poison qui lui avait été inoculé dès le berceau. Mais on comprend qu'elle ait gardé longtemps une constitution fragile. Une pleurésie survint encore, qui faillit l'emporter.

Dans sa convalescence, les demoiselles Morel, ses cousines, lui firent de fréquentes visites. Pour l'édifier tout en la délassant, elles lui lisaient les *Réflexions spirituelles* du P. Berthier. Ce livre, empreint de tant d'onction et de piété, lui allait à l'âme, elle le garda pour le mieux savourer. Elle disait un jour : « Qu'il m'a fait de bien cet ouvrage! C'est un de mes vrais amis. Mon plus grand bonheur était d'être seule avec ce cher livre, à le méditer et à le goûter! »

Aspasie avait dix-huit ans, sa mère l'avait pliée à l'obéissance, la souffrance l'avait mûrie, elle était sincèrement pieuse. On pouvait tout espérer de cette jeune fille, à la fois souriante et prête à tous les sacrifices.

La charité était comme un besoin pour cette excellente enfant; elle ne se lassait pas de la pratiquer. Un jour, elle visita une bonne famille de Courcelles plongée dans la tristesse. Déjà deux petits enfants l'avaient quittée, pour le ciel sans doute, mais laissant le foyer bien vide, et un nouveau deuil se préparait. Le troisième, l'unique qui restât, la petite Jeanne, se mourait d'une affection à la gorge. Sa bouche était brûlante de fièvre, sa langue desséchée; le liquide même ne passait plus.

Aspasie, après avoir consolé de son mieux la pauvre mère, l'engagea, car elle était exténuée, à se reposer un instant, s'offrant à la remplacer. « Oh! Mademoiselle, lui dit celle-ci, demandez donc au bon Dieu de nous garder notre enfant! Je serais si heureuse un jour de la lui donner, de la voir se consacrer à lui! »

Puis elle se retira, étouffant ses sanglots. Mlle Petit, restée seule avec une pieuse fille, s'agenouilla tout émue auprès du berceau. Elle pria longtemps, demandant à Dieu de laisser ici-bas cette âme qui pourrait un jour travailler à sa gloire. L'enfant paraissait être à l'agonie; depuis la veille sa respiration n'était plus qu'un râle. Mlle Petit s'approcha d'elle, enleva délicatement de sa bouche les mucosités qui l'obstruaient, et la petite fille s'endormit paisiblement. Alors la mère, qui n'avait pu goûter une seule minute de sommeil, entra, et, toute surprise d'entendre un souffle régulier et tranquille, au lieu des suprêmes hoquets de la mort, s'écria dans un élan de joie et de reconnaissance : « Oh! c'est vous, Mademoiselle, ce sont vos bonnes prières qui ont guéri mon enfant! »

Plus tard la petite « réchappée », Jeanne Oriot, devint la compagne d'Aspasie, et même son premier auxiliaire. Dès qu'elle put connaître sa bienfaitrice, elle ne la quitta plus. Elle accourait près d'elle d'aussi loin qu'elle l'apercevait, écoutait sa parole qui ouvrait son âme à la foi, à l'amour de Dieu; et, se faisant elle-même apôtre, rassemblait tout un petit auditoire autour de la jeune fille. Chaque jour la troupe devenait plus nombreuse, et c'était un gracieux spectacle que celui de tous ces enfants, à la mine éveillée, qui priaient Aspasie « de leur dire aussi les belles choses du bon Dieu. » Les parents en étaient heureux, et M. Sommier, qui devenait infirme, envoyait les enfants des trois paroisses, tous les dimanches, au premier coup de la messe, à la jeune et éloquente catéchiste. L'ancienne domestique, retirée à Saint-Loup, céda une de ses chambres où l'on se casait tant bien que mal; mais Aspasie savait si bien les attirer que pas un d'eux ne manquait au rendez-vous.

« Après plus de soixante ans, rapporte un de ces heureux auditeurs, je me rappelle toujours les douces impressions que j'éprouvai, quand, revêtu encore de ma petite robe d'enfant, je fus admis à prendre place sur des bancs improvisés dans la chambre de la bonne Jeanne. Mlle Petit nous suspendait à ses lèvres par ses beaux récits. »

Aussi bien Dieu l'avait-il admirablement douée pour cette œuvre du catéchisme, si importante, si fondamentale. Il lui avait donné une âme ardente, une foi convaincue, et parfois une parole de feu, comme ses sentiments. « Un soir, racontait sa cousine, Mlle Angélique Morel, je me trouvais auprès d'Aspasie que j'aimais beaucoup. J'avais cinq ou six ans, et j'éprouvais pour elle un attachement déjà mêlé de vénération. La nuit était sereine, et le ciel plein d'étoiles. Elle m'attira doucement dans ses bras : « Vois-tu, me dit-elle, ce beau firmament! Eh bien! » par delà ce ciel où les astres brillent il y en a un autre plus » magnifique encore. C'est là que le bon Dieu habite; c'est là » que nous irons un jour, si nous l'aimons de tout notre cœur, » et si nous restons pures. » Puis elle ajouta des choses si ravissantes, que je revins toute transportée à la maison en répétant : « Ma cousine est une sainte! Je veux aller au ciel avec elle. Oh! le ciel, le ciel, que c'est beau! »

De quelles expressions embrasées s'était-elle donc servie pour toucher ainsi, comme une autre sainte Thérèse, cette insouciante enfant de six ans!

Un de ses grands désespoirs c'était de ne pouvoir aider les pauvres comme elle l'eût voulu, et de ne pas posséder une bourse aussi bien garnie que son cœur était généreux. Sur ses instances, M. Petit lui fit une pension de cent francs ; en outre il lui réserva les arrhes de ses marchés. Mais elle devait avec ces modiques ressources pourvoir à l'entretien de sa garde-robe. Il est vrai que cela tenait si peu de place dans sa pensée, que sa bourse ne devrait pas beaucoup en souffrir. Sa mise était plus que modeste, et quand elle allait à Châtillon, Mme Louis-Darnet ne la présentait jamais aux amis de la famille avant d'avoir complété ou rajusté son costume, qui s'affranchissait vraiment de toutes les modes. A l'un de ses voyages, elle lui donna vingt francs pour acheter une robe.

« Vingt francs! se dit Aspasie, c'est un trésor dont mes pauvres auront leur bonne part. La plus belle robe, c'est la moins coûteuse et la plus décente. » Et elle acheta pour six francs une robe d'indienne, de couleur grise. La bonne tante essaya de gronder, puis elle se laissa facilement désarmer : car elle aimait aussi beaucoup les pauvres, et elle finit par trouver qu'Aspasie avait raison de leur laisser la part la plus ample.

Cependant M. Petit, qui était fier de sa fille, souffrait de la voir presque pauvrement mise, pour une personne de sa condition. Il avait gardé du XVIIIe siècle certains préjugés qui ne comprenaient pas la dignité sans l'élégance. Un jour donc il lui offrit une jolie montre avec une chaîne d'or. Pour faire plaisir à son bon père, elle dut s'en parer quelquefois. Elle qui se dévouait à ses pauvres, comment lui eût-elle refusé une jouissance permise? Cependant elle n'abdiqua jamais la simplicité. Obligée par les convenances d'assister au mariage de Mlle Augustine Chauchard sa cousine, elle ne consentit point à changer la forme sévère de sa robe, afin, disait-elle, « de passer inaperçue. » Mais cette modestie même la faisait remarquer, et le monde la trouvait plus belle dans sa simple parure que ses compagnes avec leurs toilettes prétentieuses ou immodestes.

Le soir, quand le bal commença, elle se réfugia auprès de quelques personnes âgées qui devisaient tranquillement à l'écart. On vint la chercher, on la pressait de prendre part à la danse comme les autres : « Il n'y avait aucun mal, disait-on; c'était un bal de famille innocent, et dont personne ne pouvait s'alarmer. »

D'abord elle refusa doucement, puis comme on insistait : « Il est possible qu'il n'y ait point de mal, répondit-elle avec fermeté, mais ma conscience me le défend. » Que pourraient alléguer en face d'un tel exemple tant de jeunes filles qui prétendent que le monde a ses exigences, et qui, sous prétexte d'obéir à des convenances de convention, établies par l'enfer, se mêlent sans scrupule à ces bals de société, où parfois se rencontre une corruption raffinée, et d'où l'innocence est toujours bannie (1)?

Quelques heures plus tard, elle prit sa revanche. Les convives ne se séparaient jamais alors sans dire ensemble la prière du soir. Elle fut chargée de la réciter, et elle le fit d'une voix si pieuse, avec tant d'onction et de foi, qu'un silence religieux s'établit aussitôt. Tous les cœurs se mirent à l'unisson de ces accents qui, en s'adressant au ciel, prenaient quelque chose de céleste, et quand on se releva, un vieillard ne put s'empêcher de dire :

« Voilà ce qui s'appelle prier! Mademoiselle, grâce à vous, nous avons tous bien fait notre prière ce soir. »

La prière, c'était le foyer où elle réchauffait son âme, le principe de ses bonnes œuvres, la source de sa charité pour les pauvres, pour les infirmes, pour tous les malheureux. Elle avait pour les déshérités de ce monde, qui peut-être un jour seront les riches du ciel, les plus tendres prévoyances. Elle achetait des ballots de toile, des étoffes de laine ou de coton légèrement défraîchies, du chanvre qu'elle faisait tisser, et distribuait, à l'un des chemises, à un autre des vêtements chauds et solides. Elle

(1) Voir l'opuscule publié sous ce titre : *N'allez pas au bal.*

qui se reprochait de ne rien entendre à l'arrangement intérieur de son armoire, n'ignorait rien des détails de la misère.

A Courcelles, une pauvre femme se mourait alors d'une affreuse maladie. Elle était rongée d'ulcères, couverte d'horribles plaies purulentes, et sa chair putréfiée exhalait une odeur infecte. On n'arrivait à son galetas que par une misérable échelle, et la chambre privée d'air et de lumière, était pleine d'enfants, dont plusieurs en bas âge. Aspasie montait presque tous les soirs chez cette malade, la pansait de son mieux, sans témoigner la moindre répugnance, puis, voyant tout le monde réuni, elle s'asseyait, faisait une lecture pieuse, apprenait aux plus ignorants les vérités essentielles de la religion. Sa présence apportait comme un rayon de joie au milieu de la mansarde; et dans ces cœurs que la misère eût aigris, elle faisait éclore l'amour de Dieu. Le lendemain, on pouvait la voir dans les champs, auprès de ces mêmes enfants qui gardaient leur troupeau, les instruisant, leur parlant de Dieu qui a créé les oiseaux et les forêts, et leur montrant ensuite l'église du village où réside Jésus-Christ, afin de compléter les leçons de la veille.

Mais quoiqu'elle s'occupât de toute âme qui souffrait, elle ne négligeait point les affaires pratiques de la maison. Elle leur consacrait au contraire le meilleur de son temps, et elle a voulu montrer par son exemple combien il peut y avoir de bonnes œuvres diverses dans une vie sagement réglée. M. Petit était, en effet, l'homme confiant qui ne soupçonnait pas le mal. Il n'aimait point à surveiller ses ouvriers, lorsqu'ils lui préparaient du bois, des fagots ou des écorces dans la forêt. Peut-être craignait-il d'en trouver quelques-uns en faute et d'être réduit à les réprimander. Les bonnes natures indulgentes ont ordinairement de ces faiblesses : elles préfèrent, en fermant les yeux, conserver leurs illusions sur les hommes. Il les avait donc confiés à la garde de sa fille. Celle-ci se levait de grand matin, mettait un livre de piété dans sa poche, et se dirigeait vers eux. Les fleurs naissantes et humides de rosée, les oiseaux qui chantaient dans les arbres, le soleil levant dont les rayons traversaient les branches, tout remplissait son âme d'émotions religieuses, tout la portait vers Dieu. Elle donnait ses ordres, dirigeait le travail, puis s'enfonçait dans le taillis, seule, s'agenouillait au pied d'un chêne et priait à son aise. C'est là qu'elle lut et médita les œuvres du P. Huby.

« Je les apportais dans la forêt de Montblin, a-t-elle raconté elle-même, quand j'allais visiter les ouvriers de mon père, il y a cinquante ans. J'entrais en plein bois, et je me cachais dans quelque lieu solitaire pour dire tout haut au bon Dieu combien je l'aimais. Puis je le priais, et je crois que je l'aimais mieux qu'aujourd'hui. Combien ces livres m'ont fait faire d'actes d'amour de Dieu ! »

C'est ainsi que les beautés de la nature lui servaient comme d'échelons pour élever jusqu'aux sommets surnaturels son âme aimante et pieuse.

Souvent aussi M. Petit l'envoyait à Langres pour régler des comptes avec ses clients. Un jour elle leur présenta le mémoire de son père : ils le trouvèrent tellement exagéré qu'ils s'emportèrent jusqu'à proférer des paroles blessantes. Soupçonner la probité de son père! Aspasie était indignée, et pourtant les objections qui lui étaient faites lui paraissaient justes. Elle entre à la cathédrale, le cœur bien serré, elle prie, elle pleure, elle recommande à son bon ange cette affaire épineuse. Tout à coup il lui vient une pensée : les clients de M. Petit ne mentionnaient que des fossés creusés autour d'un bois ; or il avait dû en maints endroits y construire des murs. Elle courut à leur domicile et leur expliqua leur erreur. Ils la reconnurent loyalement et firent des excuses :

« C'est un service que m'a rendu mon bon ange, disait-elle, et je lui en suis toujours reconnaissante. »

M. Petit avait parfois des idées bizarres, ou plutôt l'on abusait de sa générosité et de son insouciance de caractère. Un jour il ramena d'une foire cent moutons qu'il venait d'acheter. Il s'applaudissait de son marché et rentrait tout heureux à la maison, convaincu d'avoir fait à la fois une bonne affaire et une bonne action. Mais il fallait du foin pour les nourrir, de la paille, un bercail, un berger. M. Petit n'avait point songé à ces détails. C'était l'ordinaire. Mme Petit pourvoyait toujours à tout, ce qui encourageait ses candides négligences. Cette fois elle se fâcha, et déclara tout net qu'elle ne s'occuperait de rien. M. Petit, descendu des hauteurs de l'illusion dans la région réelle, paraissait fort soucieux. Aspasie lui vint en aide, elle trouva paille et logement, et comme il ne fallait plus qu'un berger, le lendemain elle se mit bravement à la tête du troupeau, et gagna les champs. Hélas! elle comptait sans l'indocilité de ses moutons qui, courant après l'herbe défendue, soumirent ses jambes à un rude exercice!

Nous sommes arrivés à l'année 1820. Mgr Dubois vint à Langres, et Aspasie reçut de ses mains le sacrement de Confirmation. Le jour de sa Confirmation fut pour elle un jour de bonheur profond, de sereines lumières. Elle avoua qu'elle y avait recu des grâces spéciales. Elle écrivit ses résolutions et les mit « entre les mains de la Sainte Vierge, qu'elle prit pour mère, et de saint Jean l'Évangéliste, qu'elle choisit pour protecteur. »

Après avoir énuméré les vertus sans lesquelles, suivant son expression « elle ne peut rien du tout, » elle ajoutait : « O mon Dieu! je m'abandonne entre vos bras, je me jette dans votre sein, placez-moi où vous voudrez, faites de moi ce qu'il vous plaira. Tout ce que je désire, c'est d'être entièrement à vous dans le temps et dans l'éternité. Conduisez-moi par telles voies qu'il vous plaira, pourvu que je vous aime, que je vive et meure dans votre saint amour, que toute ma vie soit employée à vous plaire, à vous servir, à vous aimer, et que j'aie le bonheur d'être réunie à vous dans le ciel. Mes vœux seront comblés. Je ne vous demande que vous, ô mon Dieu! C'est vous demander tout, mais il me semble que je ne désire rien sur la terre. Envoyez-moi toutes les croix, suivant votre bon plaisir, pourvu que je vous aime, pourvu que je sois toute à vous, ô mon Dieu! »

Dans toute vie chrétienne, il entre surtout deux éléments, la prudence et la force, sans lesquelles rien de solide ne saurait se bâtir. L'on se demande parfois pourquoi l'on rencontre même dans les âmes les mieux douées tant d'hésitations, d'incertitudes, de faiblesse dans l'action, tant de bonnes intentions mort-nées, de foi imparfaite où dominent les infirmités de l'amour-propre, tant de dévotion restreinte et « de charité aux ailes coupées. » C'est parce qu'il leur manque ces deux grandes vertus de prudence et de force, et peut-être manquent-elles surtout parce que le sacrement de Confirmation n'a pas marqué dans la vie, n'y a pas tenu la grande place qu'il mérite.

La première jeunesse d'Aspasie était écoulée, et l'heure des suprêmes décisions allait sonner. Son parti était bien pris ; elle appartiendrait à Dieu irrévocablement, sans réserve aucune. Mais que serait-elle? Vierge au milieu du monde qui cherchait à l'attirer, ou religieuse toute consacrée à Dieu, comme elle l'avait toujours rêvé? Beaucoup de familles distinguées lui faisaient les avances les moins équivoques. Elle était pieuse, cordiale, gracieuse, avec ce rayon d'innocence, qui est le plus touchant et le plus irrésistible des attraits. On se sentait porté vers elle; sa vie faite de bonté et de pureté créait autour d'elle comme une atmosphère de respect et d'estime, et que de foyers se seraient ouverts avec bonheur pour la laisser entrer !

Au fond, M. Petit désirait la voir contracter une alliance honorable, et il lui communiquait les demandes nombreuses qui lui étaient adressées à ce sujet. Mais il y mettait une discrétion, une délicatesse qui laissait à Aspasie toute sa liberté.

« A chaque proposition, écrivait-elle plus tard à une jeune cousine qui se trouvait dans la même situation, je laissais voir que j'éprouvais des répugnances. On croyait quelquefois que ces répugnances n'existaient qu'à l'égard de la personne qui était proposée. Je disais que je serais malheureuse, je montrais de l'éloignement, j'évitais la rencontre de ceux que je savais penser à moi ; je simplifiais ma mise, et, petit à petit, mon bon père en prit son parti. D'ailleurs, je redoublais d'attentions pour lui ; je laissais parfois échapper que je ne voulais pas le quitter.... »

Cette stratégie qui consistait surtout à éloigner les prétendants importuns, à gagner du temps, et à se rendre de plus en plus aimable dans sa famille, réussit pleinement, et après quelques années elle fut tranquille de ce côté. Mais pendant qu'elle paraissait heureuse, et qu'elle affectait une douce insouciance pour l'avenir, que de luttes intérieures, que de larmes amères dissimulées par un visage habituellement souriant !

Le moment où se décide une vocation est parfois terrible d'angoisses. On est jeune encore, et l'on regarde l'avenir inconnu, qui vous apparaît sous mille aspects divers. On prie beaucoup ; c'est l'époque de la vie où peut-être on prie le mieux. On demande à Dieu de faire le silence absolu dans l'âme afin de mieux entendre sa voix. Mais parfois alors il se cache ; au lieu de la voix divine retentissent les bruits du monde ; au lieu des rayons du ciel, les imaginations terrestres traversent la pensée. Et vous êtes là, sincère, priant avec toute la ferveur dont la jeunesse est capable, désirant faire le bien, l'œuvre de Dieu, utiliser à son service cette vie qu'il vous a donnée, sauver des âmes, hâter la venue de son règne ; et vous lui dites : « Mon Dieu ! me voici. Je suis tout à vous seul. Éclairez-moi, dirigez-moi, montrez-moi mon chemin, afin que je marche sous votre regard, que je me sanctifie, et que je conduise vers vous les âmes que vous avez aimées ! »

Et Dieu paraît sourd, insensible : on dirait qu'il ne tient nul compte de ces pures intentions, de ces prières émues, de ces élans vers Lui. Alors commence le découragement, et cette peine intime du cœur hésitant qui ressemble à celle de l'homme égaré pendant la nuit, dans une vaste forêt, sans même une lueur directrice qui lui dise où il est, où il doit aller. Il est rare néanmoins que Dieu nous laisse longtemps dans les ténèbres ; bientôt il nous envoie un guide prudent et résolu qui nous prend par la main et nous dit : « Marchez avec moi. » Or cette consolation elle-même était refusée à Mlle Petit.

Elle s'adressait bien au vénérable M. Sommier, lui ouvrant toute grande son âme troublée. Mais il n'y voyait, lui, aucun nuage, rien qui pût l'obscurcir ou la souiller. Le bon vieillard avait en elle une confiance si profonde, qu'il ne pouvait comprendre qu'étant parfaitement pure, elle ne fût pas tout à la fois parfaitement heureuse.

Pendant ce même temps elle souffrait, et la bienveillance de son confesseur lui paraissait une croix de plus. Elle allait quelquefois à Langres chez ses cousines, les demoiselles Clément, pour une retraite, une fête, une prédication extraordinaire. M. Caumont, celui que Mme Gauchat (1) appelait « son grand directeur, son bon père Caumont » était leur hôte assidu. C'était un homme de sens et de foi, un prêtre vénérable qui devint plus tard vicaire général. Aspasie le vit, s'entretint avec lui et profita de ses conseils où elle trouva lumière et courage. A chaque voyage, elle lui confiait ses inquiétudes, et c'était une joie pour elle de se sentir comprise. Un jour elle eut le regret de ne le point rencontrer. Elle s'en retournait toute triste quand ses cousines lui dirent que depuis quelque temps elles s'adressaient à un jeune directeur, aussi pieux qu'instruit, M. l'abbé Poinsel, qui venait d'être nommé vicaire à Langres. C'était le guide que Dieu lui avait fait attendre, mais qui arrivait en son temps, à une heure particulièrement désespérée, pour mettre fin à la terrible épreuve qui avait désolé sa jeunesse.

« Tout en abordant ce saint prêtre, dit-elle, je me sentis pénétrée de respect et de confiance. Il me fit l'effet d'un ange, tant sa personne portait comme un reflet de piété, d'union avec Dieu, qui me recueillait et me faisait du bien. »

Elle s'entretint longuement avec lui. Il vit qu'elle était appelée de Dieu à faire plus que l'ordinaire, et à conduire beaucoup d'âmes à Jésus-Christ, car en la quittant, il lui dit : « Ne voyez que Dieu et votre âme, que Dieu et les âmes ! »

L'abbé Poinsel avait une manière à lui de s'exprimer. Il trou-

(1) Vénérable religieuse du XVIIIe siècle qui a laissé des *Souvenirs sur la Terreur*.

vait des sentences, des comparaisons qui se gravaient dans l'esprit en traits de flamme. Sa parole était incisive, concise sans nuire à la clarté. Il burinait sa pensée dans l'esprit de ses auditeurs. En cet homme, rien de vulgaire : une courte réflexion, un simple mot, tout révélait en lui la supériorité des vues.

« Ayez, disait-il, de la charité plein le cœur, plein la bouche et plein les mains. »

« Ayez toujours le sourire sur les lèvres et quelque chose d'aimable à dire. »

Comme Aspasie lui manifestait sa répulsion pour le mariage, il lui dit : « Gardez-vous de braver vos répugnances ! Combien de personnes s'engagent dans cet état sans en éprouver, et plus tard les sentant naître, se trouvent malheureuses ! Que serait-ce pour celles qui ont de l'éloignement ? »

Cependant il ne croyait pas qu'elle dût pour le moment penser à la vie religieuse, malgré les attraits intimes qui l'y portaient.

Aspasie était heureuse, heureuse de connaître sa voie, heureuse d'avoir rencontré un directeur qui l'avait comprise. Ses doutes disparaissaient; elle était pour le présent où Dieu la voulait, l'avenir se révélerait en son temps. Les conseils de l'abbé Poinsel éclairaient, comme une lumière bénie et longtemps attendue, le ciel de son âme jusque-là couvert de nuages. Malheureusement une décision épiscopale vint tout à coup la rendre à ses douloureuses incertitudes, en éloignant d'elle son directeur.

Toutefois M. Poinsel, devenu supérieur du grand séminaire de Langres, permit à Mlle Petit de lui écrire, et ce fut pour elle une grande consolation, Elle garda précieusement les lettres de son directeur, en ayant soin pourtant de rendre illisibles, grâce à d'horribles barres dont elle les couvrait, certains passages trop élogieux pour elle, ou concernant d'autres personnes. Nous puiserons largement dans cette correspondance, et bien que les lettres de Mlle Petit nous manquent, il sera facile d'y suppléer. En lisant les lettres de Mme de Sévigné, on devine sans grand effort ce que lui disait sa fille. M. Poinsel en répondant aux doutes d'Aspasie, en calmant ses anxiétés, exposera mieux que nous ne saurions le faire, l'état de son âme dont il connaissait tous les secrets.

La première lettre de M. Poinsel est datée de Dijon, du 6 janvier 1823.

« Il est bon pour vous, écrit-il, de n'avoir d'autre époux que l'Époux céleste, et de n'être point partagée entre les exercices de piété et les soins tumultueux d'un ménage. Quand la Providence aura disposé de vos parents, vous entrerez dans une communauté, ou vous vous réunirez à quelque vertueuse amie pour vous préparer à une sainte mort.

» Je viens à vos tentations. Oh! je vous en prie, ne vous en mettez pas en peine. Sentir n'est pas consentir. Ne disputez pas contre de vains fantômes. Soyez moins ombrageuse et moins effarouchée. Humiliez-vous simplement des folies de votre imagination, et reprenez le repos de l'esprit et du cœur, puis respirez en toute liberté. Les âmes les plus pures ont éprouvé ce que vous éprouvez, sans cesser d'être pures. Ne faites point d'efforts contre vos mauvaises pensées ou contre toute autre pensée folle. N'ayez que du mépris et de l'indifférence pour toutes les extravagances qui passent quelquefois par la tête. Il n'y a pas matière à confession. Ne cherchez jamais à savoir si vous avez consenti ou non, si vous êtes coupable ou non. Ces réflexions ont de graves inconvénients. Une fois pour toutes, dites: non, et soyez en paix.

» Je passe à vos ennuis et dégoûts dans les exercices de piété. Il y a des alternatives dans la vie; le ciel de l'âme n'est pas toujours sans nuage. L'âme a sa nuit comme son jour; elle a ses moments de ténèbres comme ses moments de lumière : il faut aimer l'un et l'autre état; l'un et l'autre entrent dans l'économie de notre salut. Nous sommes dans le désert; est-il étonnant que nous y trouvions parfois des aridités et des sécheresses? Il faut que nous soyons malades ici-bas; la santé parfaite n'est que pour le ciel. Vos meilleures prières ne sont pas toujours celles qui vous paraissent telles. Profitez de votre état pour vous humi-

VUE DE VIENNE (P. 30.)

lier et pour sentir toujours davantage le besoin que vous avez de la grâce.

» La grâce est comme l'étoile qui conduisait les Mages; elle disparaît quelquefois, il faut supporter son absence et attendre paisiblement son retour.

» Qu'allez-vous penser et dire? Vous perdue? Non, j'en réponds. Je soutiens même que vous êtes chère à Dieu. Vous seriez moins malheureuse si vous lui étiez moins chère. Il éprouve votre âme et vous met dans le cas de lui prouver votre attachement par votre fidélité. Triomphez donc au milieu de vos misères et de vos souffrances. Aimez, embrassez vos croix. Il faut souffrir pendant ce triste voyage de la vie. Les heures d'abattement et d'amertume passeront. Le temps est le moment du travail et de la peine. Le moment de la récompense c'est l'éternité.

» Soyez toujours aimante et aimable. Soyez gaie d'une gaieté douce et religieuse. Soyez intacte sous le rapport de la foi et des mœurs.... Soyez bonne et très bonne pour vos parents, vos domestiques, d'une bonté sans bornes, d'une douceur inaltérable.... »

Elle avait sans doute des scrupules, et sa conscience alarmée la retenait loin de la sainte table. Il lui ordonne de « communier hardiment » les dimanches, les jeudis, les fêtes de la Sainte Vierge et des Apôtres. Mais il lui recommande d'être toujours pour son confesseur « une enfant docile. »

« Communiez en toute simplicité et humilité. Oh! vivons de la vie de Jésus-Christ! Oh! qu'il soit l'âme de notre âme! Unissons-nous fréquemment à Lui, cœur à cœur, c'est l'unique consolation de la vie. »

Et comme les mêmes tentations lui reviennent malgré tout, avec les mêmes angoisses, l'abbé Poinsel prend corps à corps toutes ses difficultés et les résout avec une admirable clarté. Puis il commande, il parle avec autorité : « Vous n'êtes pas comme vous le croyez, dit-il. Revenez aux sacrements, trésors de grâces. Moquez-vous donc de vos tentations. Dieu est pour vous, il est à vous; vous êtes à Lui; et c'est bien parce que vous êtes à Lui que vous êtes tentée. Si vous étiez au démon, vous ne le seriez pas. »

Il lui conseille la lecture de l'*Imitation*, et insiste sur la nécessité de communier fréquemment.

« Et pour en être digne, ayez seulement un esprit droit et un cœur pur. Toute la religion est dans l'âme.... Possédez votre âme en repos et en paix. Ayez la tête forte et une conscience décidée. J'entre dans toutes vos peines, je les partage, allons, soyez résignée. Les croix! les croix! voilà le partage des élus sur la terre, mais levez les yeux. Oh! qu'elle est grande leur récompense dans le ciel!

» Consolez-vous, réjouissez-vous dans le Seigneur. Mettez en Lui seul toute votre confiance. Vous êtes l'enfant de ses miséricordes. Je réponds de vous, de votre salut, si vous persévérez. »

Voilà une vraie et forte direction, et en même temps que de tendresses et de lumières! On comprend que ces lettres embrasées aient pénétré Aspasie d'une sainte générosité pour le bien. Elle ne demandait qu'à obéir et qu'à savoir, et voilà qu'un homme plein de science et de vertu lui dit : « Mon avis, mon ordre, est que vous ne changiez pas de confesseur; » ou bien : « Soyez en paix sur ma parole! » et toujours, et à chaque page : « Vous êtes dans le bon chemin, marchez, je réponds de vous! » Elle écoute et l'obéissance fait renaître la paix. Un directeur moins net dans ses décisions eût risqué de perdre cette âme si aimante et si délicate, qui se croyait toujours coupable, et qui tremblait à la plus légère tentation. Mais aussi comme il entend bien la vraie dévotion!

« Livrez-vous peu aux personnes pieuses. La vraie dévotion est rare, la dévotion éclairée, sage et franche. De la charité pour tout le monde, de l'amitié pour un très petit nombre. Faites choix des personnes qui ont en religion de l'intelligence et du cœur. Il en est beaucoup qui n'ont que le simulacre de la dévotion. Ce sont des apparences et rien de plus. Défiez-vous de cette dévotion qui s'enveloppe de grimaces et de singeries. Ceci soit dit sans juger personne.

» Pour vous, évitez les écarts et les excès. Soyez simple et ingénue, ayez toute la modestie des vierges, mais avec cela un air de dégagement et d'aisance. Allez tout uniment à Dieu! »

D'ailleurs il trouve partout des raisons pour l'encourager, même dans l'époque bien critique cependant que l'on traversait alors :

« Je le dis tout bas, notre siècle n'est pas merveille; mais il y en a eu de plus mauvais. Oh! il y a de grandes vertus sur la terre! Dieu connaît les âmes qui sont à lui, il connaît la vôtre. L'Église de la terre, ou l'Église qui voyage, a encore des saints à offrir à l'Église du ciel, ou à l'Église qui triomphe. »

Le 12 décembre 1825, il lui écrit : « Votre position spirituellement parlant est des plus désespérées; toutefois du calme et de la paix de l'âme. Alors que tout nous abandonne, Dieu nous reste, et c'est assez.

» Souvent une âme est toute bouleversée : un regard de Dieu suffit pour tout faire rentrer dans l'ordre. La tempête cesse, l'orage se calme. Votre état d'humeur noire ne me surprend pas. Reprenez votre sérénité, écartez les nuages. Point de brouillard dans l'âme. C'est un ciel pur. N'allez pas croire que tout est perdu. Non! Dieu est encore votre père, et vous êtes toujours son enfant. L'état de grâce a souffert; il n'est pas mort.... La religion fait des heureux et non des malheureux. Voyez tout en beau.... Nous avons affaire à l'infiniment Bon. Sa miséricorde est bien au-dessus de notre misère. »

Un instant la sérénité revient. Aspasie se hâte de le dire à son directeur qui lui répond :

« Vous me comblez de joie en me disant que vous voulez être toute à Dieu. Oh! soyez bien toute à lui. Assez d'autres ne sont à lui que la moitié, le tiers ou le quart. Une âme partagée n'est pas digne de Dieu. Ayez bon courage! Les voies douces et fleuries ne sont pas les voies célestes. Dieu permet les distractions, les sécheresses, les aridités spirituelles, pour nous tenir dans l'humilité, vertu précieuse, vertu des âmes élues. »

Dans toutes ses autres lettres, l'abbé Poinsel ne cesse de la prémunir contre cette tristesse qui eût pu stériliser en elle tant d'élans, tant d'œuvres qui dès lors germaient dans son cœur.

« Ma fille, il faut souffrir, et puis il faut mourir. Les souffrances sont notre partage et la mort est notre destinée. Malgré tout cela, il faut sourire parce que les souffrances sont un bonheur et la mort est un gain. Oh! les anges du ciel nous envient la gloire de souffrir avec et comme Jésus-Christ.

» Vous êtes triste, mon enfant, les larmes vous viennent aux yeux, et vous entendez votre cœur qui soupire et qui gémit. Je n'aime pas la tristesse de ce monde, la tristesse qui abat, décourage et désespère, qui cause des ennuis et des dégoûts mortels. Mais j'aime une tristesse douce, paisible, confiante, la tristesse d'une âme qui voyage et qui voudrait être arrivée, la tristesse d'une âme en exil, qui a l'œil et le regard vers la patrie!

» O ma fille, consolez-vous à l'idée de Dieu, notre Père, et au souvenir du ciel, notre royaume. Consolez-vous dans la prière, les saints cantiques, les sacrements, la communion surtout. Alors vous n'êtes plus à plaindre, vous êtes trop heureuse.

» Vous voulez que je sois votre maître et votre docteur, comme je suis déjà le père et l'ami de votre âme. Vous voulez que je vous enseigne à connaître et à aimer Dieu, ma bien chère fille en Jésus-Christ. Soyez donc en paix sur ma parole. Vous avez la foi, je l'affirme. Dites mille fois : « Mon Dieu, la foi est le premier, le plus beau, le plus précieux de vos dons. Vous m'avez donné de croire : je crois. Si ce n'est pas assez, faites que je croie davantage! Je le désire, je vous le demande : La foi! Mon Dieu, la foi! »

Même dans l'âme si franche d'Aspasie, on sent que le jansénisme avait plongé quelques racines. Parfois elle se prenait à douter de la miséricorde de Dieu. Comment pourrait-il s'abaisser, Lui si grand, jusqu'à elle, si misérable? Puis le démon lui exagérait ses propres fautes; elle se croyait avec sincérité une grande coupable, et se perdait volontairement dans cette dangereuse tristesse qui la conduisait peu à peu à l'indifférence et au dégoût des choses divines. L'abbé Poinsel réagit contre ces entraînements, avec une éloquence où la raison le dispute à la tendresse; puis il lui envoie un règlement précis où il veut enfermer sa vie, comme dans un jardin admirablement cultivé d'où les fruits pourtant n'excluront pas les fleurs. Une dévotion solide, mais aimable; une piété affectueuse et éclairée, dépouillée des dehors austères qui, chez les jansénistes, recouvraient un abîme d'hypocrisie; tel est le but qu'il poursuit constamment.

La lettre suivante, — l'une des dernières qu'il lui ait écrites, — mit une sorte de couronnement à son œuvre de direction.

« O ma fille, mettez-vous à l'abri de la foi. Enveloppez-vous du saint amour. Confiez-vous en Dieu. Voilà qu'il a commandé au démon, au monde et aux passions de respecter votre âme. Méprisez leur souffle et leur fureur. Quoi! vous avez la croix sur le front et vous craignez! Vous avez le nom de Jésus dans le cœur et sur les lèvres, et vous craignez!

» Quoi que vous sentiez, priez, communiez. Vous priez mal, dites-vous, mon enfant. Dieu *sait le gémissement de votre âme, et tout le désir de votre cœur est devant Lui.* Il suffit, c'est assez. Soyez sans cesse à la porte du ciel, attendant le pain de chaque jour. Nous avons un père riche et bon, les trésors spirituels sont inépuisables. Plus l'âme est simple et humble, mieux elle prie. Communiez souvent. Laissez là vos timidités et présentez-vous à l'autel avec une sainte hardiesse. N'hésitez plus, pauvre petite âme! Allez, courez, volez au Seigneur Dieu des vertus. Dites : « Jésus est ma vie! » Dites : « Mon Dieu est mon tout! »

» Vous voulez que je prie, vous voulez que je vous bénisse. Oui, sous l'un et l'autre rapport, vous n'avez plus rien à désirer : je prie et vous bénis chaque jour. Votre âme m'est bien chère : je tiens les clefs, je lui ai ouvert et lui ouvre le royaume des cieux. Soyez la vierge prudente et sage, et vous serez admise aux noces éternelles. »

Tandis qu'Aspasie était soutenue et consolée par son père

spirituel, son père selon la nature lui faisait éprouver une peine bien amère. M. Petit, le meilleur des hommes au regard du monde, restait éloigné de Dieu. Et la vieillesse était venue, et dans sa longue vie, que d'orages, que de fautes! Bientôt il paraîtrait devant Dieu; déjà il éprouvait les symptômes significatifs de cette inexorable maladie de cœur qui, parfois, précipite les catastrophes. Or son père, c'était tout en ce monde pour une enfant si chrétienne; que n'avait-il sa foi! Mais les préjugés, triste legs d'un siècle impie, persistaient chez M. Petit, et, bien qu'il fréquentât l'église, la foi restait en lui endormie, sinon morte. Seule la grâce de Dieu pouvait la réveiller ou la ressusciter. Bientôt sonnerait l'heure suprême. La mort serait donc alors la vraie, l'éternelle séparation! S'aimer tendrement, et puis se quitter pour ne plus jamais se revoir! A cette pensée, Aspasie se sentait accablée d'un indicible chagrin. Elle redoublait de ferveur, d'obéissance, de bonnes œuvres : elle disait sans cesse à Dieu cette belle prière que lui avait suggérée M. Poinsel : « Seigneur, ayez pitié de cette âme. Grâce, pardon, miséricorde pour elle, ô mon Dieu! Donnez-lui la foi, l'espérance, la charité, le repentir. »

Elle n'ignorait pas qu'en demandant le salut de son bien-aimé père, elle demandait à Dieu un miracle. Alors elle fit à Dieu cette prière héroïque :

« — Mon Dieu! à tout prix, il faut que vous m'accordiez le salut de cette âme chérie. Que mon père ne dise plus : « Ma fille, je voudrais croire, mais je n'ai pas la foi! » Vous m'avez donné, mon Dieu, une foi profonde, eh bien! dépouillez-en mon âme pour en remplir la sienne. Ses doutes, je les accepte en échange des lumières dont vous l'inonderez. Qu'ils fassent le tourment de ma vie, pourvu que vous le sauviez! »

Dieu accepta ce sublime contrat. Depuis cette époque, les tentations, les craintes, les angoisses l'assaillirent plus que jamais. Parfois l'épreuve ne s'arrêtait qu'au seuil du désespoir. Mais M. Petit revenait tout doucement à Dieu, un changement sensible s'opérait en lui; il priait, et son âme s'ouvrait à la grâce.

Pendant ce temps Aspasie souffrait les amertumes les plus cruelles, les tentations les plus odieuses, mais elle n'en laissait rien paraître. D'ailleurs elle avait ses dévotions préférées qui étaient comme ses lieux de refuge, quand les orages intérieurs devenaient trop violents; et ces dévotions incomparables vont nous montrer à quel degré éminent elle possédait le sens catholique.

Au mois de décembre 1828, les Pères Guyon et Petit donnèrent à Langres une mission dont le souvenir n'est pas encore éteint. On sait quel était le mérite, et quels furent partout les succès de ces deux missionnaires. Au Mans, en 1826, ils avaient provoqué une véritable admiration et opéré de magnifiques conversions. Le P. Petit parlait avec clarté, science et méthode. Il excellait à instruire, et ses discours solides, simples et pratiques, bien que s'adressant surtout au peuple, étaient très goûtés des esprits sérieux.

L. P. Guyon plaisait aux classes élevées. Il développait et réfutait les objections du jour avec une verve étonnante. A peine avait-il parlé, — de sa voix charmeuse, — que la moindre émotion nuançait sa volonté, qu'il s'établissait un courant de sympathie entre l'orateur et l'auditoire. Il saisissait les foules par sa magnifique mise en scène, ses figures hardies, ses apostrophes soudaines, et les élevait jusqu'à lui dans le ciel de la foi. Alors on priait, on pleurait, on assiégeait les confessionnaux, et quand les missionnaires annonçaient leur départ, la ville entière semblait en deuil. Les adieux étaient déchirants. Mais on doit bien reconnaître que le talent du P. Guyon avait quelque chose de factice et de superficiel. On l'admirait, on l'applaudissait, puis on l'oubliait, comme un beau feu d'artifice qui vous enchante un instant et vous laisse ensuite dans la nuit.

Mlle Petit qui avant tout recherchait la piété solide, ne partageait pas l'engouement universel. Au genre éblouissant du P. Guyon elle préférait la riche simplicité du P. Petit. Elle ne manquait pas une de ses méditations du matin, tant elle les trouvait substantielles et pratiques. Un jour, il s'éleva contre la coutume du tutoiement dans les familles, coutume engendrée par la Révolution, qui essaya de supprimer tout rang, toute distance, toute dignité, et d'établir, contre nature, le règne de l'égalité. Le P. Petit adjurait les parents de ne point permettre à leurs enfants de les tutoyer, parce que la famille doit rester le sanctuaire de l'autorité.

— Vous me direz, s'écriait-il, que vos enfants vous tutoient par amitié. Mais ce n'est pas de l'amitié qu'ils vous doivent, c'est du respect, c'est presque du culte !

Or Aspasie tutoyait ses parents ; elle se crut coupable, et sa conscience ne cessa plus de la tourmenter. Mais comment leur ferait-elle accepter, à son père surtout, ce changement délicat dans les habitudes de la famille ? Elle consulta le P. Petit. « Essayez toujours, lui dit-il. Avec des ménagements affectueux, et ces prévenances que le cœur sait inspirer à propos, vous pourrez peut-être réussir. »

Elle réussit en effet. M. Petit parut surpris d'abord, mais il comprit le sentiment intime de respect qui dirigeait sa fille, et garda ce silence songeur qui lui était habituel depuis quelque temps, lorsqu'il se trouvait en présence d'une manière chrétienne d'agir qu'il ne comprenait pas tout entière; et depuis cette époque elle cessa de tutoyer ses parents.

Le P. Petit, à qui elle s'ouvrit alors de ses résolutions, de ses inquiétudes, de son désir sincère de procurer en toutes choses la gloire de Dieu, lui inspira la dévotion aux Cœurs sacrés de Jésus et de Marie. Quand elle serait découragée et accablée outre mesure, c'est là qu'elle trouverait un abri sûr, des forces nouvelles. Et pour qu'elle se sentît liée plus étroitement à ces divins Cœurs, il exigea qu'elle fît la consécration suivante :

« Jésus, mon Dieu, mon Roi et mon aimable Maître, dans le dessein de rendre tous les hommages que je puis à votre Sacré Cœur, consumé d'amour pour moi, je voue et consacre à ce divin Cœur tout ce que j'ai et tout ce que je suis, mon corps et mon âme, ma mémoire, mon entendement, ma volonté et ma liberté, mon cœur et toutes ses affections, toutes mes peines et mes souffrances, mes consolations et mes bonnes œuvres, tous mes mérites présents et à venir pour le temps et pour l'éternité.

» Je m'engage par vœu à entretenir et à étendre parmi les fidèles la dévotion à votre Sacré Cœur.

» Auguste Marie, Mère de Dieu, toujours Vierge et toujours Immaculée, ma Reine, ma Patronne et ma tendre Mère, je me voue et me consacre de la même manière et avec la même

LA BIENHEUREUSE MARGUERITE-MARIE (P. 96.)

étendue, à votre Très Saint Cœur, vous conjurant, par l'ardent amour dont il est embrasé pour tous les hommes et pour moi en particulier, d'offrir au Sacré Cœur de Jésus ce double vœu de consécration que je dirige à sa plus grande gloire et à la vôtre.

» Je m'engage aussi par vœu à propager la dévotion à votre Très Saint Cœur, et à votre Immaculée Conception. »

Ce vœu fit époque dans son existence. Jusque-là elle se

demandait : « Quelle est la volonté de Dieu sur moi? » Ce jour-là elle entendit la divine réponse. En une heure elle vit se dérouler devant elle tout son avenir surnaturel. Aimer le Cœur de Jésus et le Cœur Immaculé de Marie, les faire connaître pour les mieux faire aimer, telle fut en effet la pensée de toute sa vie. Désormais elle pourra hésiter sur le choix des moyens, mais le but lui est révélé, le temps des grandes incertitudes est passé; elle est pour toujours consacrée aux Cœurs de Jésus et de Marie, et l'éternité même ne pourra plus que mettre le sceau définitif à cette divine union.

« En ce jour, disait-elle, je me suis vraiment donnée à Dieu sans réserve. »

Aussi, depuis cet engagement mémorable, elle ne cesse de propager cette double et ineffable dévotion. Elle distribue des médailles, des images du Cœur de Jésus; elle dessine elle-même les divins Cœurs, comme la Bienheureuse Marguerite Marie; au bas de ces dessins, elle écrit quelques lignes enflammées, les promesses faites par le Sauveur aux âmes dévouées au Sacré Cœur, des aspirations affectueuses; elle répète souvent : « Je voudrais marquer toutes mes œuvres du sceau de ces Cœurs sacrés ! »

Puis, toujours pratique, elle se demande : « Quelle est l'œuvre qui leur serait la plus agréable? » Elle réfléchit, elle consulte le vénérable M. Sommier, et tout à coup une idée qu'elle avait depuis l'âge de seize ans, mais croyait inexécutable, s'empare d'elle, s'impose à sa volonté : elle créera une école pour les petites filles de Saint-Loup.

Il n'y avait en effet dans cette paroisse qu'une école mixte. Aspasie communique son projet à son père qui l'agrée. Il fournira lui-même une maison à Courcelotte; une tante, Mme Rouyer, s'engage à donner chaque année une hémine de blé, les communes aideront, elle fera le reste. D'ailleurs, M. Poinsel l'encourage et lui rappelle que « celle qui enseigne la justice à plusieurs âmes, brillera au ciel pendant l'éternité. » Elle discute avec lui les petits détails du mobilier, en même temps qu'elle se réjouit déjà de penser que bientôt la jeunesse de Saint-Loup se fera remarquer par sa piété, sa modestie, sa réserve.

Elle est tout entière à l'espérance.... M. Poinsel lui fait bien entrevoir des oppositions, des embarras, des épreuves. Elle ne veut pas encore s'y arrêter, et elle se repose sur ce délicieux avis de son directeur : « Soyez une des âmes pures de la terre qui, blanches colombes, s'élèvent vers le ciel. »

Mais à quel ordre demandera-t-elle des religieuses pour son œuvre rêvée? Elle n'est pas longtemps à réfléchir. Des liens de parenté l'unissaient à l'excellent M. Leclerc, fondateur de la Congrégation des Sœurs de la Providence de Langres. C'est à ses filles qu'elle s'adressera. Mais avant tout elle consulte M. Sommier. Le bon vieillard ne s'opposait à rien, mais il ne témoignait aucun enthousiasme. Sous l'influence d'Aspasie, la jeunesse était devenue bonne, les enfants étaient instruits : c'était l'essentiel. Au fond M. Sommier eût voulu qu'elle-même se mît à la tête de cette belle œuvre, qu'il approuvait de toute son âme, et qui, pensait-il, ne serait jamais mieux dirigée que par elle. Un jour il le lui avoua sans détour.

« Je ne suis pas capable de réussir, répondit-elle avec une humilité sincère. D'ailleurs je me dois à mes parents. Des religieuses qui par état sont vouées à l'éducation des enfants feront beaucoup plus de bien que moi. Or, ce que je veux avant tout, c'est le bien de la paroisse. A vous donc de me dicter la conduite à tenir. Sur un signe de vous, si mon projet n'est pas opportun, je l'abandonne, je m'arrête.

— Non, marchez, » répondit le vieillard.

A la suite de cet entretien, que de démarches auprès de l'administration diocésaine, de voyages à pied de Saint-Loup à Langres, de visites aux autorités municipales, aux principaux habitants pour remplir toutes les exigences officielles, et pourvoir au modeste mobilier des sœurs! Enfin deux religieuses furent désignées, et vers les premiers jours de juin 1830, M. Petit, accompagné de sa fille, se rendit à la Communauté de Langres et les ramena avec lui. Il était heureux de ce dénouement, et la paroisse de Saint-Loup toute à la joie. Il les fit descendre dans sa maison où il leur témoigna cette bienveillance affectueuse qui faisait que chez lui on se sentait chez soi. Aspasie les accueillit comme des sœurs, leur promettant de partager leurs peines, et de les aider de tout son pouvoir.

Le lendemain M. Sommier les installa suivant le cérémonial usité alors. D'abord il les présenta à la paroisse réunie à l'église, et de là il les conduisit à leur maison. Mais ses forces étaient tellement épuisées qu'il ne put suivre la procession. Alors, par un dernier effort de volonté, et afin de se montrer jusqu'à la fin l'homme du devoir, le vieux confesseur de la foi se fit hisser dans une voiture, et se dirigea vers Courcelotte avec tous ses paroissiens à la fois émus et attristés.

Quelques semaines après, il mourait dans la paix du Seigneur. Il mourait content, car il avait conservé sa paroisse et, par son dernier acte public, assuré l'avenir de la jeunesse qui désormais serait préservée par l'exemple et par l'autorité de ces vierges consacrées à Dieu.

Cependant Aspasie était toujours préoccupée de la conversion de son père. Dieu avait choisi le successeur de M. Sommier pour être l'instrument de cette œuvre si grande et si délicate : c'était l'abbé Devignon.

Un soir de juillet 1830, trois prêtres, se dirigeant vers Saint-Loup, rencontrèrent M. Petit sur le chemin.

— Monsieur, lui dit l'un d'eux, nous vous amenons un pasteur.

Le vieillard les regarda songeur et légèrement désappointé. Il espérait qu'un prêtre du voisinage, qu'il aimait surtout comme un bon camarade, serait nommé à cette cure. Mais aux yeux d'Aspasie, celui-là n'était pas l'homme providentiel pour son père. Toutefois il se remit bien vite :

— Soyez les bienvenus, Messieurs. Je désirais pour Saint-Loup un prêtre de mes amis. Monseigneur en a décidé autrement, que sa volonté soit faite !

Puis il les accompagna à l'église, chez les maires, à la maison des sœurs, et les retint à dîner.

Le soir, M. Petit présenta les trois prêtres à sa fille, et l'un d'eux, M. Bezy, curé de Dampierre, lui proposa en riant de choisir entre eux le curé de Saint-Loup.

— Non, répondit-elle, le choix est fait et bien fait par le Saint-Esprit.

M. Petit voulut lui-même aller à Odival pour en ramener M. Devignon avec ses meubles, et le 28 juillet 1830, pendant que le canon brisait le trône de nos rois, les cloches de Saint-Loup saluaient à pleines volées l'arrivée de son nouveau pasteur.

Son zèle, sa parole vibrante réveillèrent vite la paroisse qui s'était un peu endormie pendant la vieillesse de M. Sommier. On se souvient encore de ses fortes prédications. M. Petit surtout paraissait réfléchir, et Aspasie pressait M. Devignon de profiter de ces heureuses dispositions pour frapper un grand coup dans sa conscience déjà ébranlée.

Le bon curé avait avec lui de fréquentes conversations, il instruisait, éclairait, déracinait les préjugés, il prenait pied dans son âme. M. Petit goûtait cette extrême délicatesse, il s'attachait à lui de plus en plus ; aussi l'invitait-il quand il recevait ses amis ; et la première place lui était toujours réservée.

Deux années furent nécessaires pour que la grâce divine opérât son travail, et que les prières d'Aspasie fussent couronnées d'un plein succès. M. Petit devenait de plus en plus souffrant. La souffrance chrétienne et la grâce divine sont deux sœurs qui s'aident puissamment. Pendant le Carême de 1833, il demanda à M. Devignon un entretien intime qui dura plus d'une heure. Quand ils sortirent, il était rayonnant.

« Ma fille, dit-il, c'est aujourd'hui le plus beau jour de ma vie. »

Il venait de se confesser. Mais cette première confession ne lui parut pas suffisante encore, il pria M. Devignon de revenir plusieurs fois. Alors il était heureux, parfaitement heureux, avec sa conscience purifiée et son passé pardonné; alors seulement l'on put apprécier tous les trésors que renfermait cette âme déjà si bonne, maintenant radieuse et regardant la mort comme on regarde l'aurore qui blanchit le ciel.

Un jour enfin, jour béni entre tous, on le vit s'avancer vers la sainte table entre sa femme et sa fille, et le Dieu de son enfance vint réjouir son âme de vieillard. Ils versèrent bien des larmes. Aspasie surtout remerciait Dieu de voir enfin tous ses vœux accomplis. Elle priait depuis plus de vingt ans, mais qu'elles lui paraissaient douces ces vingt longues années, maintenant que Dieu l'avait exaucée, et qu'elle ne désirait plus rien sur la terre!

L'année se passa dans cette sérénité attristée et confiante, qui rayonne autour du vieillard chrétien, lorsqu'il voit la mort lentement venir. A l'automne, M. Petit éprouva de cruelles suffocations. Il ne voulait plus que sa fille le quittât; on eût dit qu'il jouissait de la voir, de lui parler, d'entendre ses aimables paroles. Longtemps elle avait été son orgueil, maintenant elle était l'ange consolateur assis à son chevet. A Noël, il pria M. Devignon de le confesser à la maison, ne pouvant déjà plus se rendre à l'église.

M. Devignon, dès lors, le visitait chaque jour; et chaque jour amenait de nouvelles et consolantes confidences.

— Ce que je regrette le plus, lui dit le malade dans un de ses derniers épanchements, c'est de n'avoir pas assez prié le bon Dieu pendant ma vie.

Et afin qu'après sa mort, l'Église continuât de prier pour lui et en son nom, il disposa d'une de ses propriétés pour faire ériger dans la paroisse la confrérie du Sacré-Cœur.

Comme il ne quittait guère sa fille des yeux, un soir il la surprit essuyant une larme.

— Pourquoi pleures-tu? dit-il. Je pars un peu avant vous, mais bientôt vous viendrez me rejoindre. Ce n'est pas un adieu, mais un au revoir.

Malgré sa fermeté habituelle, Mme Petit se laissa gagner par une invincible émotion, et elle se mit à pleurer comme autrefois au chevet de sa fille. Il l'en reprit :

— Laissez-moi mourir. Maintenant je suis dans la bonne voie, je pourrais la quitter. A la garde de Dieu!

Il se confessa de nouveau, puis il prit la main de M. Devignon, et dit avec un accent de la plus tendre gratitude :

— Combien je vous suis reconnaissant! Après Dieu, c'est à vous que je devrai mon salut éternel.

Il reçut le saint Viatique le 2 février. Le surlendemain les étouffements le reprirent, suivis d'une crise terrible. Aspasie le consolait, pleurant, souriant, lui redisant ces paroles filiales qui, comme une douce musique, avaient le don de le calmer. Le mieux reparut; alors elle s'échappa un instant et courut à l'église pour prier devant les premières stations du chemin de la croix; craignant toujours que son bon père n'eût pas toute la contrition nécessaire, elle implorait avec ardeur Jésus souffrant. A la quatrième station, une voix en quelque sorte sensible lui dit à l'âme : « Un acte d'amour de Dieu suffit à effacer une montagne de péchés. » Elle s'en retourna en toute hâte, possédée de ce sentiment qui lui avait rendu un calme extraordinaire. Ayant ouvert doucement la chambre de son père, elle l'entendit soupirer avec un accent que la vraie foi seule sait trouver :

— O mon Dieu! Combien je voudrais ne vous avoir jamais offensé, et vous avoir toujours aimé!

Le souvenir de la quatrième station lui revint, et cette coïncidence frappante la remplit d'espérance.

A midi, M. le Curé entra et proposa à M. Petit de lui administrer le sacrement de l'Extrême-Onction.

— Volontiers, mon père, répondit le malade, je le désire de tout mon cœur.

Depuis ce moment il ne s'occupa plus que de Dieu et de son âme. Il invoquait la sainte Vierge, saint Étienne son patron, et ne s'interrompait que pour dire à ceux qui l'entouraient : « Priez pour moi beaucoup, mais beaucoup. Là-haut je prierai pour vous. » Aspasie lui tenait toujours la main. Elle l'abandonna un instant pour lui arranger son chevet. Il lui dit avec un doux reproche :

— Ma fille, est-ce que tu me quittes?

— Oh! non, je ne veux pas vous quitter, mais maman est auprès de vous, voyez!

— Qu'elle y soit pendant toute l'éternité.

— Et moi aussi, mon père!

— Oh! oui, et puis tes tantes, et puis Monsieur le Curé. Oh! Monsieur le Curé! Monsieur le Curé!

Tout le monde pleurait à ce touchant spectacle d'un homme juste et bon que le Dieu de bonté rappelait à lui. Un instant après il reprit :

— Je meurs sans haine et sans crainte. Que ma chambre est belle! Elle est brillante de lumière. Oh! laissez-moi donc voir mon Dieu face à face!

Ce fut sa dernière parole. Quelques instants après il rendait son âme à Dieu. Aspasie lui ferma les yeux. Son cœur était serré d'une incroyable douleur. Car son père, on le sait, était sa vivante affection, une partie d'elle-même; on eût dit que la mort venait de lui arracher la moitié de son être, de sa vie. Et pourtant au milieu de ces indicibles angoisses, elle sentait la foi et l'espérance qui lui versaient dans l'âme assez de joie pour l'empêcher de mourir.

Avec la conversion de son père, la mission d'Aspasie au sein de sa famille était terminée.

Thérèse de LAMOUROUS [1]

Dieu se sert souvent, pour l'accomplissement de ses desseins, des êtres les plus faibles et les plus rebutés du monde. C'est ainsi qu'il s'est choisi Marie-Thérèse de Lamourous, dans les vues de son infinie miséricorde, pour retirer du péché un grand nombre d'âmes. Celle qui devait tant honorer la religion et s'illustrer elle-même par ses œuvres admirables, naquit dans un tel état de débilité, et si peu douée des grâces de l'enfance, que ses parents cédèrent d'abord à un sentiment de honte et de dépit en présence de cette chétive créature et la tinrent cachée pendant plusieurs jours. Ils lui prodiguèrent ensuite les soins et les attentions d'une sincère tendresse pour la disputer à la mort. La faiblesse de constitution de la petite Thérèse dura néanmoins deux années; mais, malgré ces commencements pénibles et les fréquentes maladies dont elle fut assaillie plus tard, son tempérament devint très robuste. Sa figure elle-même, qui d'abord était d'un aspect assez désagréable, surtout à cause de sa maigreur, se remplit peu à peu, s'embellit

(1) Fondatrice de la Maison de la Miséricorde à Bordeaux, Mlle de Lamourous restera à jamais célèbre par ses éminentes qualités, sa générosité inépuisable, son sublime dévouement. Favorisée de grâces extraordinaires et constamment fidèle à la pratique des plus difficiles vertus, elle est morte en odeur de sainteté à l'âge de quatre-vingt-deux ans. Nous retraçons dans les pages qui vont suivre les années de son enfance et de sa jeunesse, laissant habituellement parler le biographe, l'abbé Pouget, dont la narration déjà ancienne, naïve et familière, présente tous les caractères d'une incontestable authenticité.

par l'expression de la vertu qui y régnait, au point de charmer tout le monde. C'est le témoignage que lui rendent les personnes qui ont eu le bonheur de vivre avec elle, et même celles qui ne l'ont vue qu'une seule fois.

Jusqu'à l'âge de onze ans, ou environ, elle vécut à la campagne. Sa mère, par une attention digne d'éloges, ne voulant s'en rapporter à personne du soin de sa première éducation, fut elle-même son institutrice. Elle ne négligea rien de ce qui pouvait contribuer à développer les talents dont le Ciel l'avait pourvue, et la mettre en état de se rendre utile à autrui. Mais elle s'appliqua surtout à faire de Thérèse une fervente chrétienne, et nous verrons que les semences de vertu qu'elle jeta de bonne heure dans son cœur ne furent point confiées à une terre ingrate.

Thérèse était à peine capable de faire quelques pas que Mme de Lamourous se mit en devoir de la conduire le dimanche à l'église, et elle considérait avec un secret plaisir la grande piété dont cette enfant de bénédiction donnait déjà des marques non équivoques.

Une singulière amabilité distingua Thérèse dès sa plus tendre enfance : elle était simple et ingénue en toutes choses. Un amour précoce du travail lui donnait de nouveaux charmes. A l'âge de trois ans, elle maniait l'aiguille avec assez d'adresse pour coudre des mouchoirs à son usage. On conserve encore à la Maison de la Miséricorde de Bordeaux une petite armoire où elle rangeait avec beaucoup d'ordre les habillements confectionnés par elle pour sa poupée.

Thérèse montrait un goût particulier pour tout ce qui tenait aux œuvres de piété et de zèle. Elle était le modèle de ses sœurs (1) et avait du reste pour elles l'affection la plus tendre. Secondant, avec une maturité bien au-dessus de son âge, les soins que Mme de Lamourous leur prodiguait, elle les instruisait elle-même, elle leur apprenait à connaître Dieu, à l'aimer, à le

(1) Elle avait quatre sœurs et un frère.

prier. Ses sœurs profitaient de ses naïves leçons et de ses bons exemples.

Dès la plus tendre enfance, Thérèse aimait beaucoup à parler du bon Dieu, et quand elle se trouvait avec des enfants, elle suivait en toute liberté le penchant de son âme : chose remarquable, cette piété, qui fut toujours comme le fond de son caractère, s'alliait parfaitement en elle avec une douce gaieté. Ses entretiens étaient aussi aimables qu'ils étaient édifiants.

La vivacité de son esprit, la bonté de son cœur, ses grâces naissantes la rendaient presque l'idole de sa famille. Son grand-père, vieillard vénérable, ne pouvait guère se passer de sa société, sa grand'mère l'aimait à l'excès.

La Providence, qui conduit les âmes prédestinées par la voie du Calvaire, voulut que cette innocente enfant y fît de bonne heure les premiers pas. Elle lui ménagea, au sein même de sa famille, des contradictions et des peines, légères à la vérité, mais propres cependant à fortifier sa vertu et à l'accoutumer, comme par degrés, à souffrir de rudes épreuves dans la suite de sa vie.

Sa grand'mère fut, sans y prendre garde, une des personnes qui contribuèrent le plus à exercer sa patience. Elle avait pris l'habitude, à cause de son âge avancé, de se faire servir à manger dans sa chambre. Il fallait que sa petite-fille fût toujours à son côté. On ne conçoit pas comment cette dame, bonne d'ailleurs et généreuse pour tout le monde, ne songeait pas que Thérèse, elle aussi, devait se nourrir. Celle-ci n'osait point la prévenir par des demandes que, dans son extrême réserve, elle eût regardées comme indiscrètes : elle attendait en silence et avec modestie une petite part, qui malheureusement ne lui arrivait pas. Quand ensuite ses jeunes frères et ses sœurs réclamaient leur goûter, elle se présentait avec eux pour recevoir le sien. Mais la domestique la traitait de gourmande, et lui faisait des reproches de ce que, venant, disait-elle, de dîner avec sa grand'mère, elle voulait manger encore. Thérèse supportait ces grossiers refus et ces privations sans se plaindre.

Depuis sa première enfance jusqu'à sa mort, Thérèse eut toujours des peines et des croix. Elle sut les rendre méritoires. Déjà, dans le jeune âge, on lui avait souvent parlé du bonheur de les supporter sans murmure. Elle s'y soumettait donc de bonne grâce, quoique souvent ces croix fussent accablantes pour une enfant. Elle fit avec Dieu une sorte de contrat, admirable de simplicité et de foi naïve. « Mon Dieu, lui dit-elle un jour à genoux devant un crucifix, je vous promets de porter trois croix par jour sans pleurer; mais s'il en vient davantage, je ne réponds pas de retenir mes larmes. » En effet, lorsque la Providence lui envoyait des contradictions, des chagrins, elle les supportait avec grand courage. Mais pourtant, s'il lui en arrivait plus de trois, sans murmurer et sans se plaindre, elle pleurait à son aise.

Ces petites peines, involontaires dans leur principe, ne suffisaient pas à une âme que Dieu favorisait de tant de grâces. Toute jeune encore, Thérèse se montrait portée à la pratique de la mortification. On tient d'une de ses anciennes domestiques qu'elle se levait la nuit pour vaquer à la prière, ou faire quelque acte de pénitence. Lorsqu'elle était à table, on s'apercevait, malgré le soin qu'elle prenait de le cacher, qu'elle se privait souvent des mets qui étaient le plus de son goût.

Elle allait fréquemment toute seule dans la vigne de son père. Là, pour imiter la solitude des anciens anachorètes, dont on lui avait raconté l'histoire, elle se faisait avec des branches un petit ermitage, où elle se renfermait. « Et lorsque, disait-elle depuis, en racontant ce trait de sa vie, il me prenait envie, au milieu de mes réflexions, de manger un raisin, je me disais que les solitaires mangeaient bien aussi, et je les imitais en ce point avec beaucoup de perfection. »

Thérèse était d'une grande obéissance. Un mot de sa mère lui suffisait. Mme de Lamourous lui dit un jour que si, dans l'obscurité, elle voyait quelque chose qui lui fît peur, elle allât le toucher. Quelque temps après, tandis qu'il faisait soir, elle eut besoin d'entrer dans le salon. Il n'y avait pas de lumière, et la pauvre enfant crut entrevoir je ne sais quoi d'étrange. Ne pouvant distinguer ce que c'était, elle eut peur. Mais se rappelant que sa mère lui avait recommandé d'aller toucher ce qui lui causait de la frayeur, elle se dit en elle-même : « Il faut avancer et obéir à maman. » Elle s'approche donc, quoiqu'en tremblant, et saisit par la barbe un Père capucin qui, accoutumé à venir dans la maison, s'était retiré là, sans doute pour y prier. Le bon religieux, effrayé lui-même, se hâte de crier et de se faire connaître. L'enfant lâcha prise et se confondit en excuses.

A mesure que Thérèse croissait en âge, elle croissait aussi en sagesse. Un des caractères distinctifs de sa vertu était une attention prévenante à venir en aide au prochain. Elle était heureuse quand elle pouvait rendre service à quelqu'un. Ces bonnes dispositions ne faisaient que se fortifier et se développer tous les jours, grâce aux leçons et aux exemples de sa mère. Mme de Lamourous ne se bornait pas à veiller sur la conduite des personnes de sa maison avec une sollicitude toute chrétienne; elle pourvoyait encore à leurs besoins avec une tendre charité. Si quelque femme de service était malade, elle chargeait ses filles de la visiter et de lui témoigner, par leurs petits soins, la part qu'elles prenaient à sa peine. On sait qu'à cette époque, et surtout dans les pays où les mœurs étaient plus simples, les domestiques s'établissaient chez leurs maîtres et y restaient de génération en génération. S'il arrivait que quelque enfant de ces pauvres ménages se mît à crier pendant que la mère était occupée à son ouvrage, Mme de Lamourous commandait à ses filles d'aller le bercer; et Thérèse n'était pas la dernière à courir au petit pleureur et à l'endormir par ses chansons.

A l'âge d'environ onze ans, elle se rendit à Bordeaux, où vint se fixer sa famille. Elle se préparait depuis longtemps à la première communion, et son cœur soupirait ardemment après l'heureux jour qui devait la mettre en possession de son Dieu. Elle éprouva pourtant à l'époque de sa première communion de grandes inquiétudes : c'était sans doute un effet de la vivacité de sa foi et de la délicatesse de sa conscience. Mais au-dessus de ses craintes planaient constamment son amour pour Dieu et un abandon plein de confiance à sa volonté. Une bonne que Thérèse eut dans son enfance contribua beaucoup par sa piété à nourrir ses sentiments religieux et à lui inspirer une profonde vénération pour la sainte communion.

C'était une Saintongeoise fort pieuse, qui tous les mois ou à peu près s'approchait des sacrements. La veille du jour où elle devait communier, elle se tenait plus recueillie qu'à l'ordinaire. Après sa confession, on la voyait faire ses préparatifs pour le lendemain, tirer de son armoire ce qu'elle avait de plus beau, sa coiffe à la mode de Saintonge, son jupon neuf, etc., le tout bien propre et en bon ordre. Si les petits enfants confiés à ses soins s'avisaient de faire quelque espièglerie, ou seulement de s'amuser d'une manière trop bruyante, elle leur disait gravement : « Ne faites pas cela, mes enfants; votre bonne se fâcherait peut-être, et elle doit faire la communion demain. » La petite famille était si pénétrée de respect en entendant ces paroles que si quelqu'un de ceux qui la composaient venait à s'oublier tant soit peu, les autres lui disaient doucement et d'un air de mystère : « Chut! il ne faut pas faire cela; notre bonne doit faire la communion demain. » Le lendemain, les enfants allaient à la messe avec elle, et restaient bien tranquilles à ses côtés, pendant qu'elle faisait son action de grâces. La journée entière était plus paisible que les autres de la semaine. Si quelque enfant s'émancipait et se permettait la moindre légèreté, la bonne ne manquait pas de prendre son grand sérieux et de dire : « Mes enfants, ne faites pas fâcher votre bonne; elle a fait aujourd'hui ses dévotions. » Et les enfants de répéter encore entre eux : « Chut! ne faisons pas fâcher notre bonne; elle a fait ses dévotions aujourd'hui. » Tout cela produisait sur leur esprit une forte impression. Ils ne regardaient qu'avec vénération leur bonne, le jour où elle s'était approchée de la sainte table, tant ils remarquaient en elle de foi et de recueillement. Son exemple leur inspirait donc par avance les sentiments avec lesquels ils devaient un jour recevoir eux-mêmes la divine Eucharistie.

Thérèse fit sa première communion peu de temps après son arrivée à Bordeaux, le jour de l'Ascension. Elle s'y était préparée avec un soin extrême ; elle reçut son Dieu avec un grand amour et cette communion fit époque dans sa vie. Dès lors, elle entra dans une plus parfaite intimité avec le divin Maître et l'aima plus tendrement ; elle se sentit un désir plus vif d'avancer dans la vertu, et de se conformer en tout à la volonté divine.

Voici un trait qui montre à quel point sa foi et son amour s'étaient accrus par la participation aux saints mystères. Mme de Lamourous aimait à conduire Thérèse à l'église, et à entendre la messe à côté d'elle. Un jour que l'innocente enfant assistait au saint sacrifice avec une ferveur angélique, au moment de la communion, elle quitte tout à coup sa place, et s'élance, pour ainsi dire, à la sainte table. Mme de Lamourous et les personnes qui se trouvaient là furent étonnées, mais elles laissèrent faire la pieuse enfant, et respectèrent ses secrets. De retour à la maison, Mme de Lamourous dit à sa fille avec un doux sourire :

« Thérèse, je ne croyais pas que tu dusses communier aujourd'hui.

— Ni moi non plus, maman. Mais je me suis sentie si vivement pressée de m'approcher de la sainte table! je me suis demandé pourquoi je n'en approcherais pas, j'ai compris qu'il n'y avait que le péché qui pût m'en éloigner, et comme je ne voyais pas en moi de péché, j'ai cédé à l'attrait, au mouvement qui me poussait vers la communion. »

Depuis sa première communion jusqu'à la révolution de 1789, la vie de Thérèse fut toujours édifiante, mais toujours simple et uniforme. Rien de bien extraordinaire ne la signala. Elle ne se faisait remarquer que par sa modestie, sa tendre piété, son respect et son obéissance à ses parents.

Thérèse était douée, dans son jeune âge, d'une activité peu commune. Elle savait fort bien du reste allier le sérieux et l'utile à l'agréable, et revenir comme naturellement des jeux à l'étude. Elle profitait des leçons multipliées que lui donnait sa mère, à un point qui excitait l'admiration de ceux qui en étaient témoins. Peu de jeunes personnes ont reçu une éducation aussi complète. Les manières les plus nobles, le ton le plus aisé, le caractère le plus franc, l'instruction la plus variée, furent les heureux fruits de cette éducation domestique. Thérèse avait des connaissances étendues pour l'époque; on l'avait initiée aussi aux arts d'agrément. Elle n'était rien moins qu'étrangère à l'agriculture, et avait un goût décidé pour les occupations de la campagne. Quant à la religion, on peut dire qu'elle la possédait à fond; elle avait étudié avec le même soin l'ancien et le nouveau Testament. Et tout cela était réglé et dominé par le jugement le plus exquis : la variété de ses connaissances ne lui inspira jamais de prétention. Elle cachait ses talents et son instruction; et il fallut des occasions comme celles où la Providence la plaça dans la suite pour faire soupçonner tout ce qu'elle devait à ses études et aux soins de sa mère.

Mme de Lamourous avait dans sa fille une confiance sans bornes. Elle lui ouvrait son cœur comme à l'amie la plus sage et la plus expérimentée. Pendant le jour, leurs occupations ne leur permettaient de se voir qu'en passant; mais le soir elles se dédommageaient. Après que tout le monde était couché, elles passaient ensemble d'assez longs moments à se communiquer leurs pensées et leurs sentiments les plus intimes. Elles se servaient l'une à l'autre d'ange de bon conseil. Thérèse écrivait ses manquements et les soumettait à sa mère. La mère ne faisait pas difficulté de proposer assez fréquemment à sa fille ses inquiétudes de conscience, et de suivre sa décision. Cette confiance que Mme de Lamourous témoignait à Thérèse ne diminuait en rien le respect et l'affection que celle-ci avait pour elle. C'étaient ces sentiments de piété filiale qui la portaient à se charger des soins du ménage et du gouvernement de la maison pour en éviter les embarras à sa mère, et lui donner ainsi le moyen de vaquer avec plus de facilité à ses exercices de piété.

On ne saurait croire jusqu'où la jeune Thérèse portait les

Mme de Lamourous aimait à conduire Thérèse à l'église. (P. 109.)

égards et la soumission que les enfants doivent à leurs parents. Elle ressentait en particulier pour sa mère, avec qui elle avait de plus fréquents rapports, une sorte de vénération inspirée par la foi et dirigée par la sensibilité de son cœur, et la produisait au dehors par des témoignages capables d'étonner des personnes d'une piété commune. Ainsi, obéissant à une impulsion dont elle ne se rendait pas compte, elle demandait à sa mère, comme une faveur, qu'il lui fût permis de lui laver les pieds; et quand elle l'obtenait, elle les baisait avec un respect religieux.

A cette vénération se joignait une tendresse extrême, une délicatesse de sentiments qui la rendait sans cesse attentive à prévenir et à éloigner tout ce qui pouvait être désagréable à sa mère. Mme de Lamourous avait une grande aversion pour les araignées; elle ne pouvait en voir sans éprouver une espèce d'horreur; sa fille avait la même répugnance. Et cependant quand elle allait ou venait dans la maison, elle avait soin de passer la première; et alors, s'il lui arrivait d'apercevoir un de ces insectes, elle faisait effort sur elle-même, et saisissant promptement la toile avec la main, elle en dérobait la vue à sa mère.

Mme de Lamourous était étroitement liée avec Mme la présidente de Maurice et Mme Trapaud de Colombe. Ces trois excellentes mères de famille, animées d'un même esprit, se concertèrent sur les moyens de préserver leurs filles de la contagion du siècle. Il fut convenu que ces jeunes demoiselles se verraient fréquemment, qu'elles auraient des jeux communs, qu'elles prendraient leurs récréations ensemble, mais sous les yeux de leurs mamans, qu'on appelait déjà dans le monde les trois Marie. Tous les dimanches après les offices, et même plusieurs fois dans la semaine, il y avait réunion, tantôt dans une famille, tantôt dans une autre. Il eût fallu entendre Mlle de Lamourous raconter les naïfs détails de ce temps si heureux de sa vie. Voici comme elle en parlait avec une admirable simplicité :

« Amusez-vous bien, » nous disaient nos mères. Et nous profitions de la permission. Quelquefois nous dansions. Ce genre d'amusement était fort de notre goût. Pour suppléer au cavalier que nous n'eûmes et ne désirâmes jamais, une de nous portait un nœud de ruban rose sur la tête. Nous étions ainsi cent fois plus libres; et impossible de s'amuser de meilleur cœur. Souvent, au milieu de nos jeux, nous nous rappelions que nous avions encore à faire ou à terminer quelqu'une de nos prières. Alors, bien vite, nous interrompions notre danse pour nos exercices de piété, et quand ils étaient finis, nous reprenions notre partie. »

Thérèse aimait beaucoup à s'instruire, et par suite elle avait un goût prononcé pour la lecture. Sa mère, craignant les suites de cet attrait, la prit un jour à part et lui dit :

« Mon enfant, te voilà grande, je dois te prévenir d'un danger que tu pourras courir, Il existe de très mauvais livres, qu'on appelle romans. Si tu avais le malheur d'en lire, ils opéreraient en toi le changement le plus funeste. Tu aimes Dieu, mon enfant, tu aimes la prière, tu aimes tes devoirs ; ton esprit est droit, ton cœur est bon, et tu chéris ta mère. Eh bien ! si tu avais le malheur de lire de tels livres, tu n'aimerais plus Dieu, ni la prière, ni l'instruction solide : ton esprit deviendrait faux, ton cœur mauvais, et tu n'aurais plus d'amitié pour moi. Comme tu pourrais te trouver plus tard dans l'occasion d'en lire, et que je ne serai peut-être pas à portée de te donner cet avis, tu te souviendras alors de ce que je te dis aujourd'hui. »

Thérèse reçut avec respect et reconnaissance la leçon de sa vertueuse mère. Elle l'en remercia bien sincèrement, et lui promit de la suivre avec ponctualité.

Quelque temps après, sa résolution fut mise à l'épreuve. Un jour qu'elle se trouvait dans la maison d'une personne de sa connaissance, une demoiselle d'humeur un peu légère s'empara d'elle, l'entretint de ses goûts et de ses amusements, et surtout lui parla, mais avec enthousiasme, d'un ouvrage qui venait de paraître.

« Quel est ce livre? dit Mlle de Lamourous.

— Eh ! c'est un roman nouveau.

— Un roman ! je n'en ai jamais lu et je n'en lirai jamais.

— Et pourquoi ?

— C'est que je l'ai promis à maman. Elle m'a dit que si je lisais de tels livres, je ne l'aimerais plus. »

La réponse fut un éclat de rire assaisonné de quelques traits de raillerie.

« Et vous pensez, lui dit bientôt la jeune mondaine, ne lire jamais de romans ? Je vous assure que vous en lirez.

— Vous croyez, Mademoiselle? repartit Thérèse avec sa candeur ordinaire.

— Oui, je le crois ; j'en suis sûre, vous en lirez. »

Là-dessus, Mlle de Lamourous se persuade qu'il lui sera impossible de se défendre de cet engouement si général pour la lecture des romans; elle se dit donc qu'elle ne va plus aimer le bon Dieu ni sa mère. La voilà dans la tristesse et la désolation. Son visage si franc, vrai miroir de son âme, ne savait rien dissimuler. Dès qu'elle fut rentrée chez elle, Mme de Lamourous s'aperçut du changement.

« Qu'as-tu, ma fille? lui dit-elle.

— Eh ! maman, je suis un peu ennuyée. »

La délicatesse extrême de sa conscience l'empêchait de parler plus ouvertement. Elle craignait de compromettre la jeune personne qui était cause de son chagrin. Mais sa mère insista.

« Il y a plus que cela, ma fille. Tu ressens quelque chose qui n'est pas ordinaire. Dis-moi ta peine.

— Eh bien! maman, la voici : Vous m'avez annoncé que si je lisais des romans, mon cœur changerait. Je vous ai fait avec joie la promesse de n'en lire jamais. Et Mlle N*** m'a assuré que j'en lirais. Cette pensée me désole.

— Eh bien ! mon enfant, tu me crois, n'est-ce pas ? Tu as confiance en moi ?

— Oui, maman. »

Là-dessus, Mme de Lamourous, qui connaissait le caractère de sa fille, ne craignit pas de lui dire :

« Je t'assure, moi, que tu n'en liras jamais de ta vie. »

Une parole si positive consola tout à fait Thérèse. Elle demeura pleinement convaincue qu'elle ne lirait jamais de tels livres. En effet, elle est arrivée à l'âge de près de quatre-vingt-deux ans sans en avoir lu un seul. Une fois il lui tomba sous la main un ouvrage de ce genre. Elle l'ouvrit; mais à peine eut-elle vu ce que c'était, qu'elle le repoussa loin d'elle avec horreur. Les personnes qui l'ont connue savent que son cœur y gagna beaucoup et que son esprit n'y perdit rien.

Cette belle simplicité d'enfant, Thérèse l'avait aussi pour les directeurs de sa conscience. Le P. Norbert, religieux Carme déchaussé, fut quelque temps son confesseur. C'était un homme d'une grande expérience, un guide sûr dans les voies du salut. Thérèse avait en lui beaucoup de confiance. Elle le consultait dans toutes ses difficultés, et suivait exactement ses décisions. Elle eut un jour du scrupule au sujet de sa toilette. Elle avait un goût décidé pour la parure. Ce n'était point vanité en elle, ni désir de plaire; c'était une suite naturelle du plaisir que lui causaient partout où elle les rencontrait la propreté et l'élégance. Elle consulte donc son directeur et lui demande une règle à suivre sur ce point. Le bon religieux, considérant qu'il ne s'agissait avec Mlle de Lamourous que de parures assorties à sa condition, et toujours conformes à la plus sévère décence, lui fit cette réponse :

« Ne soyez pas des premières à prendre la mode, mais ne soyez pas non plus des dernières; n'attendez pas, pour l'adopter, qu'elle soit passée. Que votre mise soit telle, mon enfant, qu'elle ne vous fasse pas du tout remarquer. Ainsi, après vous être habillée, consultez un instant votre miroir, et demandez-vous à vous-même : Quand je passerai, dira-t-on de moi : oh! qu'elle est bien! Dans ce cas, vous devriez conclure qu'il y a dans votre toilette quelque chose de trop. Retranchez donc. Doit-on dire, au contraire : oh! quelle négligence! concluez qu'il y manque quelque chose. Et améliorez.... Ne dira-t-on rien, ni en bien ni en mal? Passerai-je inaperçue au milieu des autres, sans recevoir ni louange ni blâme? Voilà l'idéal. Tenez-vous-en là, mon enfant. Dieu sera content de vous. »

Thérèse admira la sagesse et l'à-propos de cette décision, qui demeura toujours gravée dans son esprit, et devint dès lors la règle de sa conduite. Peu de temps avant sa mort, Mlle de Lamourous se félicitait encore d'avoir suivi, dans sa jeunesse, l'avis du P. Norbert.

Thérèse, avec ses goûts simples et cette innocence candide, qu'elle conserva toute sa vie, savait fort bien se prêter aux devoirs de la bienséance. Elle faisait quelquefois des visites. Mais alors elle était accompagnée de sa mère. Quoiqu'elle parût dans le monde avec avantage, qu'elle se vît admirer et estimer pour les qualités naturelles dont elle était abondamment pourvue, et que l'éducation avait si bien développées, le monde n'était pas son élément. Elle le quittait volontiers; et bientôt, plus libre avec ses amies, elle se dédommageait, en se livrant à sa gaîté ordinaire, de quelques moments de contrainte.

Le plus grand désir de Thérèse, à mesure qu'elle voyait fuir les beaux jours de sa jeunesse, était de s'unir de plus en plus à Dieu. Était-elle invitée à des noces? Lorsqu'il s'agissait de l'établissement d'un parent, d'une intime connaissance, elle acceptait avec cette affabilité qu'elle montrait en toute rencontre. Elle assistait à la fête avec son air aisé et ingénu; et pendant toute la noce elle n'était occupée qu'à bénir Dieu de ce qu'il l'avait préservée de pareils engagements, et de ce qu'il la conservait dans un état où elle n'avait d'autre obligation que celle de l'aimer et de le servir.

Ainsi s'écoulèrent les premières années de Mlle de Lamourous. La pratique des vertus paisibles, qui conviennent à l'enfance et à la jeunesse, en sanctifiait tous les instants. A ce calme de la vie privée devait succéder l'agitation de la tourmente révolutionnaire. Thérèse devait la connaître bientôt; et Dieu, pour multiplier sans doute ses combats et embellir sa couronne, permit qu'au moment de cette grande épreuve, elle n'eût plus les conseils et l'appui de sa mère.

Mme de Lamourous tomba dangereusement malade lorsque la

tempête commençait à gronder. Convaincue que sa fin approchait, elle dit à sa fille ce qu'elle lui avait déjà fait pressentir dans plus d'une circonstance : « Ma chère enfant, j'ai une grande peine. Je connais ton attachement pour moi ; je crains que ta douleur ne soit si vive que tu ne puisses te consoler de ma perte. »

Et sa fille, consultant plutôt le désir de sa mère que son propre cœur, lui répondit :

« Pardonnez-moi, maman, je me consolerai. »

La mourante insiste :

« Tu me le promets?

— Oui, maman, soyez bien tranquille ; je vous le promets. Je me consolerai ; j'aurai du courage. »

Thérèse perdit sa mère, qui couronna par la mort la plus édifiante une vie pleine de bonnes œuvres. Mais, quelque courage qu'elle eût, quelque effort qu'elle fît pour maîtriser son extrême sensibilité, elle fut comme abattue par ce coup, et elle ne dut qu'à une sorte de prodige la prolongation de ses jours. Quand son âme fut un peu remise de la violente secousse qu'elle avait éprouvée, elle versa une telle abondance de larmes, qu'elle a dit souvent depuis qu'elle n'en pouvait plus désormais répandre. Et, en effet, les personnes qui ont vécu avec elle pendant de longues années, ne l'ont vue pleurer que très rarement.

Du reste, Mme de Lamourous emporta dans le tombeau la consolation la plus douce que puissent avoir des parents chrétiens dans leurs derniers moments, celle de laisser sur la terre des enfants semblables à elle. C'était la digne récompense des soins continuels qu'elle avait donnés à leur éducation. Thérèse, en particulier, était d'une vertu si précoce et si solide en même temps, qu'elle méritait d'être proposée pour modèle aux personnes de son âge. Voici, parmi tant d'autres que l'on pourrait citer, un trait de sa vie qui se rapporte à peu près à cette époque et donne une bien haute idée de sa vertu.

Mlle de Lamourous avait à Quésac une tante à laquelle son bon cœur lui inspira de rendre visite. Elle arrive en costume de voyage.

C'était un dimanche. La messe allait sonner. Elle se disposait à changer de vêtements pour y aller. Sa tante lui représente qu'elle court risque de s'enrhumer, vu qu'elle n'a pas le temps de s'habiller. Elle insiste tant, que sa nièce, accoutumée à faire la volonté d'autrui plutôt que la sienne, se rend à l'église sans rien changer à sa toilette. Le curé étant monté en chaire, la remarqua dans l'auditoire, et se trouvant choqué de cette mise excentrique, à laquelle on n'était pas habitué dans sa paroisse, il parla dans son prône de l'inconvenance que présentent certaines toilettes, quand on se trouve à l'église. Mlle de Lamourous voit bien que tout ce qu'il dit la regarde, et que tous les yeux sont fixés sur elle; aussi fut-elle remplie de confusion. Mais elle s'humilia et se dit à elle-même : Je mérite ce qui m'arrive. Pourquoi me suis-je présentée ici dans cet accoutrement?

Plus tard, Thérèse alla avec un de ses parents rendre visite à ce curé. Elle lui dit avec franchise qu'elle avait eu, jusqu'à cette époque, beaucoup d'estime et de respect pour lui; mais qu'elle en avait bien davantage à présent qu'elle le connaissait et qu'elle voyait qu'il remplissait son devoir avec tant de liberté et de fermeté. Un langage tout à la fois si modeste et si ouvert lui concilia l'affection de ce sévère ecclésiastique, qui fit depuis le plus grand cas de sa vertu.

Dans une autre circonstance, la Providence lui ménagea, sans qu'il y eût aucunement de sa faute, une semblable déconvenue.

Mlle de Lamourous avait été aux eaux avec une personne de ses amies. Elles s'arrêtèrent à Tarbes et entrèrent dans une église. Là, elles ne songeaient plus qu'à satisfaire leur dévotion. Mlle de Lamourous pénètre dans une petite chapelle, et se met à genoux sur un prie-Dieu couvert qu'elle y trouve. Il n'y avait en ce moment personne dans l'église. Tout à coup, une grande foule de peuple s'y précipite. C'était le retour d'une procession qu'on venait de faire. Qu'on se figure l'embarras de Thérèse lorsqu'elle voit le clergé se diriger vers la chapelle où elle prie avec tant de recueillement. Elle veut se lever de dessus le prie-Dieu, réservé sans doute pour quelque grand personnage; on lui fait signe de rester. Elle obéit. Mais quel n'est pas son étonnement lorsque, sans doute par l'habitude où l'on était d'encenser celui dont elle occupe la place, on s'avise de l'encenser elle-même! Il n'y a peut-être pas eu une seule circonstance dans sa vie où elle ait

Elle vit se diriger vers elle deux hommes de mine farouche. (P. 121.)

éprouvé une confusion comparable à celle qu'elle ressentit alors. Elle l'offrit à Dieu, et cette peine si vive qu'elle endura fut assurément très méritoire.

Un confesseur, à qui elle s'adressa quelque temps dans sa jeunesse, contribua aussi, sans le vouloir, à exercer sa patience.

C'était un ecclésiastique qui, l'on ne sait sur quel fondement, la prit pour une couturière, dévote de profession, qui essayait de tous les confesseurs et dont on parlait beaucoup à cette époque. Une réponse fort simple de Thérèse confirma le respectable prêtre dans son erreur.

« Que faites-vous toute la journée? dit-il à sa pénitente.

— Mon père, répond celle-ci d'une voix timide, je passe la plus grande partie de ma journée à coudre. »

Il n'en fallut pas davantage pour persuader au directeur qu'il ne s'était point trompé; aussi fit-il à la prétendue couturière une longue admonestation sur les abus de la fausse dévotion et surtout sur celui de changer à chaque instant de confesseur. Pour conclusion, il lui demanda si elle avait la contrition.

« Je n'en sais rien, mon Père, dit humblement celle-ci un peu troublée.

— Vous ne savez pas si vous avez la contrition! et vous voulez cependant recevoir l'absolution, et faire la communion? reprit le prêtre : il faut d'autres dispositions que celles-là! »

Thérèse se retira fort en peine; elle ne tarda pas toutefois à se persuader que Dieu voulait qu'elle s'adressât à un confesseur qui la traitait un peu sévèrement; aussi, triomphant de ses répugnances, elle continua quelque temps à s'adresser à lui.

Thérèse avait des goûts et des inclinations trop opposés à l'esprit du monde pour se plaire au milieu du monde. Dès sa jeunesse, elle éprouvait un vif attrait pour la vie religieuse, et cet attrait la poussait vers l'ordre du Carmel, qui doit tant à la Sainte dont elle portait le nom. Elle consulta un directeur éclairé, et lui fit connaître avec sa candeur ordinaire le fond de son âme. Celui-ci, après avoir sérieusement examiné ses dispositions, fut d'un avis contraire, et décida, contre toutes les apparences, que ce n'était point sa vocation. Cet arrêt fut pour Thérèse une forte épreuve; mais, comme elle ne cherchait que le bon plaisir de Dieu, elle se soumit avec une humble résignation à la parole de son ministre.

L'événement prouva qu'elle était dictée par l'Esprit-Saint. Thérèse, si simple et si fervente, ne songeait alors qu'à se sauver seule; et la Providence, attentive au salut de tous, la réservait, dans ses desseins secrets, à fonder un établissement où une infinité d'âmes égarées devaient trouver par ses soins, avec le pain de tous les jours, la lumière de la foi et le calme de la conscience.

Mais, avant d'accomplir cette grande œuvre, Thérèse devait être soumise à bien des épreuves qui donneraient la mesure de son courage et la garantie de ce qu'elle était capable d'entreprendre et de réaliser pour la gloire de Dieu.

Lorsque le régime sanglant de la Terreur vint menacer l'existence de tout ce qui tenait en France à la religion et à la monarchie, Thérèse, craignant avec raison pour les jours de son père, prit le parti de se retirer avec lui dans un domaine que possédait au Pian la famille de Lamourous. Le Pian est une petite paroisse, située à quelques lieues de Bordeaux. Les sentiments honnêtes de la population inspiraient une certaine confiance à notre héroïne. Il lui fallait un asile très sûr, car l'âme ardente de son père s'enflammait au récit des excès qui se commettaient tous les jours; elle ne pouvait contenir sa colère et son indignation. Malgré bien des démonstrations imprudentes contre les crimes de l'époque, le respect et l'affection des habitants du Pian pour sa fille le préservèrent de tout malheur. Il fut donné à Thérèse de prolonger ses jours dans cette paisible solitude, entouré des soins et des attentions de la piété filiale.

Mlle de Lamourous était liée d'une étroite amitié avec Mme Lalanne, qui fonda la maison des jeunes orphelines de la Providence, à Bordeaux. Pendant les temps mauvais, cette dame s'était retirée avec son mari dans leur domaine de Mancamps, non loin du Pian. Thérèse s'entendait avec elle pour recevoir l'un ou l'autre des prêtres courageux, qui, résolus de braver la mort pour le salut de leurs frères, étaient restés dans cette partie du diocèse. Dans ce but, elle avait dressé, dans un appartement retiré de la maison qu'elle appelait son petit ermitage, un modeste oratoire. C'était là que, de temps en temps, de vénérables confesseurs de la foi venaient célébrer les saints mystères, et fortifier les fidèles en leur conférant les sacrements. Celle des deux amies qui avait le bonheur de posséder un prêtre chez elle, faisait secrètement prévenir l'autre; et celle-ci, accompagnée d'un villageois admis à leur confidence et mort depuis en odeur de sainteté, ne faisait pas difficulté de se rendre, au milieu même de la nuit, au pieux appel.

La tempête révolutionnaire se prolongeant au delà de ce qu'on avait cru d'abord, Mlle de Lamourous eut à gémir profondément sur les suites funestes de l'ignorance des vérités du salut dans laquelle étaient tombés ses chers Pianais. N'écoutant que son zèle, elle s'empressa d'y remédier. Elle fit préparer, au milieu d'un bois qui appartenait à sa famille, un emplacement convenable; et là, rassemblant en secret, chaque dimanche, les filles et les femmes des lieux d'alentour, elle les instruisait avec cette aimable gaîté qui lui gagnait tous les cœurs. Elle admettait aussi plusieurs de ces bons paysans, le dimanche surtout, à entendre la messe chez elle. C'était encore pour eux une consolation de se réunir dans son pieux ermitage pour y réciter les vêpres ou d'autres prières. Les enfants étaient en particulier l'objet de son attentive charité, et elle leur enseignait les prières et le catéchisme. Aussi elle suppléait, avec une activité qui ne se lassait jamais, à l'absence des ministres de la religion.

Mais, pendant son séjour dans cette paroisse qu'elle évangélisait au péril de sa vie, les malades excitèrent, d'une manière toute spéciale, l'ardeur de son zèle. Elle les visitait, les encourageait, éveillait dans leurs cœurs le désir des sacrements dont ils étaient privés; et elle avait la satisfaction de voir mourir ces bonnes gens dans les sentiments de la piété la plus vive. Aussi disait-elle depuis, que, malgré les peines de tout genre qu'elle avait endurées à cette époque de sa vie, elle avait goûté des consolations inexprimables. La confiance que les habitants du

Pian conçurent pour elle était si grande que, même après le Concordat, lorsqu'ils étaient surpris par quelque maladie, au lieu de faire avertir un prêtre et de réclamer son secours, ils envoyaient tout de suite chercher *Mamizelle.* C'était ainsi qu'on l'appelait et qu'on l'appelle encore dans ce pays, où sa mémoire est toujours en bénédiction. Elle se trouvait obligée de les convaincre, par son exemple autant que par ses discours, que l'impossibilité où ils s'étaient vus pendant longtemps de recourir au ministre de la religion n'existant plus, ils étaient tenus de s'adresser à lui et de recevoir de lui les secours de l'Église.

Malgré le bon esprit de la grande majorité de ses habitants, la paroisse du Pian eut à déplorer des scandales, et son église des profanations. Un grand Christ, placé près de la chaire, fut brisé, et ses débris jetés çà et là à l'entrée des vignes. Une croix en pierre, élevée à l'intersection de deux chemins, fut mise en pièces, et les morceaux en furent pareillement dispersés. Chaque soir, Mlle de Lamourous allait réciter son chapelet sur les marches de cette croix renversée. Un jour qu'elle revenait, de ce lieu de prière, à la nuit tombante, tenant par la main une petite fille, l'enfant aperçut, à une faible distance, quelque chose d'immobile au milieu du chemin. L'obscurité, qui grossit et dénature d'ordinaire les objets aux yeux des personnes timides, fit que cette petite eut peur; Mlle de Lamourous la rassura, et se dirigea même vers ce qui causait sa frayeur. Quel ne fut point le bonheur de la fervente chrétienne, accoutumée à voir la Providence de Dieu dans tous les événements, lorsqu'elle s'aperçut que cet objet n'était autre chose que le bras droit du grand Christ qui, peu de temps auparavant, avait été brisé! Se prosternant aussitôt, elle baisa respectueusement ce précieux débris, et elle s'écria dans l'ardeur de sa foi: « Tout n'est pas perdu, puisque la droite du Seigneur est demeurée parmi nous. » Lorsque, plus tard, le respectable M. Drivet, qui fut le premier supérieur du séminaire de Bordeaux, après la Révolution, vint réconcilier l'église du Pian, il montra au peuple attendri ce bras retrouvé avec tant de joie, et recueilli avec tant de piété, en répétant les paroles échappées à Mlle de Lamourous : « Tout n'est pas perdu, mes amis, puisque la droite du Seigneur est demeurée parmi nous. » Puis il l'attacha dans la chaire, au-dessus du siége, comme un signe de réconciliation de Dieu avec les habitants du Pian.

Dans le temps même de la Terreur, les jeunes gens rassemblèrent spontanément les morceaux de la croix de pierre dont nous venons de parler, et les placèrent les uns près des autres, sans instruments et sans ciment. Ce fut auprès de cette croix désormais à l'abri des profanations, que la Providence donna bientôt à Mlle de Lamourous un gage assuré de sa protection, en lui conservant son calme et sa présence d'esprit dans une circonstance des plus critiques. Un dimanche soir, elle venait de réciter son chapelet au pied du signe de la rédemption, lorsqu'elle vit se diriger vers elle deux hommes mal vêtus et de mine farouche. Elle fut saisie de frayeur au fond de l'âme ; mais, triomphant de sa première émotion, elle ose aborder ces deux étrangers et leur dit d'un air bienveillant et ouvert : « Bonsoir, citoyens ! soyez les bienvenus. Vous me paraissez fatigués. J'ai du bon vin à vous offrir. Venez vous reposer chez moi. » Ces deux hommes, comme interdits par un accueil si cordial, se regardèrent l'un l'autre et lui dirent avec franchise :

« Ma foi, citoyenne, nous acceptons d'autant plus volontiers que nous allions chez toi.

— C'est bien, mes braves. » Et elle les introduisit chez elle. Là, elle eut soin qu'on leur servît à manger et à boire. Ils firent honneur au repas. Après qu'ils se furent rassasiés, ils se parlèrent à l'oreille. Puis, l'un des deux, adressant la parole à Mlle de Lamourous, lui dit :

« Citoyenne, tu ne te doutes pas dans quelle intention nous sommes venus ici ?

— Non, mes amis, c'est peut-être que vous cherchez de l'ouvrage ?

— Pauvre femme! reprit-il en riant; tiens, lis cela. » Et il lui montre son signalement avec ordre de l'arrêter.

« Ah! c'est pour cela, dit Mlle de Lamourous, sans paraître émue. Eh bien! nous partirons demain matin.

— Non, reprirent les deux envoyés, tu es trop bonne femme. Ce serait dommage de te faire du mal. » Et ils se retirèrent en lui serrant la main.

Ce n'était là que comme le prélude des épreuves qui attendaient Mlle de Lamourous et des dangers qu'elle avait à courir dans ces temps malheureux. Elle devait s'armer de courage : Dieu demandait d'elle de grandes choses, et il le lui déclara manifestement par l'organe d'un de ses serviteurs.

Le P. Pannetier, religieux carme, ayant été arrêté, fut condamné à mort. Mlle de Lamourous le sut, et elle ne fit pas difficulté de s'exposer elle-même au plus grand péril, en pénétrant jusque dans sa prison. Elle y était conduite par sa charité, par le désir de rendre quelque service à l'homme de Dieu et de profiter pour elle-même de ses bons avis. Elle le pria, en se retirant, de lui donner sa bénédiction. Le généreux confesseur de la foi la bénit en effet avec beaucoup de bonté; et, comme elle s'éloignait, il la rappela pour lui dire : « Souvenez-vous bien de mon dernier mot; servez Dieu en homme et non en femme. » Il semble qu'elle fit encore mieux, qu'elle servit Dieu avec la tendre sollicitude et la délicatesse qui sont le propre de son sexe, en y joignant le courage et la fermeté qui se retrouvent dans l'homme généreux.

Mlle de Lamourous ne s'était point tellement fixée au Pian, qu'elle ne fît de fréquentes apparitions à Bordeaux. Elle séjourna même quelque temps dans cette ville à cette triste époque; c'était uniquement la religion et la charité qui l'y appelaient et qui l'y retenaient.

Une de ses sœurs, qui demeurait à Bordeaux, vivait dans de cruelles inquiétudes. En voyant disparaître peu à peu tant de personnes distinguées, elle craignait pour sa famille, elle tremblait surtout pour son mari, revenu trop tôt d'Espagne où il avait émigré, et qui était de nouveau recherché par la police révolutionnaire. Mlle de Lamourous passa quelque temps auprès d'elle. Pour la rassurer, elle employait tous les moyens que peut inspirer le plus généreux dévouement : par exemple, elle avait soin, toutes les fois qu'on frappait à la porte, de se présenter elle-même et de répondre à ceux qui venaient ; et sa sœur, qui connaissait sa présence d'esprit et son intrépidité, se calmait un peu en la voyant au poste le plus critique.

Pendant son séjour à Bordeaux, Mlle de Lamourous donna bien des preuves de courage et d'habileté. Citons un seul trait.

Une femme, bonne chrétienne, avait le malheur d'être mariée à un terroriste des plus fougueux. Dangereusement malade et n'osant proposer à son mari d'introduire auprès d'elle un ministre de la religion, elle se voyait dans la dure nécessité de mourir sans sacrements. Mlle de Lamourous l'apprend. Suivie d'un prêtre qui portait sur lui le saint viatique, tandis que sous sa mante, elle portait elle-même les saintes huiles, l'étole et le surplis, elle vole chez la pieuse malade, et, s'adressant à son mari, elle lui dit : « Écoute, citoyen, j'ai appris que ta femme était bien mal. Tiens, voilà un monsieur qui lui donnera des remèdes excellents : elle s'en trouvera très bien. » Celui-ci accepte l'offre. Bientôt Mlle de Lamourous réussit adroitement à l'éloigner. Le prêtre courageux profite de ce temps pour administrer les sacrements à la pauvre femme; lorsque le mari revint, il la trouva causant tranquillement avec lui et Mlle de Lamourous. Le prétendu médecin ordonna un remède pour la nuit, et Mlle de Lamourous ajouta, d'un ton décidé : « Citoyen, ne manque pas de le lui faire prendre exactement; ce que celui-ci promit avec beaucoup de déférence. Sa femme mourut peu de jours après.

Mlle de Lamourous était trop connue par sa piété et son zèle pour pouvoir se vanter d'échapper aux persécutions qui étaient alors le partage de tous les gens de bien. Elle fut enfin arrêtée et traduite devant le tribunal révolutionnaire. La vaillante enfant de l'Église catholique y comparut avec calme, quoique s'atten-

LE CARDINAL MORLOT, ARCHEVÊQUE DE PARIS (P. 64.)

dant à une mort certaine. Le président l'interrogea, et lui dit brusquement :

« Citoyenne, tu es accusée d'avoir caché des prêtres et d'être noble. As-tu quelque chose à répondre? »

Aussitôt, avec une présence d'esprit admirable, Mlle de Lamourous répond :

« C'est possible, citoyen; mais voudrais-tu bien me permettre, avant tout, de te faire moi-même une question? Fais-moi le plaisir de me dire, je t'en prie, ce qu'on remarque à ta joue?

— Ta demande est plaisante, répliqua le président. Tu ne le vois donc pas? C'est *une envie.*

— Mais d'où vient que tu as cette envie sur la joue?

— D'où cela vient? Eh! je suis né comme ça; c'est ma mère qui me l'a donnée.

— Eh bien! citoyen, moi aussi, je suis née comme ça; c'est ma mère qui m'a faite noble. »

Tous les assistants se prirent à rire, et le président de la congédier en lui disant : « Va-t'en, tu es une bonne enfant. » Mlle de Lamourous ne se fit pas répéter ces paroles.

Elle ne devait pas cependant trouver toujours le tribunal révolutionnaire d'une aussi bonne composition. Il lui fallut se présenter dans une autre circonstance devant les terribles juges; et, cette fois, elle fut condamnée à quitter Bordeaux. On lui laissa le choix de son nouveau séjour. Ce choix fut bientôt fait : elle alla demeurer dans son cher ermitage du Pian.

Voici un nouveau trait de cette présence d'esprit qui ne l'abandonnait jamais dans les moments critiques. Son père, vieillard vénérable, mais, comme nous l'avons dit, d'une exaltation que son âge et les crimes de la Révolution augmentaient tous les jours, était pour ainsi dire tombé en une sorte d'enfance. Les paroles énergiques et souverainement imprudentes, qui lui échappaient contre les terroristes, donnaient à Mlle de Lamourous les inquiétudes les plus vives.

« Ma fille, disait-il, ce sont des insolents. Mais leur règne passera; nous les verrons, nous les verrons venir nous demander pardon à genoux de leur conduite.

— Mais, mon père, ne les irritons pas maintenant. Nos discours peuvent leur être rapportés.

— Je te dis que ce sont des insolents. »

Et Mlle de Lamourous ne pouvait obtenir qu'il se modérât.

Un jour, obligée de faire une apparition à Bordeaux, elle était dans un grand embarras au sujet du vieillard, craignant également de le laisser sans elle à la campagne et de l'emmener avec elle à la ville. Il fallut cependant prendre un parti, et elle se résolut à l'avoir auprès d'elle. On n'avait encore fait qu'une partie du voyage, lorsqu'il s'ennuya d'aller en voiture. Ce fut inutilement que sa fille le supplia de rester à ses côtés ; il voulut absolument marcher. Nouveau sujet de crainte pour Mlle de Lamourous. Elle tremblait qu'il n'apostrophât, avec sa véhémence imprudente, quelqu'un des forcenés qu'on rencontrait alors sur son chemin bien plus souvent qu'on ne l'aurait voulu. Comme elle était en proie aux plus vives appréhensions, elle aperçut de loin deux hommes dont la mine indiquait assez les sentiments. A l'instant, élevant son cœur à Dieu pour lui demander du secours, et s'établissant dans le calme dont elle avait besoin, elle va droit à eux et les aborde d'un air aisé : « Mes amis, leur dit-elle, rendez-moi, je vous prie, un service. Je suis obligée d'aller à Bordeaux avec ce bon vieillard que vous voyez derrière nous. Il veut voyager à pied. Voyez cependant comme il marche lentement. Je ne voudrais pas le laisser seul, il pourrait lui arriver quelque chose de fâcheux. Faites-moi donc l'amitié de le prendre sous votre garde et de l'emmener avec vous. Je suis bien sûre que tant qu'il sera près de vous, personne ne lui fera du mal. » Sa demande fut bien accueillie ; et M. de Lamourous, sous cette protection singulière, arriva fort heureusement à Bordeaux.

Le bon vieillard, gardé par sa fille, comme par un ange tutélaire, et entouré de toutes les attentions de l'affection la plus tendre, termina paisiblement sa carrière au Pian.

Dans une autre circonstance, et après la mort de son père, le désir de se procurer les secours de la religion avait arraché Mlle de Lamourous à sa retraite; elle aperçut tout à coup, sur la route qu'elle suivait, une bande de gens du peuple, plus que suspects. Grande fut d'abord son inquiétude. Il était tard, et elle n'était point accompagnée. Mais elle se rassura bientôt, et sans paraître effrayée, elle va droit à eux et les aborde en leur disant : « Bonsoir, mes amis ! Vous faites route pour chercher de l'ouvrage sans doute? Eh bien ! je puis vous en procurer. » A l'instant, elle est entourée et comme enveloppée de ces hommes au regard farouche, adoucis par ses manières affables. Elle leur propose de venir le lendemain dans la paroisse du Pian et leur promet de leur donner de l'occupation. Ils acceptent l'offre et la laissent aller sans lui avoir rien dit de désagréable. Le lendemain plusieurs d'entre eux se rendirent au Pian, où Mlle de Lamourous remplit de son mieux la promesse qu'elle leur avait faite.

Une autre fois, elle revenait de Bordeaux, où l'avaient encore appelée des motifs de piété; la nuit la surprit au milieu d'une lande. C'était en hiver, par un temps très mauvais; il y avait à craindre la rencontre des loups, alors fort communs dans la contrée. Mlle de Lamourous, toujours simple dans sa foi, se rassura par la pensée que son ange gardien était à son côté, et qu'il la tenait par la main. Et comme elle avait entendu dire que le chant faisait fuir les loups, elle se mit à chanter un cantique : « de sorte que, disait-elle agréablement en racontant ce trait, mon petit paquet sur la tête, donnant la main à mon bon ange, et chantant un cantique, je me tirai d'affaire. » En effet, elle parvint d'abord à la maison d'un paysan, où elle fut reçue avec joie. Ses vêtements étaient mouillés; la femme du paysan se fit un bonheur de lui prêter des siens. Après s'être un peu remise de la fatigue, elle se hâta de reprendre sa route, et parvint heureusement au Pian.

Toujours simple, elle aimait beaucoup à se promener, le soleil couché, à l'entrée de son ermitage, afin de jouir du calme de la nature, de contempler la beauté des astres et de bénir Celui qui les sema dans le firmament. Un soir qu'elle récitait son chapelet dans un petit bois avoisinant sa demeure, elle vit venir à elle un homme du pays, ardent révolutionnaire. Il était environ neuf heures. Au premier moment, elle fut saisie dans tous ses membres d'un tremblement subit. Mais sa présence d'esprit ne l'abandonna pas. « Que ferai-je ? se dit-elle à elle-même. Si je fuis, ce révolutionnaire verra que je le crains, et la chose peut avoir des conséquences. Il vaut mieux faire bonne contenance. » Elle continua donc de se promener en récitant son chapelet. Arrivé près d'elle, le jacobin lui dit :

« Tu n'as pas peur de moi, citoyenne?

— Eh ! mon brave, lui répondit-elle, pourquoi aurais-je peur? Si j'étais en danger, tu viendrais à mon secours.

— Tu dis vrai, citoyenne, » reprit celui-ci flatté de la confiance que lui témoignait une personne du mérite de Mlle de Lamourous.

Pendant son exil au Pian, Mlle de Lamourous était loin de recevoir les sacrements aussi souvent que sa ferveur l'eût désiré. Elle-même racontait depuis qu'elle avait eu la douleur de rester seize mois sans pouvoir ni se confesser, ni communier. Sa piété industrieuse suppléait d'une façon quelconque à la privation, si pénible pour son amour, de ces moyens de sanctification. C'est ainsi qu'elle prit la coutume de se confesser tous les samedis à saint Vincent de Paul. Elle se mettait à genoux devant l'image de ce saint et lui déclarait ses fautes avec beaucoup de simplicité. Elle avouait ingénument, longtemps après, qu'elle le craignait beaucoup, et que cette image lui en imposait. Après cela, elle faisait le dimanche la communion spirituelle, s'y préparant comme si elle eût dû réellement s'approcher de la table sainte. Et celui qui voit le fond des cœurs et qui récompense jusqu'au simple désir, lui faisait trouver dans ce saint exercice des consolations abondantes et des forces toujours nouvelles.

Sa naïve dévotion lui inspirait une pratique analogue relativement au Saint-Sacrifice. Ne pouvant, en ce temps de troubles, y assister aussi souvent qu'elle l'aurait voulu, elle tâchait de s'en dédommager en disposant, dans son petit oratoire, le livre, les cierges, les burettes, comme si l'on eût dû célébrer la sainte messe. C'était pour elle un plaisir d'arrêter seulement ses yeux sur les objets vénérés qui servaient au Saint-Sacrifice.

Nombreuses sont les familles auxquelles Mlle de Lamourous eut le bonheur de rendre, pendant le cours de la Révolution, d'importants services. Le désir qu'elle avait d'être utile au prochain, désir qui provenait de son ardente charité, lui faisait fréquemment entreprendre le voyage de Bordeaux, et braver les dangers inouïs auxquels elle s'exposait. On aurait de la peine à croire, si l'on n'en avait des preuves positives, que cette personne naturellement timide, dont l'existence en ces jours de délire et de crime était une Providence, avait trouvé le moyen de s'introduire, sans être connue, jusqu'au tribunal révolutionnaire. Là, elle se faisait adroitement montrer le registre où étaient inscrits les noms des victimes destinées à la mort. Elle se hâtait ensuite de les prévenir ou de les faire prévenir à temps, afin qu'elles se missent à l'abri du danger. Lorsque, sur la liste de proscription, elle apercevait le nom de quelque personne de sa connaissance, ou qu'étant parmi ces hommes sanguinaires, elle entendait parler de quelque exécution déjà faite, elle ne pouvait pas toujours dissimuler l'impression qu'elle éprouvait. Alors l'un d'eux lui disait quelquefois : « Eh quoi! citoyenne, cela te ferait-il de la peine? et pourquoi? ce sont des coquins. » Et Mlle de Lamourous leur répondait avec son calme admirable : « Que voulez-vous? vous autres, hommes, vous avez plus de courage; mais moi, qui ne suis qu'une femme, je ne puis m'empêcher de frissonner. »

Plus tard elle fut arrêtée de nouveau. Mais alors le danger était moins grand; la guillotine ne fonctionnait plus. Les membres du comité, devant lesquels elle dut paraître, ne furent pas peu étonnés de voir en elle la personne à qui ils avaient montré plus d'une fois le fatal registre; mais ils se contentèrent de dire : « Ah ! si nous l'avions connue alors ! »

On peut conclure de là qu'au moment de l'orage révolutionnaire, nul moyen humain ne pouvait vraisemblablement la soustraire à la mort. Elle en était persuadée, et ne connaissant pas les desseins ultérieurs de la Providence, elle se tenait prête à tout. Toujours disposée à faire à Dieu le sacrifice de sa vie, et s'attendant de jour en jour à tomber, comme tant d'autres, sous le fatal couteau, elle s'était coupé les cheveux d'avance, ne voulant pas que la main de l'exécuteur lui rendît un pareil service. Afin de s'encourager au martyre, elle allait voir le terrible appareil, se disant que c'était de dessus cet autel érigé par le crime, mais sanctifié par la résignation la plus héroïque, que tant de généreux confesseurs de la foi étaient montés au ciel. Leur sort lui paraissait digne d'envie. Mais c'étaient là des sentiments et des dispositions que Dieu mettait en elle pour augmenter ses mérites, sans vouloir que le sacrifice extérieur se consommât.

Le règne de la Terreur touchait à sa fin. Mlle de Lamourous était dans son oratoire, à l'heure des vêpres. Plusieurs paysans ou paysannes, exposés au soleil avec leurs enfants, cherchaient dans ses rayons déjà assez ardents un adoucissement à la rigueur de la saison. Tout à coup un gros oiseau blanc s'abattit sur la tête d'un de ces enfants, et sans lui faire de mal, se prit à lui becqueter les cheveux. Étonnés et effrayés, les assistants appelèrent Mlle de Lamourous. Elle survint au moment où l'oiseau s'envola et disparut. Alors elle leur dit : « Mes chers enfants, cet oiseau est l'image du Saint-Esprit, qui veut de nouveau habiter parmi nous. Oui, bientôt la religion sera rétablie en France, et je vous promets, en reconnaissance de vos égards pour moi, de vous envoyer un prêtre, pour relever les autels de notre chère paroisse. » La prédiction de Thérèse et sa promesse reçurent l'une et l'autre leur accomplissement.

La Révolution touchait donc à son terme. Des jours de paix commençaient à luire sur la France, et la religion à reprendre son empire sur les cœurs : les prêtres qui avaient échappé à la persécution reparaissaient et exerçaient avec quelque liberté leur ministère de charité. Le Pian, paroisse peu considérable, n'avait pas encore de curé; mais la pieuse Thérèse y faisait son séjour, et elle suppléait, autant qu'il était en son pouvoir, à l'absence des ministres du Seigneur.

Un jour, pendant les chaleurs de l'été, on vit un orage affreux s'élever du côté de la mer et s'avancer vers le Pian. Les habitants prennent aussitôt l'alarme, ils s'imaginent que la grêle va dans un moment détruire le fruit des labeurs d'une année entière et les plonger dans l'indigence. Ils se rendent en toute hâte chez *Mamizelle*, et la supplient de conjurer l'orage. Elle leur représente qu'elle ne sait et ne peut contre ce fléau que ce qu'ils savent et peuvent eux-mêmes, et les engage à se retirer en silence et à fléchir par leurs prières la colère du Ciel. Les paysans effrayés ne reçoivent point ses excuses. Il faut qu'elle sorte, qu'elle prie Dieu elle-même de les préserver de l'orage, et elle sauvera leur récolte. Elle saisit l'occasion de leur adresser quelques reproches sur les désordres qui régnaient dans la paroisse, sur les péchés que commettaient plusieurs d'entre eux, péchés qui ne pouvaient qu'allumer la colère du Ciel et attirer les fléaux sur le pays. Les Pianais reconnaissent leurs torts, promettent de se corriger, et d'être, dans la suite, plus dociles et plus empressés à suivre ses bons avis.

Là-dessus, la pieuse demoiselle prend un Rituel et marche avec eux vers un lieu élevé d'où l'on découvrait mieux l'orage. Le nuage qui le portait s'avançait toujours, prêt à répandre la désolation et les ravages sur les riches plaines du Médoc. Elle ouvre son livre et lit, avec une ferme confiance en Dieu et une tendre compassion pour les affligés qui l'entouraient, les prières que l'Église met dans la bouche de ses ministres en pareil cas. Elle a grand soin de faire aussi tous les signes de croix qu'elle trouve marqués. Elle fait tout enfin avec autant d'exactitude que de ferveur. L'orage, soit que les vents l'eussent détourné dans son cours, ou que les prières de l'humble Thérèse eussent obtenu ce merveilleux résultat, alla éclater plus loin, et les Pianais se crurent redevables de la conservation de leur récolte au crédit que *Mamizelle* avait auprès de Dieu.

Revenue à Bordeaux quelques temps après, la naïve Thérèse eut occasion de voir M. Boyer, vicaire général, et de lui raconter avec simplicité qu'elle avait conjuré un orage en lisant au milieu des Pianais les prières du Rituel.

« Comment! dit ce respectable ecclésiastique avec un air d'étonnement dont Thérèse fut saisie et effrayée, vous avez fait cela?

— Aurais-je mal fait? » demanda-t-elle aussitôt d'une voix timide.

Et M. Boyer s'apercevant de son émotion et se reprochant lui-même d'avoir troublé une âme si innocente, dont la charité dirigeait toutes les actions, lui dit d'un ton propre à la rassurer :

« Non, Mademoiselle, vous n'avez pas mal fait dans la circonstance où vous vous trouviez; mais une autre fois le Rituel serait de trop. »

Le souvenir de Mlle de Lamourous est resté vivant parmi les bons habitants du Pian; on pourrait citer un grand nombre d'exemples de la profonde reconnaissance que les familles de la paroisse lui ont vouée. Voici un seul trait, qui nous paraît bien significatif dans sa poignante originalité.

Une paysanne du Pian, faisant allusion à la tendre charité avec laquelle Mlle de Lamourous assistait les mourants que la fureur de la Révolution privait du ministère des prêtres, disait dans son naïf patois à une directrice de la Miséricorde qu'elle avait rencontrée dans une maison voisine de l'ermitage :

« Pour vous autres, Mesdames, je ne vous connais pas. Non, je ne connais aucune de vous. Mais tenez, ajouta-t-elle en montrant le portrait lithographié qui ornait la modeste demeure du Pianais où elle se trouvait, en voilà une que je connais. Pour celle-là je la connais bien.

— Et comment la connaissez-vous? lui dit-on.

— Elle a confessé mon père et ma mère.

— Que voulez-vous dire, ma bonne? Cette dame ne confessait personne, elle....

— Si fait, si fait; elle les a confessés. Je l'ai bien vue venir, moi, les confesser; et je me souviens très bien que mon père

LE R. P. PANNETIER (P. 125.)

avait fait la portion de mon frère trop grande, et qu'elle lui a fait arranger ça comme il faut. »

Il n'entre pas dans notre plan de retracer les œuvres merveilleuses établies par Mlle de Lamourous, ni surtout de faire l'histoire de son établissement de la Miséricorde, qui a ramené à Dieu un si grand nombre d'âmes. Nous n'avons voulu qu'esquisser les années de sa jeunesse et montrer quelle force de volonté, quelle puissante énergie sut déployer cette timide jeune fille, devenue *la vaillante du Seigneur*. Nous n'entreprendrons même pas de faire le tableau de ses vertus; toutefois, pour en donner une idée, et à cause de la grande utilité qui peut en résulter pour nos lectrices, nous dirons brièvement ici, avant de finir, ce que fut *sa confiance en Dieu*. Qui ne sait que cette vertu est un des fondements du véritable Christianisme et qu'elle est, hélas! trop généralement méconnue et oubliée de nos jours? Où sont les âmes qui s'abandonnent entre les mains de Dieu comme l'enfant à sa mère et qui comptent sur son secours, avec une foi inébranlable, dans toutes les circonstances de la vie? Nous ne vivons plus dans l'intimité avec Dieu; nous ne le voyons que dans un lointain vague et tout enveloppé de mystères; nous hésitons à nous fier pleinement à lui : de là vient que nous avons tant de peines et si peu de consolations, de là vient surtout que les épreuves sont si lourdes pour notre faiblesse. Puisse l'exemple de Thérèse de Lamourous réveiller notre foi et nous déterminer à pratiquer constamment cette confiance aveugle en la divine Providence, qui est notre bien le plus précieux sur la terre!

Une réponse que fit Thérèse à un haut personnage, le comte de Marcellus, précise très clairement comment elle comprenait la confiance en Dieu et quelle étendue elle voulait lui donner. Le comte, se trouvant sur le point de partir pour Paris, où l'appelaient ses importantes fonctions, lui promettait de parler en sa faveur, et s'offrait à faire certaines démarches pour procurer des secours à son établissement de la Miséricorde : « Non, Monsieur le Comte, lui dit-elle résolument, ne demandez rien pour nous aux hommes. Dieu nous suffit. Je travaille pour lui et ne compte que sur lui. Si je réclamais les bienfaits des hommes, ils finiraient par me manquer. Les hommes manquent toujours. Alors si je recourais à Dieu, il me renverrait aux hommes que je lui aurais préférés; et que pourrais-je alléguer pour me justifier? Au lieu que ne m'appuyant que sur le Seigneur, je suis sûre de son secours. Si, — ce qui est impossible, — il venait à m'abandonner, je ne craindrais pas de lui dire : « Mon Dieu! vous m'avez » confié vos enfants; vous m'avez mise à la tête de votre œuvre. Je » n'ai imploré que vous : votre protection m'est due. Je vous somme » de me venir en aide. » C'est ainsi que je parlerais à Dieu, et Dieu m'entendrait (1). »

Lorsqu'on lui demandait quelles étaient ses ressources, et qu'elle répondait que c'était la Providence, les personnes qui ne pouvaient croire qu'elle n'eût aucun revenu, aucun moyen humain pour l'entretien de sa maison, ajoutaient :

« Oh! vous savez bien où prendre l'argent!

— Eh oui! disait-elle; je le sais.

— Vous avez bien quelque trésor?

— Oh oui! et un trésor bien grand, » disait-elle en souriant (2).

Dieu mettait quelquefois sa confiance à l'épreuve, pour augmenter et embellir sa couronne; et alors sa foi, son abandon à la Providence étaient toujours les mêmes. Pendant un an la maison resta sans ouvrage. Elle avait cependant des dettes partout et un grand nombre de personnes à nourrir. Mlle de Lamourous ne retrancha rien de leur nourriture ordinaire; elle continua même, au déjeuner, à leur donner quelque chose à manger avec leur pain, quatre ou cinq fois dans l'année, selon l'usage qu'elle avait établi les années précédentes; c'est-à-dire le jour de la fête titulaire de la Miséricorde, le premier jour de l'an, le jour de

(1) C'était là l'esprit de sainte Thérèse, avec laquelle la bonne Mère, qui la reconnaissait pour patronne, avait des traits si frappants de ressemblance. « Je vois bien maintenant, disait l'illustre Réformatrice du Carmel, que les créatures ne sont que comme de petits morceaux de romarin sec, et qu'il n'y a aucun fond à faire sur leur appui; car le moindre poids de contradiction suffit pour les rompre. L'expérience m'a appris que le vrai moyen de prévenir les chutes est de s'appuyer sur la croix, et de mettre toute sa confiance en celui qui y a été attaché. »

(2) Saint Vincent de Paul, en de semblables circonstances, se servait de la même expression. Lorsqu'on le pressait de modérer ses charités et de se montrer moins facile à recevoir les personnes qui venaient faire des retraites à Saint-Lazare, il répondait « que les trésors de la Providence étaient inépuisables.... » Un avocat du parlement de Paris, qui faisait sa retraite dans la communauté, surpris de voir tant de monde au réfectoire, lui demandait un jour d'où il pouvait tirer de quoi nourrir tant de personnes. « O monsieur, lui dit le Saint, le trésor de la Providence est bien grand! »

l'Assomption, et celui de sainte Thérèse qui était sa fête patronale.

Cette confiance était telle que Mlle de Lamourous refusait les secours qui lui paraissaient être peu en harmonie avec les vues de la Providence. Un jour une personne qui prenait beaucoup d'intérêt à son établissement, lui dit que Mme Blanchard se proposait de donner à la Miséricorde le produit d'un de ses voyages aériens. Mlle de Lamourous se montra fort sensible à cette offre généreuse. Elle refusa cependant le secours qu'on lui proposait. On insistait. Elle répondit qu'elle craindrait, en acceptant, de participer en quelque manière au danger dans lequel se mettait l'illustre aéronaute.

Un autre jour, on lui fit dire d'aller prendre, chez une personne qu'on lui désigna, une somme d'argent assez considérable. Le secours était on ne peut plus opportun; la maison se trouvait alors en un besoin pressant. Ne pouvant y aller à cause de son état d'infirmité, elle y envoya une Directrice. Celle-ci revint lui dire, en lui remettant un papier, qu'elle devait signer cet écrit pour toucher la somme allouée à la Miséricorde; que cette somme provenait d'un bal donné au profit des pauvres. « Il faut y retourner, ma fille, répondit-elle, et dire à ces messieurs que je ne signe pas ce papier. » Et elle ne le signa pas. C'est qu'elle estimait, avec infiniment de raison, que la charité ne doit pas être alimentée par des divertissements dans lesquels Dieu est inévitablement offensé. Trop souvent de nos jours on se fait de déplorables illusions sous ce rapport.

Une pensée heureuse de Mlle de Lamourous, une pensée qui fait comprendre quel esprit l'animait, fut l'ordre donné par elle, et l'usage établi en conséquence, de réciter, avant les repas, les Litanies de la Providence. La communauté entière les commence à la chapelle, et chaque classe ou section continue à les réciter en se rendant à son réfectoire respectif. Le repas est quelquefois bien frugal; mais un souvenir l'assaisonne et le rend délicieux : c'est qu'on le reçoit de la main de Dieu.

Dans un moment d'embarras et de disette, les Directrices

témoignant quelque inquiétude, Mlle de Lamourous leur fit entendre ces paroles : « Que voulez-vous, mes enfants? Si Dieu ne le savait pas, j'aurais soin de le lui faire dire.... » Elle avouait en outre qu'à chaque secours qu'elle recevait de la Providence, elle était pleine de confusion, et qu'il lui semblait que Dieu lui disait : « Tiens, fille de peu de foi, que te faut-il pour croire? » Du pain? en voilà. Des pommes de terre? en voilà. De l'argent? » en voilà. » Et, ajoutait-elle, j'éprouvais une telle honte devant le bon Dieu!... il me semblait que je le voyais là présent, et j'étais couverte de confusion! »

Dieu cependant permit une fois que tous les secours humains lui manquassent simultanément. Les vacances avaient éloigné les bienfaiteurs de son œuvre; les Messieurs du Bureau étaient indisposés ou absents; le mauvais temps et la maladie avaient refroidi leur zèle; le peu de ressources qu'il y avait dans la maison était épuisé; les Directrices avaient avancé tout ce dont elles pouvaient disposer, et elles touchaient à la fin de leurs faibles ressources. La maison n'avait plus que des dettes. Le boulanger avait signifié qu'à dater de tel jour qu'il déterminait, il ne fournirait plus de pain. Plus de crédit nulle part; plus de bois, presque plus de provisions dans la maison; point d'ouvrage; trente-cinq filles à nourrir, dont plusieurs étaient malades; que faire?...

Les démarches que les Directrices avaient renouvelées n'avaient eu d'autre effet que de les confirmer dans la pensée qu'on n'avait plus rien à attendre de personne. Depuis qu'elles s'étaient chargées de l'œuvre, elles avaient déjà éprouvé bien des alternatives de disette et de secours inattendus; mais jamais elles ne s'étaient trouvées dans une pareille position. Tout, dans le moment, paraissait fuir, tout appui mortel se rompait comme un frêle roseau, toute espérance s'était évanouie. Le mois de délai accordé par les fournisseurs était déjà terminé. Mlle de Lamourous, conservant encore quelque espoir, sortit un matin de bonne heure, et tenta une dernière démarche. Ce fut sans le moindre succès. Elle rentra donc, ne voyant plus rien à faire qu'à mettre ses malheureuses pensionnaires à la porte. Saisie de la douleur la plus vive et ne voulant pas cependant qu'elles pénétrassent ce qu'elle avait résolu de leur cacher jusqu'au dernier moment, elle prit le parti de se tenir à l'écart; mais la tristesse qui se lisait sur son visage, jetant bientôt l'alarme dans toutes les âmes, les pensionnaires se disaient l'une à l'autre : « Oh! la chose est claire, elle a quelque grande peine. Elle ne veut pas nous l'annoncer, mais il faut s'en aller. » Toutes furent dans la consternation. Voulant sortir de leur cruelle incertitude, elles détachèrent une d'entre elles pour aller, sous quelque prétexte, demander à Mlle de Lamourous la cause de son chagrin. Alors elle surmonta sa douleur, reprit sa place ordinaire dans la salle, et partageant de nouveau avec sa compagne (Mlle Adélaïde) les sentiments que Dieu venait de lui inspirer, elles se dirent mutuellement : « Prenons courage; bannissons toute inquiétude. Nous avons fait tout ce qui dépendait de nous. Attendons avec calme que la volonté de Dieu se manifeste dans cette œuvre. Si c'est la sienne, il le prouvera en lui envoyant du secours. Celui qui change les pierres en pain, peut envoyer du pain dans cette maison, si elle lui agrée. S'il ne le fait pas, c'est qu'il ne le veut pas. Et que nous proposons-nous nous-mêmes en y travaillant, si ce n'est d'agir dans l'ordre de sa divine volonté ? Soyons donc en paix, et restons avec soumission et gaîté jusqu'à la fin. »

Ce fut devant le Saint Sacrement que les généreuses Directrices trouvèrent le supplément de force et de courage dont elles avaient besoin dans des circonstances si critiques. Il était d'usage, à la Miséricorde, de se rendre à la chapelle après le dîner, et d'y réciter diverses prières : la récréation suit ce pieux exercice. Mlle de Lamourous s'était donc rendue, à l'ordinaire, dans le lieu saint. Elle y répandait, avec une humble foi et une amère douleur, son cœur devant Dieu. Elle jette un moment les yeux autour d'elle, et elle aperçoit plusieurs de ses filles adoptives qui prient, à son exemple, avec tout l'extérieur de la ferveur la plus ardente. Son âme s'émeut à ce spectacle. Une voix intérieure lui dit que le

Dieu de miséricorde ne peut y être insensible. Animée donc d'une nouvelle confiance, elle adresse à Dieu des plaintes respectueuses sur ce qu'il paraît vouloir abandonner un établissement qui ne se propose que sa gloire et le salut des âmes. « Eh quoi! lui disait-elle intérieurement, vous retireriez de nous votre main et votre protection, vous laisseriez tomber une maison où vous avez appelé ces pauvres créatures! Et dans quel temps l'abandonneriez-vous, ô mon Dieu? Dans le moment même où elles vous implorent avec tant d'instances!... Vous savez, ô mon Dieu, que nous n'avons en vue que le salut de ces pauvres âmes. Si vous daignez vous servir de celles que vous avez appelées à commencer cette œuvre comme instruments, venez à leur secours; leur sort et celui de tout l'établissement est entre vos mains. Que votre très sainte volonté s'accomplisse! »

C'est à peu près en ces termes qu'elle parlait à Dieu. L'âme remplie de force et de courage, elle sortit de la chapelle avec les pensionnaires que leur ferveur avait retenues auprès d'elle. Et la récréation succéda à la prière ardente qu'on venait de faire.

« Les Directrices, rapporte Thérèse elle-même, trouvèrent aussitôt dans leur foi et leur résignation un calme et une consolation qui ne pouvaient venir que du Ciel. Tous les yeux se fixant sur elles, chacune reprit son état naturel. A l'air morne succéda la gaîté d'usage. Les plus ouvertes, ne sachant que penser du changement qui s'était opéré dans leur extérieur, osèrent faire à l'une d'elles des questions qu'elle éluda sagement. Elles lui disaient qu'elles avaient pensé qu'il fallait sortir de la maison. On les détourna de cette idée; et pour la bannir plus efficacement, la conversation devint plus vive que jamais.

» O puissance et Providence de Dieu, que vous êtes admirables! Vous voulûtes dans cette occasion manifester votre volonté et ôter tout prétexte au doute que cet établissement était celui de votre miséricorde! A peine les Directrices eurent-elles fait leur acte d'abandon et repris leur place et leur gaîté, que les secours arrivèrent. Il n'y avait pas de bois dans la maison; on faisait cuire le peu de vivres qu'on avait avec du sarment : et voilà qu'on frappe à la porte. C'est une charretée de bois qui nous est envoyée. Le boulanger vient et consent à donner du pain à crédit, au moins pendant un mois. Légumes, argent, deux barriques et demie de vin nous viennent à propos. Et enfin, au bout de trois jours, il y avait plus de provisions dans la maison qu'il n'y en avait jamais eu jusqu'alors. Les Messieurs de l'œuvre, revenus de la campagne, ou ayant retrouvé force et santé, réunirent au mois de novembre les abonnés ; et nul autre bureau de charité dans la ville n'eût une recette aussi forte que celle de la Miséricorde !... »

L'histoire de la Maison que fonda et dirigea Mlle de Lamourous offre à chaque instant de nouvelles preuves que Dieu couvre de sa protection ceux qui le cherchent véritablement et qui n'ont en vue que sa gloire. Il suffira, pour mettre de la variété dans ce récit, de citer divers traits accompagnés de circonstances où cette Providence se manifeste si clairement, qu'on ne peut s'empêcher de la reconnaître et de lui rendre hommage.

Nous transcrivons encore les notes trouvées dans les papiers de la fondatrice.

« Le jour du 25 juin 1801, après avoir donné quatre francs à Mlle Adélaïde pour faire une emplette, il me restait dix sous. Je trouvai, en rentrant vingt-deux francs, et peu après, M. le curé de Marmande me donna vingt-quatre francs.

» Le 26 septembre 1802, il y avait un déficit d'environ cent cinquante francs. J'étais sur le point de partir pour la campagne, et je n'avais que trois liards à laisser à Mlle Adélaïde. Je sortis en ville. Le soir, c'est-à-dire, en trois ou quatre heures, Dieu nous fit avoir, en cinq diverses offrandes, deux cent quatre-vingt-deux francs; de telle manière que je remplis le déficit, je payai la dépense et je laissai à Mlle Adélaïde, le 3 octobre, jour où je partis pour le Pian, cent trois francs treize sous d'avance.

» Le 29 août 1805, je restai avec sept sous pendant quatre jours, et le cinquième à sept heures du soir, ou plus tard, Dieu m'envoya de lui-même un monsieur qui me remit deux louis. Je n'avais pas pour vivre le lendemain. »

Il y a un autre trait sur lequel nous sommes heureux de pouvoir donner quelques détails; il se rapporte à la date du 8 février 1804.

Ce jour-là. qui tombait un mercredi, huit jours avant les Cendres, M. l'abbé Laboual, ami dévoué de la Miséricorde et l'un des premiers et des plus zélés confesseurs de la Maison, fit présent à Mlle de Lamourous de ce qu'on appelle en termes de ménage un filet de cochon, contenu dans une assiette avec son accompagnement de neuf ou dix boudins. L'intention de ce digne ecclésiastique était d'aider la bonne Supérieure à faire dîner le lendemain, jeudi-gras, ses pauvres filles un peu mieux qu'à l'ordinaire. Celle-ci n'ayant point d'autre provision de ce genre à y ajouter et voyant que le filet de cochon n'était pas assez considérable pour que toutes les pensionnaires, au nombre d'environ quarante, pussent en avoir chacune un morceau, ne songeait point à le consacrer au dîner du jeudi-gras, selon l'intention du bienfaiteur. Le lendemain, dans la matinée, il lui sembla entendre une voix qui lui disait : « Fais cuire le plat qu'on t'a envoyé. » Mais elle repoussa cette idée par le motif que toutes n'en pourraient avoir. Or, plus elle cherchait à se débarrasser de cette pensée, plus elle en était poursuivie; à tel point que s'étant retirée à la chapelle, dans l'espoir que la prière ferait une efficace diversion à l'idée qui la préoccupait, ce fut en vain qu'elle essaya de se recueillir. Toujours elle entendait cette voix qui lui disait : « Fais cuire ce filet de cochon. » Elle sort alors de la chapelle avec une sorte d'indignation contre son imagination qu'elle ne pouvait maîtriser; elle dit à la cuisinière d'apprêter ce morceau de viande, ajoutant que toutes les pensionnaires ne pouvant prendre part au bienfait de la Providence, on commencerait la distribution par un bout de table, et en aurait qui pourrait, la cuisinière se réservant de dédommager dans une autre occasion celles qui, cette fois, n'auraient point part à la fête.

Le moment du dîner étant arrivé, Mlle de Lamourous se rend

à la cuisine pour y faire, selon l'usage qu'elle suivait alors, la distribution. La cuisinière détachait la viande des os, la Supérieure faisait les portions, et deux jeunes filles les portaient au réfectoire.

Quel ne fut point le saisissement de Mlle de Lamourous lorsqu'après avoir donné du filet à toutes ses filles une première fois, elle put encore en donner à toutes une seconde, et en avoir aussi pour les deux directrices! Et, comme elle l'a consigné dans ses notes, le filet fournit *forte portion à chacune*. Elle a raconté elle-même qu'à la vue de cette étonnante multiplication, elle fut si saisie que ses mains étaient toutes tremblantes. Elle ne fit cependant à ses filles aucune réflexion sur ce qui venait d'arriver.

Voici encore quelques faits du même genre par lesquels il plut à Dieu de récompenser la confiance de sa servante.

Un jour qu'il manquait des vêtements pour quatre filles, Mlle de Lamourous pria sa compagne, Mlle Adélaïde, de s'assurer s'il n'y avait rien dans le placard destiné à conserver les vêtements disponibles.

« Non, il n'y a plus rien, lui dit celle-ci.

— Allez voir, reprit amicalement Mlle de Lamourous, peut-être n'avez-vous pas bien regardé. »

Mlle Adélaïde y va, assurant toujours qu'elle avait bien examiné, et qu'il n'y avait plus rien. Elle en revint cependant avec trois habillements.

« Vous voyez bien, dit en souriant Mlle de Lamourous, que nous ne sommes pas aussi pauvres que nous pensions l'être. Mais ces filles ont-elles toutes de quoi se vêtir?

— Eh! non; il manque encore des brassières pour une.

— Allons, retournez au placard, parcourez bien tous les coins et recoins et vous verrez que vous trouverez ce qui manque pour celle-là.

— Oh! pour cette fois, répondit Mlle Adélaïde, j'ai trop bien regardé pour avoir rien laissé, et je puis vous assurer qu'il n'y avait que cela.

— Mais allez chercher encore et vous verrez que vous trouverez ce qui manque. »

La Directrice y alla et revint en rapportant tout juste ce qu'il fallait pour la quatrième. Et Mlle de Lamourous, sans s'étonner : « Vous voyez bien qu'il y avait encore quelque chose! » Inutile d'ajouter que sa compagne comprit dès lors que la Providence se mettait de la partie. Les mêmes multiplications se lisent dans l'histoire d'un grand nombre de Saints.

Une Directrice, chargée de la dépense, vint un jour lui dire qu'il n'y avait plus de bois : et en effet, on avait été obligé de ramasser çà et là, dans tous les coins de la maison, ce qu'on avait pu trouver pour le feu nécessaire à la cuisson du dîner. Mlle de Lamourous se trouvait avoir vingt francs. Elle les donne à la Directrice, et la charge d'aller en acheter, ou de prier un homme de confiance, qu'elle lui nomma, d'y aller à sa place, pensant que celui-ci l'aurait à meilleur compte. La Directrice, voyant que la Supérieure n'avait, pour pourvoir aux besoins d'une communauté nombreuse, que ce peu d'argent, se fit une peine de l'en dépouiller. Elle prit donc la liberté de lui dire que, si elle le trouvait bon, on attendrait encore, et que peut-être dans l'après-midi il viendrait du bois. « Je le veux bien, répondit la Supérieure; mais ne perdez pas de vue, ma fille, que, s'il n'en vient pas aujourd'hui, dès demain matin il faudra bien en acheter. N'eussé-je encore que ces vingt francs, je les donnerai. »

Dans l'après-midi il arriva une grande quantité de bûches, dont le port était payé. On n'a jamais su de la part de qui elles avaient été envoyées.

Une autre fois, une Directrice vint lui demander de l'argent pour aller au marché. Mlle de Lamourous n'en avait pas, et le besoin était pressant. Elle prend aussitôt son parti. « Eh! ma fille, lui dit-elle, vous voyez que je suis ici occupée à écrire, et vous venez me déranger! Allez au marché, achetez ce qui est nécessaire, et dites qu'on payera plus tard. » Ainsi dissimulait-elle, autant qu'elle le pouvait, aux Directrices qui vivaient depuis peu à la Miséricorde, le dénûment absolu dans lequel elle se trouvait quelquefois et l'incertitude totale où elle était sur le temps que ce dénûment pouvait durer. La Providence lui vint encore en aide.

Un matin, l'heure du déjeuner était arrivée, et l'on était sans pain. Mlle de Lamourous, sans faire part aux pensionnaires de son embarras, annonce que ce sera elle qui fera la distribution, mais seulement après la messe. Les voilà toutes bien contentes dans l'espérance de recevoir de sa main leur modeste déjeuner, ce qui leur causait toujours un nouveau plaisir. On va donc à la messe, comme à l'ordinaire, et Mlle de Lamourous y fait la communion. On sort ensuite de la chapelle, et on se livre à la joie, dans la pensée qu'elle va bientôt paraître, et distribuer le pain. Et pendant ce temps, la bonne Supérieure, tout en s'entretenant avec Dieu, pensait à sa parole qu'elle avait engagée. Elle n'avait pas encore fini son action de grâces qu'on vint l'appeler. Elle se rend à la porte et reçoit une grande quantité de pain qui arrivait. Elle fait à l'instant la distribution promise, et comme le pain qu'on venait d'apporter était blanc et tout frais, ses pauvres filles crurent que c'était précisément pour cette raison que Mlle de Lamourous s'était réservé le plaisir de le distribuer elle-même.

Il arriva qu'une fois, Mlle de Lamourous étant malade, une Directrice vint lui dire que deux filles s'étaient présentées au parloir et qu'elles demandaient à être admises dans la maison. Elle s'informa seulement s'il y avait de la place. On lui répondit que pour la place, elle ne manquerait pas à la rigueur, mais qu'on n'avait point de lits, et que les deux postulantes ne pouvaient elles-mêmes en fournir. « Eh bien, n'importe, répondit-elle, puisqu'il y a de la place, il faut les prendre. Le bon Dieu qui les amène ici sait bien qu'il leur faut des lits, et il leur en enverra. » Et dans la journée, sans qu'on eût pu le prévoir, deux lits tout garnis furent portés à la Miséricorde.

Un autre jour une jeune fille, demandant à être reçue, se présente à la porte. La Directrice chargée de remplacer la Supérieure retenue dans sa chambre par une grave indisposition, l'ayant questionnée selon l'usage, et s'étant assurée de ses bons sentiments, alla proposer à Mlle de Lamourous de la recevoir, ce qui fut immédiatement accordé. Cependant, avant de l'admettre dans la maison, on crut devoir examiner s'il serait possible de lui trouver un lit. On parvint à réunir à peu près tout ce qu'il fallait pour cela, la couverture exceptée, partie essentielle dans la saison où l'on se trouvait : c'était l'hiver. La Directrice abandonnant ce soin à la Providence, descend au parloir et va chercher la nouvelle venue. Au moment où celle-ci pénètre dans la maison, on sonne à la porte extérieure. C'est une des commissionnaires de l'établissement qui rentre, et qui, apercevant la Directrice, l'aborde et lui dit en lui remettant une couverture de laine :

« Je passais tout à l'heure devant la porte de Mme N*** ; elle m'a appelée, et m'a chargée de porter de sa part cette couverture à la Miséricorde.

— Bon, dit la Directrice, voilà qui tombe à propos. »

Puis, jetant la couverture sur le bras de la nouvelle arrivée :

« Tenez, lui dit-elle, c'est pour vous que Dieu l'envoie : emportez-la. »

Les Directrices qui venaient partager les peines et les sollicitudes de Mlle de Lamourous étaient étonnées, au commencement, des témoignages presque continuels de la bonté divine en faveur de l'établissement. La sage Supérieure ne voulait pas qu'on eût l'air de trouver extraordinaires de tels faits, encore moins qu'on leur donnât le nom de miracles. Elle savait combien facilement certaines personnes crient au prodige : elle voulait qu'on les appelât simplement des traits de Providence. Mais chacun de ces traits était une réponse à l'admirable confiance de la pieuse femme dans la bonté de Dieu.

Nous ne nous lassons pas de citer.

La Directrice chargée du pain vint avertir une fois Mlle de Lamourous qu'il n'y avait pas assez de farine pour faire la fournée du lendemain. Mlle de Lamourous avait d'abord acheté, comme elle l'avait pu, le pain hors de la maison. Mais considérant que le nombre de ses pensionnaires croissait de jour en jour, elle crut devoir, par motif d'économie, faire préparer le pain à la Miséricorde. Elle parlait encore avec celle qui se plaignait de manquer de farine, quand on vint l'avertir qu'une jeune fille demandait à être reçue dans la maison. La Supérieure s'adressant aux Directrices qui se trouvaient auprès d'elle, leur demanda: « Voyons, mes enfants, que faut-il faire? d'un côté on vient me dire qu'il n'y a plus de quoi faire du pain pour celles qui sont déjà dans la maison; et de l'autre qu'une fille arrive encore et demande à entrer. Faut-il la recevoir? » ajouta-t-elle en regardant la plus jeune et en requérant son avis. Celle-ci répond, sans hésiter, qu'il faut admettre la postulante. « Mais il n'y a plus de pain pour les autres, » reprend Mlle de Lamourous. La Directrice n'en persiste pas moins dans son premier sentiment. Les autres, consultées à leur tour, firent la même réponse. Alors elle s'écria dans le transport de cette gaieté franche qui la caractérisait : « Voilà qui est bien, mes enfants; je reconnais en vous l'esprit de votre mère. Embrassez-moi : vous êtes mes filles.... » Et la nouvelle venue entra à l'instant même dans la maison.

Mlle de Lamourous poursuivit : « Il faut lui donner un nom. Voyons, comment l'appellerons-nous? En la prenant, je fais un acte de foi en la Providence, un acte d'espérance en son secours; je fais aussi un acte de charité, puisque je la tire de la rue. Voilà donc la foi, l'espérance, la charité réunies; voilà les vertus théologales. Eh bien, elle s'appellera Théologale. » Tel fut en effet son nom. Théologale, après avoir mené quelques années dans la maison la vie la plus régulière, s'est endormie dans la paix du Seigneur. Mais poursuivons notre récit.

« A présent, reprit Mlle de Lamourous, que nous avons baptisé Théologale, revenons à la question. Vous me parliez de farine. Vous prétendez qu'il n'y en a pas assez pour la journée de demain. Mais d'abord avez-vous bien tout ramassé? car, mes enfants, les pauvres ramassent tout. Voyons, faites-moi passer ce livre. » Elle montrait un petit livre qui renfermait autant d'invocations à la Sainte Vierge qu'il y a de jours dans l'année. Celle qui répondait au jour présent, était celle-ci ; *Secours très-puissant dans les plus pressants besoins.* « Eh bien, dit-elle à deux Directrices qu'elle désigna, retournez au grenier, ramassez bien soigneusement la farine que vous y trouverez; et en y allant, dites pendant tout le chemin : *Secours très puissant dans les plus pressants besoins, priez pour nous.* » On le fit très exactement, et on ramassa, comme il avait été commandé, ce qu'on put trouver de farine. La quantité nécessaire s'y trouva. Les deux Directrices, saisies d'étonnement, revinrent en toute hâte faire part à Mlle de Lamourous de cet événement; mais l'admirable Supérieure eut l'air de ne voir en cela qu'une chose toute naturelle.

Comme sa sollicitude s'étendait aux moindres détails, elle voulait que le pain qu'on faisait tremper pour la soupe fût très dur, et cela par raison d'économie. Deux fois la Directrice chargée de faire préparer le pain, avait oublié d'en réserver un dur pour cet usage. Elle avait été faire l'aveu de son oubli à la Supérieure, qui avait fait acheter du pain comme il convenait, engageant bien la Directrice, surtout la seconde fois, à être plus attentive à l'avenir, « parce que, disait-elle, il faut seconder les vues de la Providence; et puisque le pain fait dans la maison revient à meilleur marché que celui qu'on achète, il faut prendre tellement ses mesures qu'on ne soit pas obligé de recourir au boulanger. » Mais qui ne connaît la fragilité humaine? La même Directrice oublia une troisième fois de garder un pain dur. Elle n'osait pas trop avouer à Mlle de Lamourous un troisième oubli, après toutes les recommandations dont le second avait été suivi. Cependant la fille chargée de couper le pain pour la soupe, vint lui dire qu'elle n'avait point de pain dur pour le lendemain. La Directrice fit comme les personnes qui se trouvent dans l'embarras; elle ne songea qu'à gagner du temps, espérant trouver quelque moyen de se tirer d'affaire. Elle reprocha donc à la fille d'être trop pressée, lui disant qu'elle avait toujours quelque demande importune à faire; qu'il suffisait après tout de préparer le pain le lendemain à dix heures.

Le lendemain matin, tout occupée de quelque commission, elle sort ; elle oublie la soupe et le pain et tout ce qui l'avait inquiétée la veille. A dix heures et demie elle rentre. Alors la première chose qui lui vient à l'esprit est la soupe. Elle aurait dû livrer le pain nécessaire au moins depuis une demi-heure. Fort troublée, elle s'empresse de demander à la fille chargée de ce soin comment elle a fait. Celle-ci lui répond qu'à dix heures, au moment décisif, on avait apporté un pain dur. La Directrice présuma que Mlle de Lamourous avait été instruite de son oubli et y avait suppléé. Elle s'informe auprès des commissionnaires si elles ont été envoyées chez le boulanger. Toutes répondent qu'elles ne sont point sorties de la maison. Elle fait la même question à chacune des Directrices en particulier, et chacune assure qu'elle ne s'est point mêlée de cette affaire. Enfin, elle finit par aller demander à Mlle de Lamourous, si c'est elle qui a fait acheter un pain dur pour la soupe. Sur sa réponse négative, elle commence à tout raconter. Mlle de Lamourous la regardait avec attention, mais sans avoir l'air étonné; il semblait même qu'elle comprenait, avant la fin du récit, comment la chose s'était ainsi passée.

Quand la Directrice eut fini de parler, la Supérieure lui dit : « Comme je dois être instruite de ce qu'on achète dans la maison, veuillez bien vous informer de la boulangère qui demeure vis-à-vis si le pain a été pris chez elle. » La Directrice s'y rend et lui dit :

« Savez-vous quelle personne est venue ici acheter un pain dur pour la Miséricorde?

— Non, répond celle-ci; tout ce que je sais, c'est qu'un jeune homme qui avait l'air bien comme il faut s'est présenté sur les dix heures, et m'a dit en me remettant un écu de six francs : « Prenez là-dessus le prix d'un pain, et portez-le de suite à la Miséricorde. » Je lui ai répondu que le garçon n'étant pas là, je n'osais m'absenter, mais qu'il ne tarderait point à venir et qu'aussitôt je l'enverrais. Et sur le désir qu'il a témoigné que je portasse moi-même le pain, s'offrant de garder ma boutique pendant ce temps-là, j'ai fait la commission. Je ne connais pas ce jeune homme. Tout ce que je puis dire, c'est qu'il avait un habit bleu encore neuf. Il paraissait pressé, car il ne s'est pas seulement

.... Cet autel, érigé par le crime, mais sanctifié par la résignation la plus héroïque.... (P. 134.)

donné la peine de compter la monnaie que je lui ai rendue. »

La Directrice retourne de suite rendre compte de tout à Mlle de Lamourous, qui se contente de lui répondre qu'elle était bien heureuse d'avoir un tel protecteur ; et que sans cela, elle aurait reçu, cette fois, *une bonne savonnade.*

Ce ne fut que longues années après, que, par une rencontre assez singulière, on découvrit quel était ce jeune homme qui fit parvenir à point nommé le pain dur à la Miséricorde.

Une des Directrices devant léguer à une autre le portefeuille des finances, trouva, tout calculé, qu'il lui manquait huit francs. Comme ses comptes étaient bien en règle et qu'on ne pouvait s'en prendre à elle de ce petit excès de dépense, elle va hardiment, le samedi soir, trouver la Supérieure et la prier de lui donner huit francs, pour ne pas laisser de dettes à celle qui devait lui succéder dans son emploi. La Supérieure répond à cette Directrice : « Mon enfant, je n'ai pas d'argent à vous donner, et il faut que les huit francs se payent. » Celle-ci lui fait une humble révérence et se retire. Quelques heures après, s'apercevant que la journée était à peu près finie, et ne voyant pas arriver d'argent, elle se présente de nouveau à la Supérieure, et lui demande encore de quoi payer sa dette. Nouvelle réponse semblable à celle qu'elle a déjà reçue : « Je n'ai point d'argent à vous donner, et il faut me remettre le compte réglé. C'est à vous de voir ce qu'il convient de faire; arrangez-vous. » La Directrice prit son parti, celui de laisser subsister sa dette sur son livre, à moins que la Providence ne vînt à son secours par quelque faveur inespérée.

Vers les huit heures du soir, on lui annonce qu'un monsieur la demande au parloir. Elle s'y rend aussitôt. L'étranger lui dit en l'abordant : « Mademoiselle, depuis plus de six ans, je dois à la Miséricorde la façon de deux paires de bas. Cela pouvait revenir, autant que je puis me le rappeler, à quatre francs la paire. Je vous prie donc de recevoir ces huit francs. J'avais entièrement oublié cette dette, quand tout à coup la pensée m'en est venue. Je ne me proposais pas de l'acquitter avant demain, parce qu'il est un peu tard; mais ce souvenir m'a tellement inquiété, que, pour être tranquille, j'ai dû venir ce soir. » Il se confond ensuite en excuses sur la négligence qu'il a mise d'abord à satisfaire à cette obligation et sur l'oubli qui en a été la suite.

Il vint un jour un pauvre demander l'aumône à Mlle de Lamourous. Quoiqu'elle fût en ce moment presque au bout de ses finances, elle puise, sans hésiter, dans son petit trésor, en tire six sous, et les remettant à une Directrice : « Allez, mon enfant, portez-lui ce modique secours et dites-lui que je suis pauvre et que je partage avec lui. » L'après-midi, une personne charitable envoya six francs à la Miséricorde. Et Mlle de Lamourous de dire aussitôt à la Directrice, qui se trouvait dans sa chambre : « Ces six francs sont pour les six sous que j'ai donnés : c'est ainsi que le bon Dieu fait les choses. »

Cette vive confiance en Dieu, cette assurance qu'il prend le soin le plus attentif de ses créatures, la Supérieure avait le talent de l'inspirer aux personnes qui l'entouraient. Sous sa conduite elles ne craignaient pas de demander, au besoin, des faveurs étranges, des prodiges en quelque sorte, et elles les obtenaient.

Une Directrice était très malade. Son estomac fatigué ne pouvait retenir aucune nourriture. La charité vigilante de ses sœurs ne savait où trouver ce qui lui convenait. Mlle de Lamourous présumant que, dans ce genre de maladie, la Directrice devait avoir des envies, lui avait fait un commandement de dire naïvement ce qu'elle désirerait. Il avait été nécessaire d'user de ce moyen; car, par esprit de mortification, elle ne témoignait jamais que quelque chose pût lui plaire.

Un jour donc qu'elle était venue la voir, et qu'elle lui demandait ce qui pourrait lui faire plaisir, la malade dit qu'elle mangerait volontiers un oiseau. On envoie aussitôt en acheter un; mais l'heure du marché était passée, on n'en trouvait point. « Qu'on aille, dit la Supérieure, chez les marchands qui se tiennent ordinairement sur la grande rue des Fossés et qui vendent des oiseaux vivants. » On n'y trouve ni marchands, ni oiseaux.

Cependant, l'heure du dîner était arrivée. On se rendait à la chapelle, selon l'usage, pour y réciter les Litanies de la Providence. Une pensionnaire qui savait qu'on n'avait point trouvé d'oiseau à acheter, dit avant d'entrer : « Dès que je serai devant le bon Dieu, je réciterai un *Pater* et un *Ave* en l'honneur de saint Antoine de Padoue. Il nous procurera bien un oiseau, lui, j'en suis sûre. » Elle fait sa prière, et voilà qu'en sortant, elle aperçoit une troupe d'oiseaux qui se battaient devant la porte, sur un prunier planté dans l'un des carreaux du jardin. Un des combattants tombe à ses pieds plein de vie, et ne songe pas à s'envoler. Elle le ramasse en disant : « Je savais bien, moi, que saint Antoine de Padoue enverrait un oiseau.... » La Directrice mangea bien volontiers le mets que saint Antoine lui fournissait avec une attention si délicate ; et son estomac, qui ne pouvait rien retenir, s'en accommoda fort bien.

Ce n'est pas la seule occasion où la Providence a accordé, par l'intercession de saint Antoine de Padoue, des bienfaits à la Miséricorde.

Une demoiselle charitable, qui portait de temps en temps quelque aumône à une fille de cet établissement, semblait avoir perdu de vue sa protégée. Depuis une époque reculée, elle ne lui fournissait plus rien. Cependant la bonne fille avait besoin de nouveaux vêtements et la pauvreté de la maison ne permettait pas de faire cette dépense. Un jour, au moment où l'on pensait le moins à la bienfaitrice, on entend sonner. C'était elle qui apportait un paquet à l'adresse de la pensionnaire. Celle-ci est appelée; elle reçoit le paquet sans paraître étonnée, sans même remercier la demoiselle d'une manière qui fût en harmonie avec l'opportunité du bienfait. La Supérieure, à qui la nature et l'éducation avaient donné un tact si délicat, la reprend : « Comment, ma fille, est-ce ainsi que vous remerciez cette demoiselle qui vous fait un si beau cadeau? » Et la pensionnaire d'ajouter froidement un nouveau *Je vous remercie bien.* Il fallut que la Supérieure suppléât à l'expression trop contenue de sa reconnaissance.

La bienfaitrice partie, elle appelle la jeune fille et lui demande pourquoi elle n'a pas éprouvé plus de plaisir et plus de gratitude à la vue du don qu'on lui faisait. « Que voulez-vous, dit celle-ci, c'est à saint Antoine de Padoue que je dois ce présent. » Elle avait en effet une grande dévotion à ce saint et elle l'honorait avec beaucoup de simplicité et de ferveur. Elle raconte que se voyant couverte de haillons, elle a été le prier toute seule pendant le dîner; qu'elle lui a dit en propres termes : « Voilà plusieurs jours que je vous conjure de venir à mon secours, et vous ne m'envoyez rien. Ne croyez pas que ce soit par vanité que je réclame de votre bonté d'autres vêtements. Hélas! j'en ai le plus grand besoin. Voyez, grand saint Antoine, cette jupe tout usée, ces manches pleines de trous, ce tablier qui tombe en morceaux, etc. » Et le Saint, ajoute-t-elle, m'a envoyé ce que je lui demandais. »

On ouvre le paquet, et à chaque objet qu'on en tire, la pensionnaire donne un nouveau signe d'approbation : « C'est bien... puis cela... encore cela. » Elle ne s'étonne que de ce que la chaussure n'est pas complète. Mais enfin elle s'en console, et remercie de bon cœur son bon patron.

Mlle de Lamourous avait pris l'engagement de compter, un jour déterminé, cinquante francs à un ouvrier qui avait travaillé pour la maison. Le terme arrivé, entourée de plusieurs de ses collaboratrices, elle demande à chacune l'argent qui peut se trouver dans la bourse de son atelier, afin de former la somme nécessaire. En vain toutes les ressources sont-elles réunies, on est bien loin de trouver les cinquante francs désirés. Tout à coup on appelle au parloir l'une des Directrices : c'est un vieillard de peu d'apparence qui lui remet une lettre. « Bon! dit la Directrice en elle-même, voilà une demande de secours! Si l'on savait où nous en sommes! » et cependant elle se hâte de porter la lettre à la Supérieure. Celle-ci la fait ouvrir et commande qu'on en fasse tout haut la lecture. La lettre était ainsi conçue : « Mademoiselle, je ne puis résister à la pensée qui me poursuit, que vous êtes dans le besoin. Je vous envoie cent francs. Ne m'ayez aucune obligation, car je ne suis en ce moment, auprès de vous, que le mandataire de la Providence. » La lettre ne portait point de signature.

La Directrice revint auprès du bon vieillard, qui lui remit les cent francs dont il était porteur. Elle le pressa, mais en vain, de lui dire de quelle main généreuse venait un secours si opportun. Alors Mlle de Lamourous dicta un reçu qu'elle adressa, par l'entremise du discret commissionnaire, à son modeste et charitable bienfaiteur.

Cette confiance en Dieu, dont nous venons de citer plusieurs exemples, Thérèse la conserva jusqu'à la fin de sa vie. Sur son lit de mort, elle témoigna l'abandon le plus complet à la Providence, la sécurité la plus absolue quoiqu'elle laissât son établissement sans aucune ressource et que les économies précédemment réalisées eussent toutes été épuisées. Convaincue que Dieu ne délaisserait pas son œuvre, elle s'en remit entièrement à lui, confia à sa bonté paternelle toute sa sollicitude et l'exécution de ses désirs; puis elle se prépara avec le plus grand calme au passage de ce monde à l'éternité.

Joséphine du BOURG[1]

UR la route qui conduit de Toulouse à Grenade, on aperçoit, en se tournant vers la droite, le château de Rochemontès, situé à l'extrémité de la paroisse de Seilh. C'est là qu'est née, le 25 juin 1788, de Mathias du Bourg, conseiller au parlement de Toulouse, et de Jeanne-Marie d'Arbouzier, fille du seigneur de Montégut, la vaillante chrétienne dont nous allons esquisser l'enfance et la première jeunesse.

Sa mère, qui déjà avait eu sept enfants, n'eut rien plus à cœur, après la naissance de Joséphine, que d'aller la présenter à la Sainte Vierge dans son sanctuaire de l'église de la Daurade à Toulouse. Cet hommage était trop sincère pour n'être pas accepté. Marie adopta Joséphine, qui devint, de la part de la Reine des cieux, l'objet d'une tendresse singulière et d'une visible protection.

Cependant, deux ans s'étaient à peine écoulés et Mme du Bourg revenait dans l'église de la Daurade, seule cette fois! Joséphine était mourante dans son berceau. La pauvre mère exhala sa douleur devant sa céleste protectrice qui, touchée de ses angoisses, sauva l'enfant et lui rendit la santé. Fidèle à un vœu qu'elle avait fait durant son épreuve, Mme du Bourg sanctifia désormais toutes les fêtes de la Sainte Vierge par une fervente communion. Que

(1) Extrait de la belle Vie de *Madame du Bourg*, par l'abbé Bersange. (Delhomme et Briguet, éditeurs à Paris. — Reproduction interdite.)

de fois aussi, penchée sur le petit lit où Joséphine s'éveillait en souriant, elle laissa tomber de ses lèvres, dans le cœur de sa fille, le doux nom de Marie! Avec le nom de Jésus ce fut le premier que bégaya l'enfant, qui prit l'habitude d'aimer comme une tendre mère sa Bienfaitrice du ciel.

Plus tard, racontant, par obéissance, l'histoire de ses premières années, elle écrivait : « Je me plaisais beaucoup à entendre les louanges de la Sainte Vierge. Je ne pouvais contenir ma joie lorsque, à l'église, j'entendais des sermons en son honneur. » Cette piété précoce, encouragée par l'exemple maternel, allait être mûrie et fortifiée par les dures leçons de l'adversité.

L'orage de la Révolution commençait à gronder. Joséphine s'endormait, le soir, au récit des sinistres événements qui épouvantaient Paris. Chaque jour apportait de tristes nouvelles au foyer, jusqu'alors si tranquille, du vertueux conseiller. Tantôt il apprenait que deux de ses frères, Joseph, chef de bataillon, Bruno, lieutenant de frégate, tous deux chevaliers de Malte, venaient de quitter la France pour chercher un refuge à l'étranger. Tantôt une lettre annonçait que son troisième frère, l'abbé Philippe, avait reçu du Souverain Pontife la charge de gouverner le diocèse de Toulouse et des diocèses voisins.

Les périls sans nombre auxquels était exposé ce frère bien-aimé allaient devenir, pour M. du Bourg et sa famille, une cause de perpétuelles angoisses. On frémissait en entendant assurer que les révolutionnaires avaient mis sa tête à prix. On pleurait en pensant que, n'ayant aucun asile assuré, il passait le jour dans un réduit malsain, et voyageait pendant la nuit, pour assister les malades et administrer les sacrements. La frayeur était à son comble, les cœurs cessaient de battre, les poitrines de respirer, quand un messager fidèle rapportait que l'infatigable missionnaire avait passé plusieurs heures au milieu des sbires qui le cherchaient; qu'il avait pu entendre à loisir leurs menaces de mort, ou même qu'ayant été reconnu, il avait imposé, par la majesté de son regard, aux scélérats qui se disposaient à le livrer. Alors toute la famille, le père, la mère, les enfants et la vénérable aïeule se prosternaient pour remercier Dieu, pour le prier de conserver des jours si précieux. Ces prières servaient de bouclier aux généreux confesseurs de la foi. Il échappait à toutes les recherches et la Providence lui procurait, dans sa détresse, des ressources inattendues pour soutenir trois cents prêtres dont il était le père nourricier.

Il ne se passait pas de jour qu'on ne vînt troubler leur douleur. (P. 162.)

Les douloureuses émotions de ces temps malheureux restèrent profondément gravées dans la mémoire de Joséphine, alors âgée de cinq ans et douée d'une rare précocité. L'héroïque dévouement d'un oncle qu'elle chérissait éveilla surtout sa jeune admiration.

Cependant, les événements se précipitaient et préparaient d'inévitables catastrophes. Bientôt l'inquiétude la plus vive, tempérée par une entière confiance en Dieu, envahit la paisible demeure du conseiller, dont la fidélité au roi n'était un secret pour personne.

Alors surtout, Joséphine, âgée de six ans, fut témoin de grandes afflictions. Sa mère, ses frères, ses sœurs, retirés dans leur maison de Toulouse, ne faisaient que pleurer et vivaient dans des transes perpétuelles. Il ne se passait pas de jour qu'on ne vînt troubler leur douleur par les vexations d'une visite minutieuse. Le prétexte de ces perquisitions était habituellement la recherche de l'abbé Philippe, qui restait introuvable au fond d'une cachette où il avait peine à respirer.

Chacune de ces visites importunes se terminait par un horrible pillage, accompagné d'injures grossières et de mauvais traitements. On emportait l'argenterie, les meubles, le linge et jusqu'aux tapisseries. Quand la maison fut entièrement dévastée, des scellés furent mis sur les plus beaux appartements. Privée successivement de toutes les chambres qu'elle habitait, refoulée peu à peu jusqu'au grenier, la malheureuse famille fut forcée de se réfugier dans quelques pauvres mansardes situées sous le toit. Déjà on l'avait dépouillée de tous ses biens et, comme compensation dérisoire, les ravisseurs lui donnaient chaque jour un pain de munition desséché et moisi! Cette affreuse nourriture n'était même distribuée qu'avec une extrême parcimonie. Pour suppléer à l'insuffisance de ce triste secours et pourvoir à l'entretien de ses enfants, la pauvre mère dut recourir au travail de ses mains. Aidée de ses deux filles aînées, elle accomplit, sans un murmure, ce devoir douloureux. Mais, malgré tant d'efforts réunis, la nombreuse famille composée de huit enfants et de la vénérable grand'mère, fort âgée et très souffrante, ne fut pas toujours à l'abri de la faim et du froid.

« Il arrivait quelquefois, écrivait plus tard Joséphine, que nous n'avions plus rien pour vivre. Ma mère, alors pleine de foi et de confiance, priait et le Dieu qui prend soin des petits oiseaux nous envoyait ce qui nous était nécessaire. Que de miracles auxquels on ne fait pas attention! »

Joséphine n'était pas du nombre de ces âmes inattentives. Elle remarqua bientôt que, lorsqu'un nouveau malheur fondait sur les siens, sa mère, « au lieu de s'abandonner aux plaintes, se retirait dans son oratoire, et là, à genoux, faisait des actes de résignation à la volonté de Dieu, demandant le courage nécessaire pour supporter ses maux. »

Instruite par cet exemple, l'enfant se pénétra de la toute-puissante énergie de la prière. Dès l'âge le plus tendre, elle se sentit inclinée à prier et manifesta cette heureuse disposition d'une manière aussi naïve que touchante.

Dans son malheur, Mme du Bourg n'avait qu'une seule consolation : c'était de visiter, accompagnée de ses enfants, l'ancien monastère où l'on avait enfermé son cher prisonnier. La faveur de l'entretenir ne lui était pas toujours refusée. Introduite dans l'ancien parloir, elle attendait avec émotion, les yeux fixés sur la grille derrière laquelle M. du Bourg allait paraître. Lorsque enfin elle l'apercevait, il se faisait entre ces infortunés un échange de paroles et de signes exprimant la tendresse et la douleur. Mais, hélas! les grilles inflexibles comme les geôliers retenaient l'élan qui les eût jetés dans les bras les uns des autres. Cruelle torture!

Joséphine paraissait sentir très vivement le supplice de cette séparation. Elle tendait vers son père bien-aimé ses deux petites mains avec une telle expression de tendresse et d'envie, que les gardes eux-mêmes étaient saisis de compassion. Un jour, ne pouvant résister à ce mouvement de pitié, ils imaginèrent de placer l'enfant dans le tour dont se servaient les religieuses cloîtrées pour recevoir les objets qui leur étaient portés du dehors. Un léger mouvement du tour mit Joséphine étonnée, ravie, dans les bras de son père, qui la couvrit de larmes et de baisers. Le prisonnier obtint la permission de garder son petit ange tout le reste de la journée. Cette même faveur lui fut renouvelée dans la suite et adoucit, pour M. du Bourg, l'épreuve de la captivité. Quant à Joséphine, reposant sur le cœur d'un martyr, écoutant avec ardeur sa parole grave et émue, elle puisait dans ces ineffables communications l'amour passionné du devoir, le zèle dévorant pour la gloire de Dieu dont elle fut plus tard embrasée.

Le fatal dénouement approchait. Un jour vint où le triste, mais consolant pèlerinage au monastère fut sans résultat. On apprit des gardiens que M. du Bourg avait été transféré dans une prison plus sévère, à la conciergerie de Toulouse. C'était évidemment la première étape vers la mort. Mme du Bourg ne se fit pas illusion, et sa douleur fut inénarrable. Pour comble d'infortune, la permission de revoir une dernière fois son mari lui fut impitoyablement refusée. Mais, sans doute par un dessein secret de la divine Providence, la consigne rigoureuse qui écartait de la conciergerie tous les membres de la famille, ne fut pas observée pour Joséphine. Elle put seule pénétrer dans la prison. Que se passa-t-il dans cette entrevue suprême? M. du Bourg n'ignorait pas que, par l'ordre de Robespierre, il devait être conduit à Paris et condamné à périr sur l'échafaud avec tous ses collègues du parlement. On préparait déjà l'ignoble charrette qui allait transporter lentement, en les accablant de fatigues et en les abreuvant d'outrages, ces victimes de la fureur des Jacobins. Malgré son courage et sa grande vertu, M. du Bourg ne put comprimer l'émotion qui débordait de son cœur paternel, lorsqu'il confia à cette enfant ses derniers adieux et sa bénédiction pour tous ceux qu'il aimait le plus ici-bas. Joséphine se retira arrosée des larmes de son père et sans avoir bien compris la cause de ce redoublement de tendresse et de douleur. Son heureuse ignorance ne fut pas de longue durée.

Bientôt, en effet, le départ prochain des magistrats condamnés à mort est annoncé, et cette nouvelle porte la désolation dans la famille du conseiller du Bourg. Pendant que tous les enfants, réunis autour de leur mère, mêlent tristement leurs larmes et leurs prières, le conseiller du Bourg, transporté à Paris, est décapité et, avec lui, trente-sept autres proscrits, parmi lesquels on comptait vingt-cinq membres du parlement de Toulouse.

Quelques jours après, le chevalier Armand, qui avait voulu accompagner M. du Bourg, racontait à sa mère, à ses frères et à ses sœurs les détails de cet horrible événement. Pendant que tous les enfants semblaient, en écoutant ce récit, s'affaisser comme accablés sous le poids de cet affreux malheur, Mme du Bourg restait debout, puisant dans sa piété et dans la trempe vigoureuse de son caractère, la force de se résigner. Joséphine, malgré sa jeunesse, ressentit très vivement la perte de son père.

« La mort de ce père chéri, écrivait-elle plus tard, laissa dans mon cœur une impression de douleur qui, loin de s'affaiblir, augmenta avec l'âge. Plusieurs années après, je pleurais souvent pendant la nuit la perte de ce bon père. »

Désormais le souvenir de cet odieux événement ne se présenta jamais à son esprit sans bouleverser son cœur. Lorsqu'une longue pratique de la vie religieuse lui eut donné sur les mouvements de son âme un empire, pour tout le reste, absolu, ce qui lui rappelait les tristes jours de la Terreur révoltait encore son amour filial. Qu'une circonstance imprévue lui en remît sous les yeux les épisodes sanglants, elle ne parvenait pas toujours à cacher son trouble et à réprimer son émotion.

Dieu, qui mesure la violence des épreuves à l'énergie des âmes qu'il veut purifier et sanctifier, ne ménagea pas la vertu de Mme du Bourg. Son fils aîné, Melchior, inconsolable de la mort de son père, s'éteignit à l'âge de dix-huit ans.

La vénérable aïeule, Élisabeth d'Aliès, mourut bientôt après, suivie presque immédiatement de trois de ses petits-fils, qui expirèrent entre les bras de leur mère, dans la fleur de leur innocence.

Au milieu de tous ces deuils l'héroïque veuve pleurait, comme Rachel, et ne trouvait de consolations que dans les pensées de la foi. Mais elle y puisait la force de vivre et d'adorer avec soumission la volonté de Dieu.

Dans le trésor de tendresse qu'elle répandit sur les cinq enfants qui lui restaient, Mme du Bourg fit une part privilégiée à la petite Joséphine. Comment n'eût-elle pas été l'objet d'un amour de prédilection? C'était la plus jeune de ses filles, celle que son époux prisonnier avait si souvent arrosée de ses larmes et pressée entre ses bras.

Dès qu'elle eut été remise en possession de ses biens confisqués, la prudente mère, se défiant de sa faiblesse, confia l'éducation de Joséphine aux dames de Saint-Maur, qui profitaient alors du premier moment de calme pour reprendre à Toulouse leur œuvre interrompue.

Ces habiles maîtresses furent bientôt charmées de leur élève et durent modérer son ardeur à s'instruire. Mlle du Bourg manifestait une vive passion pour la lecture. Les récits héroïques surtout la transportaient au point qu'elle n'avait pas toujours la force de résister à cet attrait et de quitter à propos le beau livre qui la captivait.

Elle racontait plus tard qu'elle en était venue à regretter presque le temps que les exercices de piété dérobaient à son plaisir favori. Il fallut combattre cet excès. Mme du Bourg donna alors à sa fille, pour le temps qu'elle passait à la maison maternelle, loin du regard de ses maîtresses, une gouvernante d'un âge mûr et d'une solide piété, dame Marthon Gatgez.

L'élève a caractérisé dans la suite en quelques mots le rigide mentor dont elle eut à supporter le dévouement très brusque et plus que légèrement grincheux : « Son caractère la rendait un peu trop sévère, mais elle avait un grand désir de me conserver dans l'innocence et prenait pour cela quantité de précautions. »

Cette phrase discrète laisse entrevoir la minutieuse surveillance qui épia désormais tous les mouvements de Joséphine si amie de l'indépendance et de la liberté : on y voit aussi que le cœur si bon de la jeune fille pardonnait cet excès de zèle à l'affection qui en était le mobile désintéressé. En effet, elle demeura douce et docile sous les réprimandes les plus acerbes, et son humeur enjouée répondit par un éclat de gaieté aux plus pénibles mortifications. Plus tard, elle témoignera à Marthon, vieillie et fatiguée par les scrupules, la plus tendre sollicitude et la plus patiente commisération.

La seule vengeance que Joséphine se soit permise contre l'inflexible gouvernante, c'est d'avoir laissé échapper çà et là, dans la liberté d'une lettre ou d'une causerie familière, quelques traits d'innocente raillerie qui peignent la physionomie austère et originale de Marthon Gatgez.

Elle a raconté aussi, avec une charmante simplicité, comment sa gouvernante l'avait guérie pour toujours du goût de la toilette. Un jour, en effet, Joséphine ayant manifesté le désir de se parer, Marthon se promit bien d'étouffer ce germe de vanité. Aussitôt elle alla fouiller la garde-robe depuis longtemps abandonnée de la grand'mère du Bourg. Puis, en tirant un habillement complet, elle l'ajusta à la taille de l'enfant en lui disant : « Mademoiselle, voici ce qu'il y a de plus beau. » Joséphine sortit avec sa gouvernante et ne tarda pas à rencontrer une de ses amies qui, la voyant affublée d'un spencer rose sur une robe verte, avec une coiffure à l'avenant, s'écria joyeusement : « Sommes-nous en carnaval? Vous ressemblez à un mardi gras! » — « Je rentrai toute confuse, ajoutait la narratrice en riant de tout son cœur, et je ne demandai plus de parure extraordinaire. C'est ainsi que ma sage gouvernante mortifia ma vanité d'enfant. »

On peut douter néanmoins que de semblables procédés eussent triomphé de la volonté fière et énergique dont Joséphine était douée. « Dieu, écrivait-elle plus tard, se servit pour me vaincre d'un moyen plus puissant, la reconnaissance; et c'est ainsi qu'il s'ouvrit le chemin de ce cœur si misérable et si rebelle. »

Cette reconnaissance victorieuse fut excitée dans l'âme de Joséphine par l'ineffable mystère de l'Eucharistie. « Lorsqu'on me parla, dit-elle, de me préparer à ma première communion, cette pensée réveilla les sentiments d'une foi assoupie; la foi réveillée excita mon cœur à la prière, et la prière fut pour moi comme pour tant d'autres le chemin du salut. Ce fut le 24 juin 1800, en la fête de saint Jean-Baptiste, que je m'approchai pour la première fois de la sainte Table. »

Ce grand événement de sa jeunesse s'accomplit dans l'oratoire secret où l'abbé Philippe du Bourg célébrait la messe pendant les mauvais jours de la Révolution. L'abbé Philippe lui-même présida la touchante cérémonie, entouré de tous les membres de sa famille si cruellement éprouvée. La pensée de ceux, hélas! bien nombreux que la mort avait moissonnés, remplissait tous les cœurs. Tout rappelait leur souvenir, tout parlait surtout de l'infortuné conseiller du Bourg dans cette maison de Toulouse qu'il avait remplie de son austère vertu.

« Je fus extrêmement touchée, lisons-nous dans le manuscrit de la servante de Dieu; je ressentais une crainte mêlée de respect, d'amour, de désir. Quoique la demeure de mon âme fût encore bien pauvre et remplie de misère, Jésus-Christ me fit sentir la douceur de sa consolation. Je fondis en larmes sans savoir ce qui se passait en moi. »

Le souvenir de ce moment délicieux ramenait toujours sur ses lèvres des cantiques de reconnaissance.

« Dès ce jour, ajoute-t-elle,... le divin Sauveur, caché dans l'Eucharistie, m'attira aux pieds de ses autels par un charme céleste. J'y étais comme enchaînée par le plaisir jusqu'alors inconnu pour moi que je trouvais à lui parler et à l'entendre. Mon cœur s'abandonna à cet amour si doux, si pur, si ravissant, qui triomphe de toutes choses sans violence et sans efforts et qui fait la joie de l'âme créée pour lui seul. »

Le triomphe du Dieu de l'Eucharistie fut complet et définitif. Tout céda désormais à son influence souveraine, tout, même la passion de la lecture. L'Eucharistie fut le seul livre qui satisfit pleinement Joséphine et répondit à son immense désir de connaître. Si elle ne méprisa pas les autres, elle garda sa préférence pour le livre divin. Parlant du tabernacle comme un grand saint a fait du crucifix, elle disait : « On y apprend plus en un instant que dans plusieurs années d'étude parmi les hommes. »

Mlle du Bourg puisa d'abord à cette source l'attrait des vertus surnaturelles. Cette enfant de douze ans se soumit spontanément au régime le plus austère.

Toute jeune encore, elle se levait la nuit pour vaquer à la prière. (P. 106.)

Se préparer à la sainte communion devint l'affaire principale de sa vie réglée où la prière, les lectures pieuses, la visite au Saint-Sacrement avaient leurs heures marquées. Bientôt même le désir de ressembler à Jésus crucifié lui inspira le goût de la mortification. Elle se munissait d'herbes amères qu'elle mêlait à ses aliments et se levait quelquefois la nuit pour prier.

Cette ardente piété n'enlevait rien à ses qualités naturelles. L'aimable Joséphine, toujours gaie et spirituelle, ne rebutait jamais ceux qui l'approchaient, par l'inopportune sévérité de sa vertu. Rien ne ressemblait moins à la tristesse que l'expression de sa physionomie où le sourire s'épanouissait comme naturellement. Son cœur toujours en fête débordait de poésie. Quoi de plus gracieux que le tableau d'un *jour de communion à la campagne*, que lui inspira plus tard le souvenir de cet heureux temps de sa vie?

« Je mettais sur ma tête un voile blanc, symbole d'innocence, et accompagnée d'une personne d'un âge mûr, je prenais le chemin de l'église, éloignée du lieu que j'habitais. La nature me semblait riante et toute gracieuse. Elle prenait part à ma joie; les oiseaux me gazouillaient des cantiques, les saints anges accompagnaient mes pas. Je descendais légèrement les collines. Les gazons, les fleurs, tout me parlait de mon bien-aimé, me racontait ses charmes, sa bonté et surtout son amour. Lorsque, de loin, j'apercevais le clocher, les murs de l'église, tout en moi tressaillait de joie; des larmes coulaient de mes yeux. Ah! le voilà, ce Dieu anéanti! Pauvre église! Pauvre petit sanctuaire! Que vous renfermez de grandes richesses!... Il est là, cet objet adorable, ce Dieu caché, ce tendre Sauveur! ce père, cet ami tout aimable! Il est là avec toute sa gloire, sa splendeur, sa puissance; il est environné d'une multitude d'esprits bienheureux qui le contemplent et sont ravis d'étonnement, d'admiration et d'amour! Et cependant ce Dieu si saint, si grand, ne dédaigne pas de venir reposer dans un cœur si faible, si misérable, si indigne de lui servir de tabernacle et d'autel!

» Pendant le divin Sacrifice, je priais Marie de préparer mon âme afin qu'elle fût moins indigne de recevoir son divin Fils. J'allais en esprit au pied de la croix me purifier de plus en plus dans le Sang adorable du Rédempteur par l'humilité, la contrition, l'amour et le désir. Au moment de la consécration, Jésus-Christ me faisait sentir sa glorieuse présence d'une manière qui ne se peut expliquer. C'était une majesté devant laquelle le ciel, la terre, tout l'univers n'étaient plus qu'un grain de poussière, un atome, un néant. Lorsque j'entendais le son de la cloche qui m'appelait au festin sacré, j'éprouvais une émotion impossible à exprimer. Ce son m'était plus doux que les concerts des séraphins. Cependant, il retentissait jusqu'au fond de mes entrailles comme le bruit du tonnerre ou le mugissement des vagues agitées par l'orage; car si je sentais une vive joie, je tremblais de crainte; la terreur me pénétrait jusqu'à la moelle des os.

» Au milieu de ces diverses émotions, j'allais à la Table sainte, éperdue, tremblante, hors de moi-même, tombant en défaillance. Lorsque le prêtre me présentait l'hostie sacrée, je sentais la grandeur du Dieu que j'allais recevoir, le néant de la créature. Mais ensuite, ce Dieu si saint, si grand, se montrait si doux, si caressant, qu'il faisait fondre mon âme en amour et en douceur. Avec quelle familiarité il parle au cœur, se met à sa portée, se laisse caresser, aimer par une enfant qui lui parle ainsi qu'elle le ferait avec une mère! »

Un an après la première communion de Joséphine, Mme du Bourg ne voulant plus se séparer de sa fille, la fit instruire, sous ses yeux, par des maîtres choisis avec soin. Mlle du Bourg se livra avec empressement à tous les genres de travaux scientifiques ou littéraires qui lui furent proposés, faisant une part discrète à la musique, au dessin, et aux autres arts d'agrément. Le succès récompensa son ardeur. Mais ses progrès dans la vertu furent plus rapides encore que ses progrès dans les sciences humaines.

Elle s'appliqua à rejeter le poison subtil de la vanité qui se glisse aisément dans les âmes les plus pures, s'efforçant de ne laisser dans son cœur aucun autre désir que celui de plaire à Dieu.

Le divin Maître voulut sans doute hâter l'heure où ce cœur virginal lui appartiendrait sans partage. Il lui demanda le sacrifice de la plus chère de ses affections. Joséphine avait pour Mme du Bourg un culte de tendresse incomparable, et ce sentiment avait acquis d'autant plus de puissance qu'il était plus légitime. L'ardente jeune fille s'était abandonnée à cette unique passion de sa jeunesse avec toute l'énergie de sa vaillante nature. La divine Providence, dans sa miséricordieuse bonté, usa de ménagement et prépara de loin le coup terrible qu'elle allait porter. Plus d'un an avant la crise suprême, la mort sembla planer et répandre son ombre sur Mme du Bourg. L'année s'écoula dans de tristes pressentiments, et, quand sa mère tomba malade au mois de mars 1803, Mlle du Bourg était en proie à de secrètes émotions de piété filiale qui lui présageaient un malheur.

Elle s'établit aussitôt au chevet du lit de sa chère malade, l'entourant, dans ses longues crises, des soins les plus délicats, profitant des heures plus calmes pour fortifier son courage par des lectures bien choisies.

Il semblait que Joséphine, ainsi préparée, dût être disposée à la résignation. Il n'en fut rien, et le terrible événement la surprit comme si elle n'en eût jamais admis la pensée dans son esprit. « Lorsque le danger fut déclaré, nous dit-elle, on porta à ma mère le saint Viatique ; je ressentis une douleur si forte que je ne pus assister à la cérémonie. J'étais dans une espèce de délire qui m'ôtait presque la raison. Lorsqu'on m'eut appris sa mort, je me livrai à une douleur sans mesure. Je ne pouvais faire des actes de résignation. Je dis même dans ces moments si affreux que je ne voulais plus prier la Sainte Vierge, parce qu'elle ne m'avait pas conservé ma mère. Je restai plusieurs jours sans faire des actes de soumission à la volonté de Dieu. Enfin la religion prit le dessus ; je me soumis à cette suprême volonté. »

Ces derniers mots révèlent le dénouement de cette crise violente.

Après que la plus forte de ses affections eut été brisée par la mort, Joséphine comprit que seul l'amour de Dieu pourrait combler le vide immense qui s'était fait dans son cœur. A peine l'eut-elle senti, qu'incapable de s'arrêter à moitié chemin, elle se porta avec son entrain ordinaire à la résolution la plus généreuse. Elle renonça, par la pensée, à toute alliance terrestre, et promit à Jésus-Christ de n'avoir jamais d'autre époux que Lui. Cette promesse, sans être encore un vœu formel, devait être irrévocable.

La jeune orpheline fut laissée d'abord par son oncle et tuteur sous la garde de Marthon Gatgez. La rigide gouvernante présida au ménage et exerça un empire absolu jusqu'au jour où M. Bruno, moins patient que sa pupille, la congédia brusquement, malgré les prières de Joséphine, sincèrement affligée.

Mlle du Bourg vécut alors avec son frère Armand, en qui *elle trouva les sentiments d'un bon père.* Devenu le chef de la famille, le chevalier Armand avait épousé, en 1802, Eugénie, fille du marquis d'Escouloubre. La plus douce intimité s'établit entre les deux belles-sœurs. Mais Joséphine mena désormais une vie très retirée. Agée de seize ans, belle, spirituelle, en possession des biens de la fortune et de la naissance, elle eut assez d'énergie pour se soustraire aux dangers du monde en le fuyant. Sa vertu ne tarda pas à recevoir une précieuse récompense. Il semble, en effet, qu'à partir de cette époque les relations de Mlle du Bourg avec Dieu revêtent, pour ainsi parler, une physionomie nouvelle.

Notre-Seigneur a jusqu'ici prévenu et en quelque sorte poursuivi de ses pressantes sollicitations la généreuse vierge qu'il veut élever au rang de ses épouses choisies. Désormais les rôles paraissent intervertis. C'est Joséphine qui se met à la poursuite de Jésus, devenu l'unique objet de son amour.

Pour l'éprouver, le divin Maître se déroba d'abord à son empressement. Laissée dans un état de trouble et de perplexité, agitée de scrupules sans cesse renaissants, Mlle du Bourg eut à repousser des pensées de découragement et même de désespoir. Une sorte de nuit ténébreuse se répandit sur son âme à peine éclairée par intervalles de faibles lueurs d'espérance qui jaillissaient de l'Eucharistie. Malgré la violence de l'épreuve, son courage plus fort n'en fut pas ébranlé. Notre-Seigneur, vaincu enfin par cette persévérance, se laissa toucher et admit sa courageuse servante à d'ineffables entretiens. Joséphine eut le bonheur d'entendre ce langage divin dont sainte Thérèse, qui le connaissait si bien, a écrit : « Il n'est point sensible aux oreilles du corps; néanmoins, l'âme le perçoit d'une manière plus distincte que s'il lui arrivait par l'ouïe. En vain refuserait-on de l'écouter; car, indépendant de la volonté, il obtient, bon gré, mal gré, une attention parfaite à ce que Dieu veut dire. »

Laissons la parole à notre héroïne. Seule, elle pourra nous redire les transports du premier de ces colloques divins.

« Un jour que j'étais devant le Saint Sacrement, accablée d'ennui et de crainte, tout à coup j'entendis la voix de Jésus-Christ. Il me dit intérieurement ces paroles qui coulèrent dans mon cœur comme un torrent de feu : « Je suis embrasé d'amour pour toi » sans que tu l'aies mérité. »

» Dans l'instant, mon trouble s'évanouit; ma tristesse fut changée en joie ineffable. Je connus, à n'en pas douter, que c'était le divin Sauveur qui avait prononcé ces paroles. Je fus transformée en une autre personne.

» Jésus-Christ ajouta : « Ma fille, je veux faire en toi de grandes » choses. Je te destine à la plus sublime des œuvres, qui est le » salut des âmes. » Il me dit qu'il allait changer ma voie et m'envoyer des croix d'un nouveau genre; qu'après m'avoir purifiée de ce qu'il y avait de plus terrestre en moi, il se communiquerait bien plus intimement à mon âme. »

Ces paroles ramenèrent la paix dans le cœur si profondément troublé de Mlle du Bourg. Ses craintes firent place à la confiance et à l'amour.

Suivant la promesse divine, cette première communication ne tarda pas à être suivie d'une seconde. Le bon Maître se plut à instruire lui-même cette âme docile et généreuse. Quelque temps après, il se plaignit à elle des péchés de scandale et de mauvais exemples. « Ma fille, lui disait-il, on arrache mes enfants d'entre mes bras pour les donner au démon et les précipiter dans les flammes éternelles de l'enfer. » Puis il lui demanda de partager son ardent amour pour le salut des âmes.

Comme les paroles de Jésus-Christ, suivant la pensée de sainte Thérèse, « font ce qu'elles disent et sont à la fois paroles et œuvres », Mlle du Bourg sentit brûler dans son cœur le feu sacré de l'apostolat et fut disposée à travailler toute sa vie pour procurer le salut des pécheurs.

Ce zèle apostolique appelait une autre disposition surnaturelle qui en est le complément nécessaire. Le disciple de Jésus-Christ, qui veut l'aider à sauver les âmes, doit s'immoler avec lui pour satisfaire à la justice de Dieu.

Une troisième fois, la voix intérieure se fit entendre « avec tant de majesté, de puissance et de douceur, dit Joséphine, qu'il était impossible de ne pas reconnaître la voix de Dieu. »

« Ma fille, veux-tu dédommager mon cœur du mépris et de » l'ingratitude des hommes? » Je répondis : « Eh! comment » pourrais-je le faire, moi qui suis la plus misérable et la plus » ingrate des créatures? » Alors Jésus-Christ m'exhorta vivement à unir mes souffrances aux siennes et à me présenter avec lui au Père céleste. Il me fit participer aux douleurs de son agonie. Je ne puis expliquer ce que je sentis alors. »

Cette invitation divine alluma dans le cœur de Joséphine la soif des souffrances et des humiliations. C'est ainsi qu'à l'école du Maître divin, elle monta rapidement les degrés de la perfection et acquit les vertus qui devaient la soutenir dans une vie toute de charité, et d'apostolat....

Jeanne BOUHON [1]

NÉE à Verviers (2), le 2 août 1802, de parents profondément chrétiens, Jeanne Bouhon reçut les soins de la première éducation au foyer domestique et fut placée ensuite, pour compléter son instruction, au pensionnat des Dames Bénédictines à Liège. Ce qui montre la trempe particulière de son esprit, c'est qu'aucune religieuse ne paraissait avoir produit sur elle plus d'impression qu'une simple Sœur converse, du nom de Françoise, qui y faisait les fonctions de portière. Elle avait remarqué dans cette sainte religieuse un esprit vraiment intérieur, auquel elle attribuait toutes ses autres vertus. Plus tard elle aimait à rappeler son humilité, sa patience dans l'exercice d'un emploi que son grand âge devait lui rendre souvent très pénible, sa charité dans les petits services qu'elle aimait à rendre aux pensionnaires, et sa parfaite convenance dans ses rapports avec les enfants, auxquelles elle ne se permettait jamais de dire même une seule parole inutile.

A son retour du pensionnat, Jeanne se distingua par une conduite constamment exemplaire. Douée d'un jugement sain, d'un esprit pénétrant et sûr, elle s'énonçait avec une grande

(1) Extrait de la *Vie de la R. M. Marie-Félicité de Saint-Joseph*, première supérieure des Sœurs de Saint-Joseph au Beauregard à Liège, par le R. P. Pruvost, S. J. (Tongres, Imprimerie de Collet).

(2) En Belgique. — Le nom de baptême de Mlle Bouhon était Jeanne-Marguerite; familièrement on l'appelait *Jeannette*.

facilité et avait en toutes choses beaucoup de tact et de savoir-faire ; mais, en même temps, exempte de toute ostentation et de toute prétention, elle savait éviter la singularité, et sa vertu était d'autant plus solide qu'elle ne laissait rien voir d'extraordinaire à l'extérieur. Sa piété était telle que l'on a pu dire avec vérité que la prière et les sacrements faisaient ses délices. Le dimanche, dit une de ses anciennes compagnes, on la voyait, à tous les offices de la paroisse, édifiant les assistants par son recueillement et sa ferveur. Elle allait, dit un autre témoin, à la première messe où elle communiait, assistait ensuite à la grand'-messe et aux vêpres, et se rendait encore à l'église Notre-Dame à l'heure du salut, à moins que le zèle et la charité ne l'appelassent ailleurs.

Après avoir assisté, le dimanche et les jours de fête, aux offices de l'Église, elle passait presque tout le reste de ces saints jours à recevoir dans sa chambre des ouvrières et d'autres personnes, qu'elle aidait de ses bons conseils et qu'elle encourageait dans leurs peines. Elle leur prêtait des livres et leur distribuait, si elles étaient dans le besoin, des secours matériels, qu'elle ne manquait pas d'accompagner de certains objets religieux, principalement de médailles et de scapulaires.

La vue du monde, avec lequel elle commençait à se trouver en contact, lui inspira le désir de faire à Dieu, dans le secret de son cœur, une donation pleine et entière de son être et de mettre sa pureté sous la protection de la Reine des vierges. Cette consécration de toute elle-même à Jésus-Christ fut si fervente, si absolue que, dès lors, elle concentra en lui toutes ses affections, ne voulant plus vivre désormais que de l'amour de son Dieu.

C'est de cette époque que date un petit écrit, destiné à conserver le souvenir de l'offrande qu'elle avait faite au Seigneur. En voici quelques lignes :

« *A la Sainte Vierge.* — Très Sainte Vierge, ma tendre Mère, daignez garder mes yeux, ma langue, mes sens, mon esprit et mon cœur que j'ai consacrés à Dieu sous votre protection. Par

Elle fit préparer, au milieu d'un bois, un emplacement convenable. (P. 122.)

votre admirable maternité, par votre sainte virginité et par votre Immaculée Conception, ô la plus pure des vierges, purifiez mon cœur et ma chair. Au nom du Père et du Fils et du Saint-Esprit. Ainsi soit-il. »

Jeanne avait pris encore la résolution de renouveler tous les jours ce don d'elle-même à son Créateur, en disant : « La protestation que j'ai faite de vouloir vivre dans la plus grande pureté m'est très agréable; je la renouvelle. J'aime mieux mourir mille fois que d'offenser même véniellement le Dieu de mon cœur. »

Animée de tels sentiments, la vaillante chrétienne manifesta le plus profond mépris pour le monde et ses vanités. Elle portait si loin la simplicité dans ses vêtements qu'on la prenait aisément pour une personne de la dernière condition. Un jour qu'elle dut accompagner ses sœurs dans un petit voyage, la maîtresse de l'hôtel où elles descendirent demanda à l'une de ces dames si la personne qui les accompagnait était leur femme de chambre. On profita de cette aventure pour lui adresser quelques représentations et pour l'engager à faire un peu plus de toilette en d'autres occasions; ce fut peine inutile. Elle recevait de ses parents les mêmes parures et les mêmes bijoux que ses sœurs; mais elle n'en fit jamais usage; toujours elle trouva moyen de les donner à ses sœurs, avec l'agrément de ses parents.

Cependant sa grande simplicité et son admirable modestie ne donnaient que plus de charmes à toute sa personne. Sa retenue pleine de dignité inspirait le respect et une sorte de vénération. Plusieurs jeunes gens des premières familles de Verviers se fussent estimés heureux de pouvoir obtenir sa main. Il y en eut un, possesseur d'une grande fortune, qui fit de fréquentes visites à la famille Bouhon, sous prétexte d'entretenir des relations d'amitié avec M. Hubert, frère de Jeannette; mais cette dernière ne tarda pas à s'apercevoir du véritable motif de ces assiduités, et instruisit, sans délai, le jeune homme du peu de succès qu'auraient ses démarches.

Cette circonstance détermina même Mlle Bouhon à rompre d'une manière plus tranchée avec le monde, et à mettre encore plus de simplicité dans sa toilette. Dès lors elle ne porta plus, l'hiver comme l'été, que des robes de drap noir. Son père lui fit bien quelques remontrances à ce sujet ; mais quand il vit qu'il n'y avait de sa part ni caprice, ni entêtement, et qu'elle était mue par un attrait intérieur venant de l'esprit de Dieu, il ne mit plus aucun obstacle à son attrait. On a d'ailleurs remarqué qu'il n'y avait dans sa mise, toute simple qu'elle était, rien de choquant ou de peu convenable.

Mlle Jeannette savait toujours trouver une raison pour ne pas prendre part aux fêtes qui se donnaient chez ses parents, à l'époque où ses sœurs songeaient à leur établissement dans le monde. C'était tantôt un mal de tête, tantôt un mal d'yeux qui la forçait à se retirer dans sa chambre où, pendant que les autres se divertissaient, elle priait Dieu de conserver toujours ses sœurs dans la pureté et dans l'innocence. Ces dernières connaissaient si bien son éloignement pour tout divertissement mondain, qu'elles faisaient en sorte de ne jamais paraître devant elle en costume de bal.

En lui voyant cette profonde aversion pour les frivolités du monde, qui n'eût reconnu en elle une âme privilégiée du Seigneur ? Mais plus admirable encore était son esprit d'obéissance. Mme Bouhon avait fait tant de fois l'expérience de sa soumission, elle l'avait vue si souvent étudier les moindres désirs de sa mère, afin d'y répondre, qu'elle était obligée de prendre garde à ce qu'elle disait en sa présence, de peur de lui imposer, sans le vouloir, de trop lourds fardeaux.

Mlle Jeannette poussait si loin la soumission et l'abnégation tout ensemble, qu'elle savait se priver de la sainte messe, hormis les dimanches, une semaine, un mois tout entier, pour ne point contrarier les dispositions prises par ses parents.

De leur côté, ces derniers avaient pour elle les attentions les plus délicates et lui témoignaient la plus grande confiance, trouvant bien fait et bien dit tout ce qui venait de sa part. Son père affirmait qu'il se reposait sur elle avec autant de tranquillité que sur lui-même, de tout ce qui regardait sa fabrique et le paiement de ses ouvriers.

Cette fabrique de M. Bouhon où Jeanne passa toute sa jeunesse, devint, pendant plusieurs années, le théâtre d'un zèle aussi actif qu'industrieux, qui contribua souvent d'une manière efficace au salut du prochain. Ce zèle de la pieuse enfant s'exerça tout d'abord sur une jeune fille, nommée Marie-Jeanne, que Dieu avait destinée à lui servir, pendant de longues années, de compagne et d'aide pour ses bonnes œuvres.

Pauvre, faible et maladive, Marie-Jeanne avait été accueillie par charité dans la fabrique de M. Bouhon. La bonne et compatissante Jeannette, qui n'était âgée que de treize à quatorze ans, la prit en affection et l'entoura des soins les plus charitables. Elle poussa la bonté jusqu'à la faire coucher dans sa propre chambre, afin de pouvoir lui prodiguer, même la nuit, les soins les plus dévoués.

Marie-Jeanne se montra reconnaissante envers sa bienfaitrice et mérita, dès lors, de prendre part à toutes ses bonnes œuvres et d'être initiée aux secrets de son inépuisable charité. Également honorée de la confiance de Mme Bouhon, elle ne quitta la maison hospitalière qui l'avait abritée, que pour suivre au couvent sa digne amie et lui rester attachée jusqu'à sa mort en qualité de commissionnaire.

Marie-Jeanne n'était pas la seule ouvrière sous les ordres de Mlle Bouhon. On peut dire en effet de celle-ci que son activité n'admettait point de relâche. Elle avait d'abord à remplir les fonctions de comptable dans la fabrique, ce qu'elle faisait avec une remarquable exactitude. Une autre personne eût trouvé peut-être assez d'occupation à tenir la caisse et à régler les comptes des divers établissements dirigés par M. Bouhon; Mlle Jeannette avait, outre cela, la direction d'un ouvroir complet. Debout dès quatre heures du matin, elle se trouvait à cinq heures à l'atelier. La journée commençait par la récitation du chapelet, et se continuait par le chant des cantiques; le travail ne chômait nullement, et pourtant ce n'était en quelque sorte qu'une prière continuelle. Aux prières et aux cantiques s'entremêlaient des récits instructifs et moraux, auxquels la narratrice savait donner une grâce particulière. Un règlement, connu de toutes les ouvrières, interdisait sévèrement les mauvais discours et les chansons licencieuses. Les divers exercices de piété avaient leurs heures déterminées. Tout se faisait dans un ordre parfait et à la plus grande satisfaction des ouvrières, pour qui la fabrique était devenue véritablement une école de vertu et de piété.

Aussi, dans une mission donnée par les RR. PP. Rédemptoristes à Maëstricht, au mois de novembre 1840, le P. Bernard, homme puissant en œuvres et en paroles, se plut à citer ce qu'il avait vu dans une ville de Belgique, et fit le tableau d'un ouvroir, où une quarantaine d'ouvrières, sous la conduite d'une demoiselle bien jeune encore, mêlaient à leurs travaux les pratiques de la piété chrétienne et retraçaient l'image d'une communauté religieuse. Or, après le sermon, le célèbre missionnaire dit à une personne qu'il avait parlé de Mlle Bouhon.

Ce fut au milieu de ses chères ouvrières que Jeanne reçut une visite qui devait avoir une grande influence sur son avenir. Une personne d'une rare piété, Mlle Félicité Renard, avait fondé à Liège un établissement, dit de Saint-Julien, où elle recevait de pauvres enfants abandonnées, pour les préserver des dangers du vagabondage et leur procurer une éducation convenable à leur condition. Elle fut si édifiée de ce qu'elle avait vu et entendu dans sa visite de l'ouvroir de Verviers que, de retour à Liège, elle fit à son supérieur, M. Groteclaes, doyen de la paroisse, le plus bel éloge de Mlle Bouhon, et dès lors elle conçut le dessein de lui confier un jour la direction de sa maison.

Mais avant de devenir la supérieure de Saint-Julien, Mlle Bouhon avait à exercer, quelques années encore, un véritable apostolat de charité dans sa ville natale.

Sa principale œuvre de zèle consistait à arracher au démon les pauvres âmes qui étaient devenues ses victimes, les jeunes personnes que leurs passions avaient fait tomber dans le désordre. Que de difficultés et de déceptions n'éprouva-t-elle pas dans une telle entreprise! Nombreuses pourtant furent ses conquêtes; et sans doute elle devait le succès autant à ses ferventes prières qu'à son inépuisable charité. Elle attirait également chez elle les jeunes personnes qui revenaient de pension, les aidait de ses conseils, leur prêtait des livres, leur offrait des images pieuses, des formules de prières pleines d'onction, leur faisait examiner sérieusement la grande affaire de leur vocation, leur aplanissait les difficultés qu'elles rencontraient, et l'on peut affirmer qu'un bon nombre de celles qui étaient appelées à une vie plus parfaite, lui durent en tout ou en partie leur admission dans des maisons religieuses.

Elle savait aussi parfaitement discerner les jeunes gens qui, par leurs talents et leur piété, manifestaient de réelles dispositions pour l'état ecclésiastique. Elle leur procurait les moyens d'étudier, leur ouvrait sa bourse, ou bien leur faisait ouvrir celle de sa mère; sa charité les suivait jusqu'au séminaire et même au delà, puisque, pour plusieurs, elle subvenait en partie à leurs premiers frais d'établissement. Les dignes prêtres auxquels elle avait ainsi facilité l'entrée du sanctuaire, n'oubliaient pas leur bienfaitrice; et plus d'une fois, dans la suite, ce fut pour elle un sujet de confusion; car, lorsque ses anciens protégés lui rappelaient les titres qu'elle avait à leur gratitude, elle ne savait que rougir et protester en toute humilité qu'elle n'avait rien fait.

On se demandera peut-être comment Mlle Bouhon pouvait, dans la maison paternelle, se livrer à des œuvres qui entraînaient de pareilles libéralités. C'est qu'elle avait appris de bonne heure à économiser pour les pauvres. Dès sa plus tendre enfance, elle employait au soulagement des malheureux tout ce que ses parents lui donnaient pour ses menus plaisirs.

Arrivée à un certain âge, elle vit s'augmenter sa pension mensuelle. De plus, la grande simplicité de sa toilette diminuait sa dépense personnelle et lui valait aussi de la part de ses parents une compensation en numéraire. Dans la famille Bouhon, où l'équité présidait à tout, chaque enfant devait recevoir sa part exacte de toute chose; et, si le père faisait quelque cadeau à l'un d'eux, tous les autres pouvaient s'attendre à recevoir leur présent. Seule, Jeannette faisait exception, en ce sens qu'au lieu, par exemple, de quelque bijou, on lui en donnait la valeur en argent; de la sorte elle s'était fait un petit capital pour les bonnes œuvres. Elle ne s'en tenait pas là; sa garde-robe devenait une espèce de vestiaire à l'usage des pauvres. Robes, jupons, chemises, tout y passait. Sa libéralité alla si loin que Mme Bouhon, femme d'ordre s'il en fut jamais, interpella un jour Marie-Jeanne pour savoir ce qu'étaient devenus certains vêtements, qu'elle avait fait confectionner en grand nombre pour sa fille et qui avaient presque entièrement disparus. « Je ne puis croire, ajouta-t-elle, qu'il y ait dans ma maison quelque personne peu fidèle. Ne savez-vous rien? » Et Marie-Jeanne fut bien forcée d'avouer que sa jeune maîtresse donnait tout aux pauvres, et que plusieurs fois elle l'avait chargée de porter des paquets à des indigents, tout en lui recommandant bien le secret. Mme Bouhon était trop charitable elle-même pour ne pas admirer la générosité de sa fille.

On sait que Jeannette se dispensait d'assister aux dîners d'apparat qui avaient lieu dans la maison. Elle en recevait pourtant sa part, mais c'était la part de Dieu, et quelque malade ou quelque pauvre ne tardait pas à la recevoir. Il arrivait même que Mme Bouhon, dans ces circonstances, dût donner des ordres à Marie-Jeanne pour que sa généreuse fille ne se passât point de souper.

L'excellente jeune fille avait recours à diverses industries pour obtenir de ses parents la permission de donner des objets de la maison. Ainsi, par exemple, son père se trouvait-il indisposé, elle lui conseillait, dans l'intérêt de sa santé, de boire d'un vin vieux et généreux, et lui faisait voir l'efficacité que le remède avait eue sur tels malades convalescents, ce qui lui valait l'autorisation de distribuer encore quelques bouteilles. Elle fit même si bien qu'on lui permit enfin de disposer de la cave à son gré dans l'intérêt des pauvres malades.

A la suite de la révolution belge, en 1830, il y eut parmi les ouvriers de la ville de Verviers manque de travail et bientôt grande misère, surtout pendant l'hiver qui fut fort rude cette année-là. Mlle Bouhon sut alors payer de sa personne pour subvenir aux besoins des pauvres. Chaque soir, à neuf heures, elle réunissait auprès d'elle un certain nombre de femmes et, jusqu'à une heure avancée de la nuit, on épluchait des légumes, on découpait du lard et l'on préparait ainsi un excellent potage qui, après avoir cuit toute la journée du lendemain, était distribué à plus de cinquante familles indigentes. Deux ou trois ans après, la bonne Jeannette ressentait encore au côté une vive douleur, qui était une suite des efforts qu'elle avait dû faire alors en écrasant les pommes de terre.

Un honnête négociant d'une autre ville eut le malheur de ne pas réussir dans ses entreprises; la faillite fut déclarée; un créancier impitoyable le poursuivit et il y eut prise de corps contre lui et sa fille. Tous deux arrivent un soir à Verviers, où le malheureux père avait une autre fille religieuse chez les Sœurs de Notre-Dame. C'est au couvent qu'ils se rendent pour demander conseil. On cherche, on délibère et l'on ne trouve rien de mieux que de s'adresser à Mlle Bouhon. Vu la gravité des circonstances, une Sœur se rend chez elle, le soir même. Touchée d'une telle infortune, la dévouée Jeannette, avec l'autorisation de ses parents, offre sa propre chambre à la jeune demoiselle, procure un asile à son père chez une personne discrète; elle pourvoit aux besoins les plus urgents de tous deux et, après les avoir tenus quelque temps à l'abri des poursuites, elle finit, en intéressant à leur cause d'autres âmes charitables, par réunir la somme réclamée et par libérer entièrement le digne père de famille.

On assure que plus d'une fois, en recourant à des moyens semblables, elle vint au secours d'honnêtes familles tombées dans l'indigence, auxquelles elle savait ménager l'appui de personnes riches et généreuses.

Une communauté de vues et de sentiments s'était établie entre elle et deux personnes des plus estimées de Verviers, Mlle Clary de Biolley et Mme R. de Biolley. Ces dames dévouées au bien avaient-elles conçu quelque projet, elles réclamaient de la bonne mademoiselle Jeannette le secours de ses conseils et de ses prières; et celle-ci se prêtait de tout cœur à les seconder. C'est ce qui eut lieu notamment lorsqu'on demanda des Sœurs de Notre-Dame pour l'éducation des orphelines; elle prit aussi une part active à l'établissement d'une bibliothèque publique, et à l'ouverture des premières écoles gardiennes, pour lesquelles on institua une réunion hebdomadaire composée de plusieurs personnes pieuses.

On sera peut-être tenté de croire qu'au milieu de toutes ces bonnes œuvres, Jeannette oubliait plus ou moins ceux qui la touchaient de plus près par les liens du sang : il n'en est rien. Comme elle aimait ses parents d'un amour vraiment chrétien, elle désirait avant tout leur salut et étudiait tous les moyens de les porter à Dieu. Elle cherchait à attirer chez elle des personnes d'une piété sincère, voulant qu'ils n'eussent sous les yeux, par suite de leurs relations, que des exemples de vertu. « Elle était, dit un vénérable ecclésiastique, une seconde mère pour ses frères et sœurs qui avaient en elle une entière confiance. » Son plus jeune frère fut l'objet de soins tout particuliers de sa part, et rien ne fut négligé par la vigilante institutrice pour éloigner de lui les jeunes gens dissipés.

Cette charité et ce zèle si éclairés provenaient d'un fond de piété solide et d'une grande union avec Dieu. Comme l'a remarqué une Sœur de Notre-Dame, qui avait été pendant plusieurs années sa fidèle compagne, elle savait, malgré ses nombreuses occupations, trouver du temps pour suivre l'attrait qui l'entraînait au pied des saints autels, et c'est là qu'elle puisait son esprit d'immolation, d'abnégation entière d'elle-même pour le bonheur d'autrui. C'est là aussi qu'elle trouvait la force pour supporter les épreuves, qui ne lui manquèrent point dans le cours de sa vie. On la voyait toujours calme, toujours paisible et d'une douceur admirable avec tout le monde. Sa compagne se rappelle encore avec bonheur divers petits voyages faits avec elle à Liège, à Malmédy et à Namur. Elle la regardait comme son ange gardien. Jeanne en effet ne manquait pas de la conduire dans les églises, dans divers couvents et chez de pieux ecclésiastiques.

On peut signaler aussi, en témoignage de son amour pour Dieu et pour le prochain, le nombre prodigieux qu'elle répandit de petites feuilles volantes, contenant des litanies, des prières et des pratiques de piété, et sur lesquelles elle ne manquait jamais d'écrire : « Loué soit Jésus-Christ » ou bien : « J. M. J. » Sa main traça donc bien des milliers de fois le nom sacré qu'elle portait dans son cœur. Elle avait fait imprimer en grands caractères sur des pancartes cet hommage rendu à notre divin Maître : *Loué soit Jésus-Christ*. Elle les répandit dans les familles de Verviers; et aujourd'hui encore on pourrait trouver, dans plusieurs maisons de cette ville, des chambres ornées de gravures religieuses données par elle.

On n'a pas perdu non plus le souvenir des chapelets qu'elle donnait en grand nombre; car, toute jeune encore, elle consacrait une partie de l'argent dont elle pouvait disposer à acheter du laiton, avec lequel elle façonnait de ses petites mains des chapelets, qu'elle était heureuse de distribuer, unissant déjà l'aumône spirituelle à l'aumône matérielle pour communiquer aux autres l'esprit de piété qui l'animait.

Autant elle cherchait à faire louer Dieu, autant elle s'efforçait, selon son pouvoir, d'empêcher que sa divine majesté ne fût offensée. Plus d'une fois elle envoya Marie-Jeanne acheter des gravures indécentes, afin de les brûler et d'ôter une occasion de mauvaises pensées aux ouvrières, qui les voyaient étalées aux vitrines. (1) Elle en usait de même pour les mauvais livres. Dans un voyage qu'elle fit avec un de ses frères, ayant trouvé à l'hôtel un mauvais livre oublié sur la table de sa chambre, elle n'hésita point à le mettre en pièces et à en emporter les fragments, qu'elle cacha du mieux qu'elle put sous ses vêtements.

D'après le sentiment d'un R. P. Rédemptoriste, qui l'a connue dès sa jeunesse, Dieu la prépara de loin, par des croix multipliées, aux grandes choses qu'il voulait lui faire opérer pour sa gloire. Elle était d'une santé fort délicate, et l'on peut dire qu'elle a été souffrante depuis son retour de pension jusqu'à sa mort. Souvent elle fut retenue soit à la maison, soit même au lit, par des maux d'yeux, des fluxions de poitrine ou d'autres indispositions, mais sa patience et sa résignation ne se démentirent jamais. La joie qui brillait sur son visage indiquait assez combien elle aimait à souffrir à l'exemple de son divin Maître. « Dieu le veut ainsi, disait-elle, c'est pour notre plus grand bien. » Et elle se tenait en repos.

Les maladies lui procuraient un autre avantage : celui de pouvoir rester dans la solitude; car la retraite avait toujours eu pour elle beaucoup d'attraits; mais, même alors, son zèle ne lui permettait pas de rester inactive : elle faisait des chapelets, écrivait des prières, et se livrait à d'autres petits travaux, qui avaient pour objet le bien des âmes.

L'ecclésiastique qui la dirigea pendant dix à douze ans, parla très souvent d'elle avec la plus grande estime à une de ses compagnes, et cette dernière ne doutait pas qu'ayant rencontré dans sa pénitente une âme d'élite, le digne prêtre ne l'eût poussée vers la perfection à laquelle Dieu l'appelait. Mlle Bouhon savait qu'il est bon de ne pas changer souvent de directeur, et elle était sûre de trouver dans le sien toute la fermeté qu'elle pouvait désirer, de même que les conseils nécessaires à son avancement.

(1) Ce moyen n'est pratique qu'autant que l'on peut obtenir du marchand qu'il renoncera à la vente ou au moins à l'étalage de ces gravures et de ces livres pernicieux; sans cela, on ne ferait que perdre son argent et favoriser davantage encore cette propagande infernale par le concours indirect qu'on lui prêterait.

La vie que Mlle Bouhon menait dans le monde était certes bien parfaite; cependant cette âme aspirait à quelque chose de plus parfait encore. Elle avait compris de bonne heure cette parole du divin Maître : « Celui qui ne renonce pas à tout ce qu'il possède, ne peut être mon disciple. » Aussi, dès sa première jeunesse, avait-elle conçu le désir d'embrasser la vie religieuse. Elle en fit même le vœu, en cas de guérison, à une époque où elle était affligée d'une ophtalmie persistante. Guérie après six semaines de souffrances, elle n'eut garde d'oublier sa promesse. Mais Dieu, qui avait sur elle des vues toutes particulières, permit que, pendant bien des années, elle se vît forcée de différer l'exécution de ce pieux dessein, et il ne lui fit clairement connaître sa sainte volonté qu'au moment même où sa divine Providence en avait marqué pour elle l'accomplissement.

Nous avons nommé déjà une très pieuse personne de Liège qui s'était vouée à toutes les œuvres de l'apostolat laïque, Mlle Renard. Le zèle de cette fervente chrétienne ne se bornait pas aux enfants pauvres qu'elle avait recueillies dans l'ancien hospice Saint-Julien; elle avait eu l'heureuse idée d'instituer, dans un quartier séparé de sa maison, des retraites spirituelles, auxquelles elle conviait, chaque année, des jeunes personnes de Liège et de la province. Mlle Bouhon s'y rendit, dès la première fois qu'eurent lieu ces saints exercices. Elle ne se doutait guère qu'il y eût là un dessein tout particulier de la divine Providence à son égard; c'était pourtant ainsi que Dieu la mettait en relation avec celle dont elle devait un jour recueillir la succession spirituelle, et qu'il lui faisait peu à peu connaître l'œuvre qu'elle était appelée à diriger et à développer pour sa plus grande gloire.

Pendant les retraites de Saint-Julien, Jeannette se faisait remarquer par sa piété, son humilité, sa simplicité, et son zèle à s'employer à toute espèce de bonnes œuvres. Lorsqu'on prenait la récréation, la plupart des jeunes personnes se groupaient autour d'elle, attirées et captivées par l'aménité de ses manières et le charme de sa conversation. Elle en profitait pour les porter à Dieu, et tous ses discours roulaient sur des matières édifiantes. Elle aimait à mettre en circulation et à faire tirer au sort divers billets contenant des pratiques de dévotion au Sacré-Cœur de Jésus. Elle allait aussi près des jeunes enfants afin d'écrire des sentences à leur usage, et de confectionner des chapelets ou de petites couronnes de douze *Ave Maria,* que l'on recevait de sa main avec bonheur.

A la fin d'une de ces retraites, M. Dehesselle, alors président du séminaire de Liège et plus tard évêque de Namur, fit remarquer aux dames retraitantes que la pauvre chapelle de Saint-Julien n'avait qu'un simple ciboire, et qu'elles feraient une œuvre agréable à Dieu en procurant à ce sanctuaire un ostensoir convenable, qu'elles reverraient avec plaisir, chaque année, à l'époque de la retraite. Il ajouta qu'une collecte aurait lieu dans ce but le lendemain. Une telle proposition devait sourire à Mlle Bouhon, surtout parce qu'elle venait d'un homme qui possédait sa confiance, car c'était à M. Dehesselle qu'elle se confessait, lorsqu'elle se trouvait à Liège; mais hélas! tout l'argent apporté de Verviers avait déjà été employé en bonnes œuvres. Que faire donc? elle jeta les yeux sur la chaîne d'or de sa montre; c'était, il est vrai, un souvenir de sa grand'mère; mais comme il s'agissait de l'honneur de Dieu, elle n'hésita point et porta la chaîne à Mlle Renard, en lui exprimant le regret de ne pouvoir offrir davantage. Elle était alors bien éloignée de croire que ce serait elle-même qui, devenue supérieure de Saint-Julien, procurerait à la chapelle cet ostensoir, pour lequel on ne recueillit point en ce moment une somme suffisante.

Mlle Renard, que ce trait de générosité avait grandement édifiée, songeait toujours à laisser son œuvre entre les mains de la bonne demoiselle de Verviers, lorsque, le dernier jour de la retraite de 1833, elle apprit dans un entretien confidentiel son projet d'entrer en religion chez les Sœurs de Notre-Dame. Elle la pria d'attendre encore quelque temps, la croyant, disait-elle, appelée par Dieu à mener une vie très pauvre; elle lui confia même le projet qu'elle avait conçu d'établir bientôt une communauté religieuse, qui se dévouerait à l'éducation des enfants et au soin des malades.

Quelles que fussent l'estime et l'affection que Mlle Bouhon avait pour la vénérable fondatrice de Saint-Julien, elle n'en resta pas moins fidèle à son premier projet d'entrer chez les Sœurs de Notre-Dame. Elle ne voulait point sans doute mériter le reproche d'inconstance. Cependant sa peine était grande à ce sujet; car elle ne prévoyait pas pouvoir obtenir la permission de son père, et d'autre part son affection pour ses parents était si forte que, malgré son vif désir de se donner toute à Dieu dans la vie religieuse, elle en venait parfois à désirer quelque peu d'être retenue par ses directeurs au sein de sa famille.

En 1834, la Révérende Mère Saint-Joseph, supérieure générale des Sœurs de Notre-Dame se rendit à Verviers pour faire la visite de la maison de ses filles. Mlle Jeannette eut avec elle un entretien, dans lequel il fut convenu qu'on la recevrait dans la Congrégation tant qu'elle n'aurait pas l'âge de trente-trois ans, mais que cette limite dépassée, elle ne pourrait pas y être admise. Agitée entre l'espoir et la crainte, la pieuse fille était dans l'angoisse; elle ne pensait pas obtenir de sitôt le consentement de son père, et ce ne fut point sans douleur qu'elle vit, cette même année, partir pour le noviciat celle de ses amies qu'elle avait, trois ans auparavant, accompagnée à Namur. Il lui restait pourtant quelque espoir; déjà même elle commençait ses préparatifs de départ, et elle s'était procuré, par l'entremise de son amie, la liste des objets qu'elle devait emporter.

Sur ces entrefaites, les RR. PP. Rédemptoristes vinrent donner à Verviers les exercices d'une mission. Mlle Bouhon s'adressa pour sa confession au R. P. de Held, et lui parla de sa vocation et des obstacles qu'elle rencontrait. Le Père l'engagea à consulter le T. R. P. Passerat, vicaire-général de la Congrégation, qui faisait partie des missionnaires, et qu'il lui dépeignit, non sans raison, comme un véritable saint. Elle obéit à cet avis, alla trouver l'homme de Dieu, lui exposa sa vie antérieure, ses aspirations à la vie religieuse, sa position à Verviers, et le peu d'espoir qu'elle avait de gagner son père. Le confesseur resta quelques instants en silence; puis, du ton d'un homme inspiré, il lui dit : « Fuyez, ma fille, fuyez au plus tôt; quittez le monde; le bon Dieu vous veut toute à lui; franchissez tous les obstacles pour vous rendre où sa volonté vous appelle. Ne craignez rien, Dieu vous soutiendra dans les peines et les difficultés que vous aurez à essuyer; mais hâtez-vous. »

Cette décision si absolue et donnée dans des termes si pressants ne fit pourtant, chose étrange, qu'augmenter l'anxiété de la sainte fille. Mais l'événement ne devait pas tarder à prouver que l'éminent religieux avait été l'interprète de la volonté divine. En effet, la mission de Verviers avait eu lieu au commencement de novembre. Or, le 13 du même mois, Mlle Clary de Biolley envoya prier Mlle Bouhon de vouloir bien l'accompagner le lendemain à Liège pour faire visite à Mlle Renard, qui se trouvait malade. La bonne Jeannette était de nouveau, par suite de ses largesses, tellement dépourvue de ressources qu'elle refusa d'abord de prendre part au voyage; toutefois, sur le conseil que son père lui donna d'aller voir une dernière fois son amie, elle engagea sa parole pour le lendemain. On partit donc le 14, et, après quelques accidents, qui firent presque soupçonner aux bonnes demoiselles que le démon s'était mis de la partie pour entraver leur voyage, on arriva à Saint-Julien où Mlle Renard fut tout heureuse de voir arriver Mlle Bouhon. Ce ne fut pourtant que le 15 qu'elle put lui demander un entretien particulier, à la grande surprise de Mlle de Biolley, confidente ordinaire de tous les secrets de la malade.

Une fois seule avec son amie, Mlle Renard lui dit : « Mlle Jeannette, j'ai une grâce à vous demander... je vais mourir.... Venez ici prendre ma place et continuer ce que j'ai commencé. » Inutile de dire quelle fut la stupeur de Mlle Bouhon et combien son humilité fut alarmée d'une pareille proposition. Elle la rejeta vivement, disant avec ingénuité qu'elle n'entendait rien au gouvernement d'une maison, et qu'elle était tout à fait incapable de faire ce qu'on lui demandait. Mlle Renard lui répliqua qu'elle s'était, elle aussi, trouvée dans une semblable situation; « mais ne craignez rien, ajouta-t-elle, vous ne serez pas seule; les supérieurs sont là pour vous aider, et le bon Dieu surtout viendra à votre secours; c'est Lui qui a tout fait jusqu'ici.

— Et comment pourrai-je parler de cela aux supérieurs? dit Mlle Bouhon, et que diront-ils?

— Ma chère demoiselle, répondit Mlle Renard, les supérieurs connaissent la demande que je vous fais; promettez-moi seulement d'exécuter ce qu'ils vous demanderont. » Nouvelle objection : « Et comment pourrai-je obtenir la permission de mon père? c'est impossible.

— Ma chère demoiselle, promettez-moi de faire ce que vous pourrez pour l'obtenir.... »

Mlle Bouhon resta quelques instants en silence, écoutant les observations que la malade continuait de lui adresser; enfin elle répondit :

« Mademoiselle, je ferai ce que je pourrai pour venir.

— Je suis contente, s'écria Mlle Renard, je mourrai tranquille sur le sort de mes pauvres enfants, et au ciel je prierai pour vous. »

Elle insista pour que son amie ne la quittât point, et comme celle-ci, forcée de retourner le jour même, lui promettait de revenir la voir, le mercredi de la semaine suivante : « Mercredi, soupira-t-elle, il sera trop tard, je ne serai plus, » et enfin, voyant que ses instances étaient inutiles : « Adieu, ma chère demoiselle, nous ne nous reverrons plus; priez pour moi. »

De retour à Verviers, Mlle Bouhon communiqua à sa mère ce qui s'était passé. Celle-ci lui conseilla de n'en point parler et d'attendre les événements.

Cependant, le 16 novembre, la vénérable fondatrice de Saint-Julien recevait les derniers sacrements et le lendemain, qui était le lundi, elle s'endormait paisiblement dans le Seigneur, après avoir fait à Dieu le sacrifice de sa vie et lui avoir confié, avec un parfait abandon, l'avenir de sa chère famille. Ce fut à neuf heures du matin qu'elle expira. Au même moment, Mlle Bouhon, qui se trouvait dans sa chambre à Verviers, entendit un long

VUE DE LANGRES. (P. 216.)

gémissement et reconnut si clairement l'accent de la voix de son amie qu'elle dit aussitôt : « Mademoiselle Renard, je vous promets que je ferai tout ce que je pourrai pour y aller ; »

et à l'instant le gémissement cessa.... Elle ne douta nullement qu'elle dût apprendre, le jour même, la nouvelle de la mort de son amie. En effet, dès le soir, elle recevait de Mlle de Biolley la communication d'une lettre où l'on annonçait que Mlle Renard avait cessé de vivre, précisément à l'heure où l'étrange gémissement s'était fait entendre.

Après la cérémonie funèbre qui eut lieu le mercredi, M. Dehesselle pria Mlle de Biolley de venir le trouver dans l'après-midi avec Mlle Bouhon. Toutes deux se rendirent à l'invitation. Elles y rencontrèrent les trois supérieurs ecclésiastiques de Saint-Julien. M. Dehesselle, s'adressant à Mlle Bouhon, lui demanda si elle acceptait la proposition que Mlle Renard lui avait faite. L'humble fille objecta tout d'abord son incapacité. On lui dit de ne rien craindre : Dieu serait son aide et, dans le ciel, elle aurait une protectrice qui certes n'oublierait pas de prier pour son œuvre. A la raison de son admission chez les sœurs de Notre-Dame, on répondit qu'elle procurerait plus de gloire à Dieu en concourant au maintien d'un établissement de charité naissant, qu'en s'agrégeant à un institut, dont l'existence était depuis longtemps assurée. Mlle de Biolley se joignit aux trois ecclésiastiques pour vaincre les résistances de la pauvre Jeannette, à qui son humilité suggérait sans cesse de nouvelles objections. La séance fut fort longue, et la difficulté d'obtenir le consentement de Mlle Bouhon restait comme unique et dernier obstacle ; enfin elle céda et promit qu'elle ferait tout ce qui était en elle pour se rendre au poste qu'on lui assignait. Au même moment les trois prêtres tombèrent à genoux, et le vicaire-général se mit à réciter en latin des prières auxquelles les deux autres répondirent. On comprendra facilement quelle impression cette scène dut produire sur Mlle Bouhon ; elle fut comme hors d'elle-même jusqu'au moment où on lui donna la bénédiction, mais elle sentit, en se relevant, toutes ses difficultés aplanies.

Les deux fidèles compagnes ne tardèrent pas à se rendre, sur l'invitation de M. Dehesselle, chez l'évêque diocésain, Mgr Van Bommel, qui les reçut avec bonheur. Il leur fit un grand éloge de Mlle Renard, et leur dit entre autres choses que, dès la première fois qu'il l'avait vue, son angélique figure l'avait frappé et qu'il la regardait comme une sainte; après quoi il donna sa bénédiction à la future supérieure de Saint-Julien et la pria de ne pas tarder à venir prendre la place de la vénérable défunte.

De retour à Verviers, Mlle Bouhon fit à sa mère un récit exact de tout ce qui s'était passé. Elle savait que, de ce côté, elle n'avait que des encouragements à attendre. Mme Bouhon connaissait depuis longtemps la vocation de sa fille, mais elle prévoyait une grande opposition de la part de son mari. Elle pensa d'abord qu'il fallait attendre une occasion favorable, de peur qu'un premier refus ne forçât à retarder pour longtemps une seconde demande. Quant à la première démarche, elle n'osait s'en charger. Mlle Jeannette ne savait non plus comment s'y prendre. Tout à coup la bonne dame, se ravisant, fixa le dimanche suivant pour communiquer à M. Bouhon le dessein de sa fille. Ils avaient coutume ce jour-là, pendant que leurs enfants étaient à la promenade, de se réunir à cinq heures de l'après-midi, pour conférer de leurs affaires et se délasser dans une tranquille conversation. Seuls d'abord pendant quelque temps, ils appelaient ensuite Jeannette, qui ne sortait point, et elle venait prendre part à l'entretien.

Le 23 novembre, la réunion eut lieu comme de coutume ; Mlle Bouhon était à son prie-Dieu, partagée entre la crainte et l'espérance; une heure bien longue, une véritable heure d'angoisse allait se passer pour elle. Sa mère, de son côté, n'était guère plus à l'aise et ne savait comment entamer le sujet principal de l'entretien, lorsque son mari rompit le premier la glace en lui demandant ce qu'avait sa fille, et pourquoi elle se montrait si triste depuis son entrevue avec Mlle Renard.

Mme Bouhon le mit aussitôt au courant de tout. L'excellent homme se mit à pleurer et à sangloter, sans dire une parole.

Mme Bouhon lui fit observer que depuis longtemps il avait dû s'apercevoir que sa fille n'aspirait qu'à entrer dans un couvent. M. Bouhon en convint aisément, mais il avait toujours cru que sa fille attendrait, pour réaliser ce dessein, l'époque de sa mort. La conversation se prolongea; enfin, après une heure d'attente, un coup de sonnette fut donné : c'était le signal par lequel on avait coutume d'appeler la jeune fille. Saisie d'abord, elle se leva résolument et se sentit tout à coup une force extraordinaire. Elle trouva sa mère en silence, et son père, la figure dans les mains, pleurant et poussant des gémissements par intervalles; ce fut lui qui prit le premier la parole : « Ma fille, lui dit-il, je croyais que vous auriez attendu jusqu'après ma mort pour vous faire religieuse. » Alors elle commença à lui exposer le désir qu'elle avait depuis longtemps d'entrer en religion, et la demande qu'on venait de lui faire. Il l'interrompit par ces mots : « Votre mère m'a tout dit; je voyais, depuis bien des années, que vous finiriez par entrer au couvent; j'espérais pourtant que vous auriez été mon bâton de vieillesse et que vous seriez restée pour recevoir mon dernier soupir.

— Mon père, lui répondit Mlle Jeannette, je ne vous quitterai que pour faire la volonté de Dieu; je vous en prie, ne me refusez pas votre consentement.

— Ma fille, déclara le père, j'y réfléchirai; et dans trois jours vous aurez ma réponse. »

Mme Bouhon était restée en silence, mais elle priait pendant que sa fille parlait. Celle-ci demeurait calme et tranquille, pendant que son père continuait à pleurer et à sangloter. Elle avoua plus tard qu'elle ne savait comment elle avait pu rester si longtemps dans cet état, elle qui aimait tant son père, mais c'était, disait-elle, pour faire la sainte volonté de Dieu. Enfin son père lui dit : « Retirez-vous, ma fille, vous avez fait à mon cœur une plaie qui ne se guérira jamais. »

Elle sortit de l'appartement et alla se remettre en prière ; mais à peine eut-elle commencé à remercier le Seigneur, que la force qui l'avait animée jusqu'alors l'abandonna tout à coup, et elle commença à verser un torrent de larmes. Elle se sentait le cœur déchiré par suite de tout ce qu'elle venait de voir et d'entendre et elle ne pouvait plus que répéter ces paroles : « Mon Dieu ! mon Dieu ! c'est pour faire votre volonté ! » C'est ainsi qu'elle passa toute la soirée et une partie de la nuit ; mais le lendemain, elle sut faire bonne contenance, et ne dit mot de toute l'affaire les trois jours suivants, pendant lesquels son père resta plongé dans l'affliction, tandis que sa mère l'encourageait par l'espoir du consentement désiré.

Bon chrétien et bon père de famille, M. Bouhon n'était pourtant pas insensible à l'honneur tel que l'entend le monde. Il était flatté du choix qui avait été fait de sa fille et par Mlle Renard et par Mgr l'évêque de Liège. Cette considération balança dans son cœur le vif amour qu'il avait pour son enfant et, jointe aux motifs de la foi, elle finit par le décider. Le troisième jour, il appela sa fille, lui dit qu'il ne pouvait s'opposer à la volonté de son évêque, qu'il lui donnait donc, bien qu'avec douleur, son consentement ; mais qu'il exigeait, comme épreuve, un séjour d'une semaine à Saint-Julien.

On apprit à Saint-Julien la bonne nouvelle de l'acquiescement de M. Bouhon à la demande de sa fille, le dernier jour de la neuvaine qui se faisait à cette intention. Grande fut la joie de toute la communauté, mais l'allégresse fut au comble quand la future supérieure arriva au mois de décembre. On eût bien voulu la retenir ; elle fit comprendre qu'il lui était impossible d'accéder à ce désir ; mais elle promit son retour pour le mois de janvier et alla raconter à son père la belle et sympathique réception qu'on lui avait faite. M. Bouhon s'en montra très satisfait ; il voulut pourtant différer le départ jusqu'au 25 janvier, jour désigné pour le mariage d'une autre de ses filles ; Mlle Jeannette obtint qu'il fût fixé au 14, jour de la fête du saint Nom de Jésus.

Jusqu'à cette date elle eut encore quelques combats à soutenir et quelques reproches à essuyer, surtout de la part de son futur beau-frère; mais elle n'en fut nullement ébranlée. Seulement elle tint à faire constater par ses parents qu'elle ne partait point contre le gré de son père. Un dîner de famille devait avoir lieu le dernier dimanche avant son départ. Quand tous les enfants furent réunis, après le *Benedicite*, elle resta seule debout et fit comprendre, d'un geste, qu'elle voulait parler; puis soudain, elle se jeta aux genoux de son père et lui dit :

« Si je voulais me marier, feriez-vous quelque opposition?

— Je n'en ferais pas, répondit-il, à moins que le parti ne fût pas convenable.

— Dans ce cas, reprit Jeannette, laissez-moi suivre ma vocation. »

Tous les témoins de cette scène en furent émus jusqu'aux larmes et le consentement demandé fut donné de nouveau en présence de toute la famille.

La veille de son départ, cet ange de la piété filiale, qui avait toujours eu tant de respect et d'affection pour ses parents, alla les trouver dans leur chambre et leur demanda, à genoux, pardon de toutes les peines qu'il leur avait causées. Son père lui répondit en pleurant : « Ma fille, je n'ai rien à vous pardonner; vous ne m'avez jamais fait aucune peine; vous avez été toujours pour moi une enfant de consolation. » Il ajouta qu'il ne lui donnait qu'à regret son consentement, et qu'il irait la voir dans quelques semaines avec sa mère pour la ramener à Verviers, si elle n'était pas heureuse.

Le 14 janvier 1835, de bon matin, Mlle Bouhon alla recevoir la sainte communion à l'hospice des vieillards; puis elle quitta Verviers pour se rendre dans la maison de Saint-Julien. Son avenir était irrévocablement fixé; sa rupture avec le monde à jamais consommée.

Antoinette DESHAYES [1]

IDIÈRE-ANTOINETTE, née le 25 septembre 1811 à Chaumont en Bassigny, était l'aînée des trois enfants de Nicolas-Antoine Deshayes et de Marguerite Sarcey; une sœur et un frère lui survécurent.

Ses parents, jardiniers de profession, habitaient une maison simple, d'assez bonne apparence cependant, environnée d'un grand jardin et située au faubourg de Notre-Dame de Lorette.

La propreté faisait tout le luxe de l'habitation; la simplicité, l'amour du travail, l'économie et la crainte de Dieu s'étaient donné rendez-vous sous le toit modeste de l'ouvrier, pour en faire le séjour de la paix et du peu de bonheur qu'il est possible de goûter en ce monde. Si la fortune n'y versa point l'abondance, jamais non plus le besoin ne s'y fit sentir, et la ménagère de ce foyer chrétien savait encore trouver des ressources pour soulager quelques-unes des misères qui se rencontrent sur tous les chemins de la vie.

Les regards de la petite Antoinette demeurée seule dans son berceau pendant les heures nécessaires du travail de ses parents, tombaient sur le crucifix suspendu à la cheminée, entre les images de la Vierge Marie et des saints patrons qui décorent ordinairement la demeure des chrétiens, puis ils se reportaient

(1) Extrait de sa *Vie* par l'abbé L.-F. Garnier, du diocèse de Langres.

sur la figure souriante de sa mère qui, revenue de ses occupations, la contemplait à son paisible réveil.

Cette mère dévouée lui prodigua les soins qu'inspire une tendresse éclairée, sans l'accabler de ces précautions qui nuisent au développement et à la vigueur de l'enfant. Il semble qu'en voyant naître et grandir sous le travail intelligent de son mari les fleurs qui bordaient les plates-bandes du jardin, Mme Deshayes comprît ce qu'il fallait à sa fille : une nourriture saine, la propreté, la liberté, de l'air avec du soleil. Que d'enfants trop favorisés par la fortune n'ont pas cette solide éducation et paraissent plutôt végéter que vivre au milieu de soins superflus !

La journée finie et le repas du soir terminé, pendant que la mère préparait le petit lit de la fillette, le père prenait sur ses genoux son chérubin, le balançait doucement en lui chantant de naïfs couplets et recueillait une moisson de baisers sur ces joues empourprées et ce front plus frais que les roses de son jardin ; la maman la prenait à son tour, joignait ses petites mains, lui faisait bégayer les noms de Jésus, de Marie et de Joseph, la prière au bon ange, puis la portait à moitié endormie dans sa couchette qu'elle aspergeait d'eau bénite pour en écarter les pièges du démon. On l'a dit bien des fois : les premiers sentiments déposés dans le cœur et les premières impressions jetées dans l'âme d'un enfant par une mère, ne s'effacent jamais. La mère est destinée à former le chrétien dans ce petit être baptisé, à lui donner cette robuste constitution spirituelle qui le préparera à soutenir les assauts de Satan et de ses tristes satellites. C'est ce que nos pères appelaient : *sucer la foi avec le lait;* parole d'un grand sens et d'une admirable vérité. Aussi, l'enfant qui ne trouve pas la foi autour de son berceau ni sur les lèvres de sa mère ne sera-t-il chrétien que par miracle.

Le moment est venu où va se révéler le caractère d'Antoinette. Elle n'est point colère, ni vive, ni pétulante et semble au contraire « prévenue des bénédictions de la douceur. » Cependant elle n'est point exempte de défauts, car on entend parfois la mère dont la voix est sonore et sévère, prendre un ton sec et menaçant, lorsqu'Antoinette ne respecte pas suffisamment les fleurs du jardin

Le jour de la première communion fut un jour de fête. (P. 205.)

et surtout les fruits qui pendent aux espaliers. Le père plus indulgent en est fort attendri, et cherche à excuser la petite délinquante, mais il le fait doucement et semble craindre d'attirer l'orage maternel de son côté. Antoinette se repent et promet de ne plus recommencer; elle est rouge, baisse les yeux, embrasse maman et s'en va en silence un peu plus du côté de papa. Antoinette est vraiment une bonne fille et ses parents ont grandement raison de l'aimer beaucoup.

Les années se succèdent; Antoinette a six ans : elle caresse sa sœur et voltige autour du petit frère que Dieu lui a donné. Hélas! voilà toùt son bonheur empoisonné; il lui faut aller en classe, la maman l'a dit!... Va, chère petite, prends panier, tablettes et livres, suis le chemin de la classe, docile à ta mère dont la tendresse s'ingénie à couvrir de fleurs ce sentier si aride. Tu as versé plus d'une larme le long de ce dur sentier.

Antoinette fit ses premières et ses dernières armes chez les Sœurs de la Providence de Langres établies depuis peu à Chaumont. Ces dévouées institutrices de la jeunesse surent adoucir les premières amertumes du fruit de la science pour Antoinette, de sorte que celle-ci finit par aller chez elles sans trop de regret. Elle fréquenta leur classe durant sept ans.

Nous n'avons point de détails sur ces jours monotones qu'elle passa sur les bancs de l'école; ne sont-ils pas les mêmes pour tous et les rappeler n'est-ce pas rappeler nos douleurs? Cependant nous pouvons dire que les travaux de notre écolière ne furent pas sans gloire, puisqu'elle revenait tous les ans chargée de couronnes.

Ses connaissances n'étaient pas fort étendues et l'on pourrait trouver des défauts dans son style, même des fautes d'orthographe dans les innombrables lettres qu'elle écrivit plus tard aux personnages distingués comme aux plus humbles enfants du peuple. Antoinette à douze ans savait lire, écrire, comprendre et réciter son catéchisme, faire les quatre règles, coudre, mettre de l'ordre dans ses petites affaires, prier le bon Dieu, aimer ses frères, honorer les auteurs de ses jours, et surtout soulager ceux qu'elle voyait dans la peine. Elle ignorait absolument la musique, le dessin, la broderie et mille autres choses qui conviennent sans doute aux demoiselles de grande maison, mais qui sont plus funestes qu'utiles aux filles du peuple, dont la vie doit se passer dans les occupations les plus communes.

C'est vers cette époque qu'Antoinette fit sa première communion.

Dire qu'elle s'y prépara longtemps et la désira de tous les désirs de son âme, c'est chose superflue, car nous connaissons déjà le caractère naturellement religieux et l'éducation toute chrétienne de la jeune fille. La première communion fut le couronnement de la première époque d'une vie où le mal n'était point entré, ou mieux l'épanouissement de la grâce baptismale conservée jusqu'au plus beau des jours, au jour du suprême bonheur de la terre.

Ce jour trois fois béni dans lequel Antoinette, en parfaite connaissance de cause, se donna elle-même au Dieu de son âme en ratifiant les promesses de son baptême, fut le 9 mai 1823. Ah! de quels parfums ineffables est embaumée l'âme innocente d'un enfant par la première entrée du Seigneur Jésus! De quelles délices incomparables elle est inondée par cette visite longtemps attendue! Et qu'il est bon, qu'il est suave, le ressouvenir de ces heureux instants, lorsque sur la fin de la carrière, on reporte son regard fatigué vers ce jour lointain de la première communion, passé si vite et pour jamais; lorsqu'on revoit cette lumière brillante et douce qui l'illumina tout entier; lorsqu'on écoute encore la voix intérieure du bien-aimé Jésus dire avec amour : *Enfant, donne-moi ton cœur*, et la réponse qu'on lui fit naïvement et en toute sincérité : Oui, Seigneur, je vous donne mon cœur et vous le donne pour toujours!...

Les jeunes chrétiennes qui ont communié dans les dispositions de notre Antoinette comprendront ces lignes; elles seront un mystère pour celles qui n'ont pas eu le même bonheur.

Le jour de la première communion fut un jour de fête pour la famille. Le père mit ses habits solennels et pleura à l'église; la mère regarda sa fille vêtue de la robe blanche avec une joie mêlée de regret; la sœur enviait la couronne des jeunes communiantes, et le petit frère disait fièrement : Moi aussi, je ferai ma première communion quand je serai grand....

Antoinette fut la reine du jour, fêtée, embrassée avec tendresse et respect, parce qu'elle avait apporté Dieu au sein de sa famille dans le tabernacle de son cœur. La table aussi fut ce jour-là plus splendide et les primeurs du jardin y parurent en grande pompe. Les parents et quelques amis prirent part au festin ainsi qu'à la joie pure et sans mélange de la famille Deshayes, et, le soir même, fut suspendue à la muraille l'image encadrée qui rappelle la date fortunée de la première communion de Didière-Antoinette, et se conserve encore, à l'heure où nous écrivons, comme une relique dans la famille.

Antoinette occupa la place d'honneur selon la vénérable coutume des chrétiens, mais rassasiée du Pain de la sainte Eucharistie, elle mangea peu et resta tout le jour remplie de ses chères émotions, et conversant intérieurement avec l'hôte divin qui demeurait dans le sanctuaire de sa poitrine.

Qu'a-t-elle dit à Jésus-Christ dans ce jour mémorable? Nous l'ignorons, mais il n'est pas téméraire de penser qu'elle lui fit donation entière de sa personne, comme vingt-six ans plus tard elle conseillait le même acte à une de ses nièces, qui faisait aussi sa première communion dans la même église, le même mois et presque le même jour. « Ma bien-aimée et très heureuse enfant, lui écrit-elle, tu vas recevoir le Roi du ciel et de la terre, notre divin Sauveur; quand tu le posséderas dans ton cœur, garde-le bien dans ce petit cœur et dis-lui qu'il le prenne, qu'il est à lui tout entier, et qu'aucune créature ne le lui ravisse.... Ne t'occupe pas trop de ton habillement; mais que sa blancheur te fasse penser qu'il est une figure du beau lis de l'innocence qui doit orner ton cœur. »

Oh! que les jeunes filles d'aujourd'hui qui se préparent à la première communion devraient méditer longtemps ces simples mais profondes paroles, et les mères les comprendre pour en faire pénétrer la moelle dans le cœur de leurs enfants! Hélas! souvent de nos jours, on s'occupe beaucoup plus de la vanité *de l'habillement* que *du beau lis de l'innocence!*

Afin de ne pas revenir sur sa donation, Antoinette médita dès cette époque un dessein qu'elle ne dit point à ses parents. Il ne lui apparaissait du reste que comme une image lointaine, obscure et vaporeuse : il s'agissait de renoncer définitivement au monde. Fit-elle bien de ne rien dire? Nous le pensons, car ces sortes d'affaires se traitent dans le silence et la prière avec Dieu seul; puis quand l'heure est venue, l'élue du Seigneur met en tiers dans le secret *l'ange des bons conseils*, qui décide, après mûre délibération et suffisante épreuve, s'il faut suivre l'attrait intérieur ou si la volonté de Dieu est différente. Autrement, ces projets trop tôt dévoilés sont exposés à s'évanouir comme les vapeurs légères qui se fondent au soleil.

Quoi qu'il en soit, Antoinette à quatorze ans, malgré ses goûts, malgré ses succès, malgré certains conseils qui flattent ordinairement les parents, laisse là tous les livres et devient jardinière. C'est la volonté de son père et de sa mère qui ne veulent point qu'elle soit déclassée. Ils ont raison. La voilà donc retournant la terre, tirant l'eau du puits, arrosant les légumes, sarclant les aires, arrachant les mauvaises herbes, nettoyant les allées, faisant les paquets pour le marché et tout cela, en plein soleil, armée contre ses feux d'un grand chapeau de paille noire.

Au milieu de ces occupations rustiques elle grandit rapidement et se développe d'une manière presque extraordinaire. « Comme tu deviens puissante! » lui répètent chaque matin ses compagnes de même âge; « Antoinette devient forte comme un Turc, » se disent entre elles les femmes du quartier. Une année, deux années se passent, et le père, fier de sa fille, redit à qui veut l'entendre : « L'ouvrage fond entre ses mains. » Cependant, elle n'est point agile, et d'aucuns diraient que les traces de ses pas sont profondément imprimées sur les plates-bandes qu'elle laboure;

mais on remarque que si elle ne s'agite pas outre mesure, elle ne s'arrête jamais et jamais ne reste inoccupée. C'est un des traits caractéristiques de sa nature. En elle se vérifie exactement le proverbe : « Ce n'est pas celui qui se remue davantage qui fait le plus de besogne. »

Son caractère aussi s'est développé d'une étonnante façon et a pris pour ainsi dire une assise définitive. Elle est âpre au travail, nullement mélancolique; elle parle peu et rit souvent; mais de toutes ses qualités, celle qui domine évidemment, c'est la bonté. Aussi, elle est aimée de tout le voisinage et sa générosité devient presque proverbiale. C'est à elle que les pratiques s'adressent de préférence parce qu'on sait qu'elle force la mesure avec un *gros par-dessus*. Le père, témoin du fait, n'est pas tout à fait charmé de cette largeur de vues; mais il aime sa fille devenue son bras droit, murmure trois paroles et, somme toute, lui dit peu de chose, de sorte qu'Antoinette continue de vendre à bon marché et de se faire une nombreuse clientèle. Elle eût fini par tout laisser pour rien si la mère ne se fût interposée en disant « *qu'il est bon d'être bon*, mais qu'il ne faut pas l'être trop, parce que l'argent ne pousse pas sous le fer de la bêche, et qu'il en faut pour soutenir le ménage.... Tu n'amasseras jamais rien, disait-elle à Antoinette, si tu jettes ainsi tout par les fenêtres. »

Mme Deshayes était économe, portait la bourse et voulait que sa fille s'en tînt à la stricte justice. Les mamans prudentes regardent toujours dans l'avenir et parfois trop loin; il vaut mieux ainsi pourtant que de n'y point regarder, de n'y voir rien et de compter sur les chances de la fortune.

Voici venir dix-sept ans pour Antoinette. A cet âge, la vie déborde comme la liqueur d'un vase trop étroit pour la contenir; l'âme se réveille, s'agite et jette des regards inquiets vers ces horizons lointains au fond desquels apparaît, environné d'une lumineuse auréole, un mystérieux fantôme qu'on appelle le bonheur.... Pour l'atteindre, elle veut affronter les orages et brûle de lancer vers la haute mer la fragile nacelle qui jusqu'alors s'est promenée tranquille dans l'heureux port de la famille. Pauvre inexpérimentée, que va-t-elle faire? Le monde est là sur l'autre rivage qui lui montre ses vanités; le bruit de ses fêtes arrive jusqu'à son oreille avec les mille voix du plaisir qui trouvent un écho dans le plus profond de son cœur.

Prends bien garde, imprudente enfant, n'écoute pas la voix du monde, c'est la voix trompeuse de la Sirène qui attire sur de fatals écueils! Le bonheur n'est pas là où il te le montre; il est au dedans de toi-même, dans la paix du Dieu de tes premières années. Prends bien garde, si tu n'as la foi pour pilote et pour boussole la douce *Étoile de la mer,* tu feras un triste naufrage!

O le périlleux moment dans la vie! Antoinette en connut les angoisses, et comme devant toutes les filles d'Ève, la tentation se dressa devant elle.

Non loin de la maison paternelle habitait un maître de danse, qui donnait des leçons à un certain nombre de jeunes personnes, qui *couronnaient l'édifice* de leur éducation par cet art si plein de dangers. Antoinette voyait ces personnes, les connaissait, conversait avec elles; naturellement elle crut qu'elle devait aussi savoir danser. Le fantôme du monde l'avait touchée de son souffle. Comment sans cela paraître en société dans une soirée amusante, chez des amies où elle serait obligée d'avouer son ignorance ou de commettre des gaucheries? « C'est impossible, je serais ridicule, » se disait Antoinette; et... que d'Antoinettes sous la voûte des cieux!

Donc elle fait part de son idée à sa mère qui n'y voit pas grand inconvénient, car sa fille est bonne, travailleuse et solide chrétienne; on peut bien lui permettre un peu d'agrément. Le père est presque enchanté de la chose, parce qu'il y voit un moyen de faire briller sa fille, et, qui sait? peut-être de lui ouvrir les portes d'un riche avenir.

Antoinette prit des leçons de danse. Comme à l'école, elle fit de rapides progrès et elle promettait de grands succès. Bref, la jeune fille eut pour la danse un goût marqué. On l'invitait aux noces, aux soirées et cela faisait ses délices. Ce fut bien pendant quelque temps; mais la mère, femme prudente, finit par craindre pour son enfant de sérieux dangers; d'ailleurs, ce qui se passait autour d'elle était bien fait pour éveiller ces craintes, car les danseuses ne cheminaient visiblement plus dans les voies de la sagesse. Quand on vint de nouveau demander sa fille, elle refusa tout net. Alors on s'adressa au père, bonne nature qui ne savait pas dire non; mais survenait aussitôt la mère, qui sous d'honnêtes prétextes mettait les holà! Antoinette s'exécutait avec un certain déplaisir, car elle disait ensuite à ses compagnes en riant: « Quel dommage qu'on ne s'adresse pas à mon père tout seul! comme je danserais! »

Voilà bien la nature prise sur le fait, nature franche et loyale qui ne sait pas dissimuler, mais que l'attrait du plaisir entraîne vers le monde. Antoinette ne voyait dans la danse qu'un amusement, une récréation et ne portait pas ses pensées plus loin. Que d'enfants naïves comme elle et sans mauvaise intention ont vu leur innocence naufrager dans ces divertissements (1)!

Antoinette écouta sa mère et laissa danser les autres; elle fit bien et le bon Dieu récompensa son obéissance. Malgré son penchant pour la danse, elle conservait un grand amour pour la vertu, de sorte que la vue du mal lui inspirait une violente aversion, souvent du dégoût et parfois un zèle plus ardent qu'éclairé, comme nous allons le voir dans le trait suivant.

Un jour qu'aux environs de la maison paternelle, dans un jardin, sous un berceau de verdure, de bruyants éclats de rire et certaines paroles équivoques annonçaient toute autre chose qu'une réunion d'âmes pieuses, elle vint troubler la fête en jetant une pierre qui tomba parmi la troupe joyeuse, y mit la terreur et la dispersa. Après ce coup Antoinette se cacha et l'affaire n'eut pas d'autre suite.

En racontant cette anecdote trente ans plus tard, elle riait encore de bon cœur de la frayeur qu'elle avait causée aux amis

(1) Voir l'opuscule intitulé : *N'allez pas au bal.*

Une Fille de Saint Vincent de Paul. (P. 218.)

(211)

du plaisir, mais elle ajoutait : « Je n'ai sans doute pas bien fait, car j'aurais pu *attraper* quelqu'un; mais à cause de ma bonne intention le bon Dieu a dirigé ma pierre de sorte que je n'ai fait de mal à personne. »

Antoinette a dix-huit ans. Elle est grande, robuste, d'un extérieur avantageux, d'allures franches et d'un heureux caractère, avec un air de sagesse qui annonce la femme faite et inspire la confiance. Les prétendants commencent à se montrer. Plus d'un œil se fixe sur elle, plus d'une espérance surgit parmi les jeunes gens des environs.

Entre ces derniers se trouve un jeune Tyrolien qui sans rien dire à la famille était assidu près du père, et celui-ci comprenait parfaitement son muet langage. Comme il avait un métier lucratif, M. Deshayes ne le voyait pas d'un mauvais œil, et trouvait, en lui-même, *que la chose pouvait se faire.* Antoinette serait bien placée, les jeunes gens travailleraient et gagneraient largement leur vie.

Mais pendant que le père rêvait d'or pour sa fille, Dieu travaillait de son côté, et un prétendant bien autrement sérieux frappait à la porte du cœur d'Antoinette. C'était Jésus-Christ. « Mon enfant, lui disait-il, sors de la maison de ton père, quitte ta mère et tes frères, et viens dans la terre que je te montrerai. » La jeune fille avait répondu comme autrefois Samuel : « Parlez, Seigneur, votre servante écoute, dirigez mes pas dans la voie de vos commandements, éclairez ses ténèbres et allumez le flambeau devant elle.... » C'était dans le silence de la prière et le calme de la méditation que se faisaient ces colloques sans témoin ni confident, et déjà depuis quelque temps. Mais où se trouvait la terre dont parlait la voix intérieure?

Antoinette se mit à chercher, et descendit, le flambeau à la main, dans les régions encore ténébreuses de son cœur. Elle n'avait nul goût pour le mariage et se sentait au contraire un attrait invincible qui la portait vers les malades, les pauvres et tous ceux qui souffrent. Ce sentiment intime fut le premier révélateur de la terre promise. Il grandit, se fortifia, arrêta les autres dans leur essor et finit par dominer en vainqueur dans le royaume de son âme.

Voici un fait sans importance, mais qui nous prouve jusqu'où en était arrivé ce sentiment dominateur.

Antoinette avait été amenée par un concours de circonstances singulières à soigner, dans une longue maladie, un habitant du pays qui était fabricant d'instruments chirurgicaux. Rendu à la santé, il cherche adroitement à savoir ce qui pourrait faire plaisir à son infirmière, pour lui témoigner sa reconnaissance. Celle-ci lui dit tout bellement que son joujou préféré serait une paire de lancettes; et en le disant, elle mêlait son rire épanoui à celui du convalescent qui plaisantait sur ce goût excentrique pour une personne de son âge. Toutefois, une semaine après cette conversation, le fabricant revint avec une paire de fines lancettes dont il fit cadeau à son infirmière de circonstance.

Aussitôt, toute joyeuse de posséder l'instrument de sa prédilection, Antoinette court vers sa sœur et lui dit : « Donne-moi ton bras, il faut que je te saigne, regarde le charmant outil que j'ai. » La sœur se récrie et refuse net.

« N'aie pas peur, je ne te ferai pas de mal et je te montrerai comme on saigne; donne-moi ton bras.

— Merci bien, dit la sœur, malgré ton habileté je ne suis pas tentée de subir l'opération. »

Sur ce, la future *saigneuse* fut obligée, malgré son vif désir, de remettre son joujou dans son étui, mais non sans le regarder longtemps d'un regard de complaisance, regrettant fort de ne pouvoir s'en servir et d'avoir une sœur si peu amie de la lancette.

A dater de ce moment, la résolution d'Antoinette était prise et sa vocation décidée entre elle et le divin Époux des âmes. « Viens avec moi, » lui disait-il depuis des années; elle avait enfin répondu : « Oui, ô mon Jésus, je viens de tout mon cœur, vous êtes mon partage et mon héritage unique pour le temps et pour l'éternité. »

Heureuse l'âme docile à la voix du divin Maître, qui foule aux pieds les biens et les joies terrestres comme Antoinette, après avoir entendu le même appel!

Le premier confident des secrets d'Antoinette fut son confesseur, M. l'abbé Mary, directeur sage et prudent; il écouta les paroles de la jeune fille, lui donna ses avis, puis après des années d'épreuve, lui déclara qu'elle pouvait suivre l'attrait intérieur, signe de la volonté de Dieu, et se préparer à son noviciat chez les Filles de la Charité.

Antoinette communiqua son dessein à sa mère, qui, d'abord étonnée, la renvoya brusquement en la traitant de folle. Folle, voilà bien l'épithète que le monde applique à toute jeune fille qui le quitte pour se dévouer plus spécialement au service de Dieu. Et vraiment, la sagesse des saints est folie aux yeux des hommes, cela est écrit dans les livres sacrés, et Mme Deshayes en était l'écho inconscient. Antoinette ne fut ni surprise ni découragée de cette réception, elle s'y attendait. Les jours suivants elle revint à la charge, et cette fois elle fut accueillie sans froideur, même avec une certaine bienveillance. La mère écouta sa fille, pesa ses raisons, et lui fit toutes les représentations suggérées par la prudence, l'affection la plus sincère et le plus pur dévouement. « J'ai tout pesé, ma mère, j'ai tout prévu, répondait Antoinette, le bon Dieu me veut, je ne puis pas lui désobéir.

— Mais tu nous quittes, tu es une fille dure, une... elle n'osa prononcer le mot *ingrate*.

— Oh! ma mère, vous savez que je vous aime!... » et la mère et la fille se jetaient dans les bras l'une de l'autre et mêlaient des larmes brûlantes. « Je vous quitte, il est vrai, ajoutait Antoinette, mais c'est pour le bon Dieu, et puis je vous aimerai mieux, je vous aimerai toujours. »

Finalement Mme Deshayes, voyant la persévérance de sa fille qui pour la première fois ne se prêtait pas à ses désirs, voyant sa résolution inébranlable, voyant, en un mot, le doigt de Dieu dans cette affaire, ne fit plus d'opposition et donna son consentement.

« Va, ma fille, lui dit-elle, puisque le bon Dieu te veut; je comptais sur toi pour soutenir mes vieux jours; mais je ne puis pas non plus lui désobéir, tu lui appartiens avant de m'appartenir; il est le maître de tout; que sa volonté soit faite; sois bonne religieuse..., » et elle pleura. Antoinette aussi pleura, et Dieu du haut du ciel, environné de la Cour céleste, reçut en odeur de suavité ce double sacrifice et bénit la mère et la fille.

Antoinette, au comble de ses vœux, ne manifesta point une joie bruyante, mais demeura dans la paix du Seigneur, méditant et repassant sans cesse au fond de son cœur les paroles de sa mère et celles de son directeur. Elle n'avait plus qu'une bataille à livrer, une victoire à gagner; Dieu lui rendit la chose facile, et le soir tout était fini.

Le père fut comme frappé de la foudre en apprenant une nouvelle si inopinée, si inattendue. Un homme n'est pas plus surpris quand il se réveille brusquement d'un rêve doré, et que s'évanouissent sans laisser de traces le château fantastique et les vastes domaines où il se promenait en seigneur. Mais M. Deshayes était chrétien, chrétien avec la foi des premiers âges; il se résigna à regret, mais enfin il se résigna et fit le sacrifice de son *bras droit* que Dieu lui demandait. « Après tout, se disait-il, j'aime ma fille, je veux qu'elle soit heureuse; eh bien, puisqu'elle prétend l'être ainsi, soit, je ne m'y oppose plus, je ne dois plus m'y opposer, qu'elle soit religieuse.... »

Heureux les parents qui raisonnent comme ce rude chrétien et ne mettent pas d'éternelles entraves à la vocation de leurs enfants, lorsque Dieu les appelle visiblement à lui! Ils sont bénis même sur la terre et récompensés au centuple, car Dieu est puissant et ne se laisse point vaincre en générosité. Et puis, franchement, est-on plus heureux dans le monde que dans la religion? Ceux qui sont dans le monde se plaignent presque toujours, et les autres, s'ils sont fidèles à la grâce, jamais!...

Tout étant réglé, on fixa d'un commun accord le départ pour Langres, où Antoinette devait faire ses premières armes dans la milice des Filles de la Charité.

C'était en l'année 1831.

A cette époque, l'horizon politique était encore bouleversé. Le ciel était noir et les hommes inquiets plongeaient leurs regards dans l'avenir pour y saisir quelques rayons d'espérance. Le temps n'était pas favorable aux vocations religieuses, c'était du moins l'opinion des prudents du siècle. Que de sectaires voulaient encore bannir Dieu du monde, renverser ses temples, détruire ses autels et faire disparaître ses ministres, comme aux jours de la grande Révolution! Mais pour une âme qui se donne à Dieu, il n'est point d'orage qui puisse arrêter sa course. Toujours calme et paisible, elle se confie aux soins de la Providence et sait que celui qui donne la pâture aux petits des oiseaux, enverra son ange devant elle pour écarter les périls de sa route, si telle est sa volonté.

M. Deshayes, le matin du départ, fit ses adieux à sa fille et l'embrassa les larmes aux yeux, car il aimait beaucoup son Antoinette et voyait s'en aller avec elle ses espérances terrestres; mais sa noble enfant l'encouragea et le consola par de bonnes et douces paroles, puis, le cœur bien gonflé, franchit le seuil de la maison en essuyant furtivement ses larmes. Elle se dirigea avec sa mère et son frère, âgé de douze ans, vers la place de l'Hôtel-de-Ville où s'arrêtait la grande *diligence* de Paris à Mulhouse. Après une demi-heure d'attente, les trois voyageurs montèrent en voiture et en moins de cinq heures arrivèrent dans la vieille cité langroise.

Aussitôt débarqués, nos voyageurs se rendent à l'hôpital de la Charité où la postulante est attendue. Au moment où ils entraient au parloir, s'y trouvait M. l'abbé Hudelet, curé de la cathédrale Saint-Mammès en compagnie de la supérieure de l'établissement. Après les salutations d'usage, les compliments à la future religieuse et les félicitations à la mère, le vénérable prêtre, se tournant vers le petit jeune homme dont le képi et la tunique aux palmes d'or indiquaient le collégien, dit à la jeune fille : « Ce petit Monsieur est votre frère?

— Oui, Monsieur.

— Eh bien, puisque vous vous faites religieuse, lui, sera-t-il prêtre ? »

La jeune fille ne répondit point, et le frère étonné regardait le vieillard ; mais la mère prenant la parole dit : « Si le bon Dieu le voulait, je ne m'y opposerais pas. » Le bon Dieu le voulut et aujourd'hui le *petit Monsieur* est prêtre dans le diocèse de Langres.

La postulante est reçue comme à l'ordinaire sans grande cérémonie, mais avec affection par ses compagnes, et la voilà installée à l'hôpital, objet de ses vœux et de ses ardents désirs. La mère et le frère sont partis, elle est seule, elle est libre.

Sa première visite est pour la chapelle où elle remercie avec effusion de cœur Notre-Seigneur de l'avoir conduite, comme autrefois Abraham, jusque dans la terre de promission qui sera désormais son héritage, puis elle se met à la besogne sous les ordres de sa supérieure, afin de s'assurer si sa vocation vient véritablement de Dieu et n'est pas une illusion de l'ange des ténèbres. Les jours se succèdent, monotones et même pénibles pour quiconque n'est point appelée ; mais pas une fois Antoinette ne se repent de s'être engagée dans la phalange des Filles de Saint-Vincent de Paul. Son apostolat n'est pas une épreuve, l'épreuve est faite, mais l'apprentissage des choses qu'elle n'a pu pratiquer que très imparfaitement dans la maison paternelle, savoir : la soumission à une règle sévère, l'obéissance complète aux ordres des supérieurs avec l'abdication parfaite de sa volonté propre.

Antoinette est dans son élément. Les malades ne lui répugnent pas, elle les aime et les soigne avec affection ; portant le tablier blanc et son trousseau de clefs, elle va et vient, partout où l'appellent les fonctions qui lui sont assignées. Et tout cela, elle le fait sans empressement, sans enthousiasme, mais avec un contentement intérieur, voyant Jésus-Christ dans chacun de ses membres souffrants, et se faisant à cause de cela leur sœur, leur servante et leur esclave.

Je ne sais si elle apporta ses lancettes, mais à coup sûr elle satisfit largement son désir de voir saigner, de saigner elle-même et de suivre plusieurs autres opérations chirurgicales familières aux Filles de la Charité.

Bref, au bout de trois mois, notre postulante fut jugée digne d'entrer au noviciat et fut envoyée par sa Supérieure au séminaire de Paris, rue du Bac, n° 140.

Semblable au voyageur qui quitte la dernière étape avant d'arriver au terme de son voyage, Antoinette, avec une joie mêlée de regrets, se sépare de ses compagnes dont elle emporte l'estime et l'affection, puis remonte dans la lourde voiture qui l'emporte cette fois vers la grande ville, la ville dont le nom fait palpiter tant de jeunes cœurs simples et ingénus, et qu'il faudrait appeler le grand océan où se sont consommées tant de catastrophes, où tant d'existences se sont perdues pour jamais. Mais Antoinette n'est point dirigée par des idées de jeunesse; Paris n'est pour elle que le lieu où elle achèvera son sacrifice, en se consacrant définitivement au service de Dieu dans la personne des pauvres malades, car sa devise sera désormais : Dieu seul, Dieu toujours et Dieu partout.

Le fait suivant nous prouvera que tels étaient bien ses sentiments et qu'elle avait compris toute l'étendue de ces paroles de Notre-Seigneur Jésus-Christ : « Celui qui aime son père et sa mère plus que moi n'est pas digne de moi. » Ce fait sera diversement apprécié; les personnes du monde y verront de la dureté, de l'indifférence ; les vrais chrétiens y verront de l'héroïsme; pour moi, je n'y vois que le témoignage d'une exquise délicatesse de sentiment et la suprême expression de l'amour filial pour des parents trop sensibles. Il est des rencontres trop douloureuses qu'il faut épargner à la nature humaine.

La diligence qui roulait à grand bruit vers la capitale, passant à Chaumont, la ville natale d'Antoinette, s'arrêta comme d'ordinaire sur la Place pour descendre des voyageurs. Il y avait le temps pour la novice de dire un second au revoir à sa famille, mais Antoinette ne l'avait point prévenue de son passage; elle ne descendit point et s'entretint seulement avec une amie qui était mise dans la confidence, afin de conserver l'incognito. La nuit servit à merveille sa mortification et son affection filiale; personne ne la reconnut. Lorsque la diligence reprenant sa marche fut arrivée près de la croix *Coquillon*, si connue des habitants de Chaumont et même des alentours, Antoinette montrant par la portière à des personnes de l'intérieur la petite lampe qui brûlait dans la maison paternelle située en face sur le coteau voisin, se prit à dire d'un ton ému : « Voici l'heure où mes parents vont se mettre à table; que le bon Dieu les comble de ses plus chères bénédictions et des miennes! » Naturellement les voyageurs furent surpris de ces paroles; elle seule semblait ne pas se douter qu'elle venait d'être sublime. C'est un témoin de la scène qui l'a racontée plus tard à la famille et il paraissait encore sous le coup d'une admiration sincère....

Ici s'arrête naturellement notre notice sur Antoinette Deshayes. Pour laisser à nos lectrices une impression de gaieté en prenant congé de la chère enfant, nous raconterons, comme épilogue, la première visite que lui fit sa mère et qui ne manque pas d'originalité.

Plusieurs années s'étaient écoulées et la bonne Mme Deshayes n'avait jamais revu sa fille; ces années lui paraissaient avoir été bien longues; deux lettres par an ne suffisaient pas à sa tendresse; il y avait d'un autre côté peu d'espoir que celle qui les écrivait viendrait à Chaumont, elle l'avait dit. « Que fait Antoinette? Comment se trouve-t-elle sous son nouveau costume? Est-elle changée? Songe-t-elle à nous? Ne serait-elle pas malade? On ne dit peut-être pas tout dans ces maisons-là! Il faut que je la voie.... » Voilà ce qui se répétait souvent le soir au foyer de l'excellent jardinier. Bref, le cri de la nature appelait Mme Deshayes à Paris. « Au moins par ce voyage j'aurai des nouvelles certaines et nous ne serons plus dans l'inquiétude, » disait-elle à son mari.

Un beau matin donc, ne pouvant plus y tenir, elle prend la diligence et se dirige vers la capitale pour voir sœur Thérèse, sans s'occuper de savoir comment elle la trouvera, sans prendre son adresse autrement que dans sa mémoire, et sans paraître s'inquiéter davantage sous ce rapport. Elle s'imagine naïvement, sans doute, que comme à Chaumont tous connaissent sœur

ÉGLISE SAINT-ÉTIENNE DU MONT (P. 222.)

Thérèse et que, si la mémoire lui fait défaut, le premier venu lui indiquera son domicile. La voilà au milieu de Paris; elle marche et marche longtemps, le panier au bras, sans rencontrer sœur Thérèse et finalement commence à croire que la chose est moins facile qu'elle ne l'avait pensé. Paris est grand vraiment; que de maisons, se dit-elle, que de monde! Cela lui fait oublier la rue et le numéro. Mais sans se décourager elle marche et marche encore, confiant discrètement au bon Dieu l'embarras où elle se trouve et lui demandant de l'en faire sortir d'une façon quelconque.

Arrivée sur la place Notre-Dame, elle se décide à faire des questions. Par hasard passe un Monsieur bien mis, d'une figure qui inspire la confiance. Mme Deshayes s'adresse à lui sans préambule et lui demande en toute simplicité *où demeure la sœur Thérèse.* Le Monsieur regarde avec un certain étonnement cette naïve femme de la campagne et lui fait répéter sa question, n'étant pas sûr d'avoir bien entendu.

Cette fois il a parfaitement compris, il se prend à sourire d'une manière bienveillante et dit : « Venez ma bonne, je vais vous y conduire ; » et les voilà qui cheminent ensemble.

« Oh ! Monsieur, je vous remercie ; c'est vraiment la Providence qui vous a mis sur mon chemin, sans vous je ne sais comment j'aurais fait, j'aurais été obligée peut-être de retourner à Chaumont sans avoir vu sœur Thérèse.... Votre Paris est si grand !

— Mais, lui dit le Monsieur, vous tenez donc bien à la voir, sœur Thérèse ? Vous la connaissez donc bien ?

— Si je la connais ? Oh ! oui Monsieur, je la connais, c'est ma fille.

— Et une brave fille, » dit le Monsieur.

Pendant que Mme Deshayes racontait ses appréhensions et s'extasiait sur la grandeur de Paris, elle arrivait avec son guide devant une porte cochère à Saint-Étienne du Mont. Le Monsieur sonne, introduit Mme Deshayes, demande sœur Thérèse et présente la mère à la fille ; c'était le médecin de la maison.

Le fait raconté au retour par Mme Deshayes étonna les auditeurs, qui cependant n'osèrent pas le révoquer en doute, car la bonne femme « n'avait jamais menti. » Elle seule n'était point émerveillée ; seulement elle ajouta en guise de conséquence pratique : « J'étais une sotte ; une autre fois j'écrirai *la rue et le numéro.* »

Marie HUSSON [1]

Marie Husson naquit à Rignat, dans la vallée du Suran (Ain), au mois de mai 1816. D'une constitution faible et maladive, elle connut de bonne heure les privations qui se multiplient chaque jour sous le toit du pauvre. Trop délicate de tempérament pour pouvoir sans danger affronter au dehors l'intempérie des saisons rigoureuses, Marie devait souvent rester à la maison, tandis que ses parents allaient travailler dans la campagne. Il y avait donc, pour elle, bien des jours de solitude et de réclusion, pénibles à son âge. Pour les passer plus facilement, la pauvre petite avait compté sur une jolie chèvre qu'elle aimait et avec laquelle il lui eût été bien agréable de s'amuser un peu dans l'enclos, quand le soleil perçait les brouillards.

Mais qui compte sans... *sa chèvre* compte deux fois.... La dame au front cornu, tout en chérissant sa douce maîtresse, n'en concevait pas, pour cela, ombre de vocation à la vie cloîtrée. Aussi, dès qu'aux premières lueurs du jour elle entendait le son des clochettes suspendues au cou de ses sœurs, partant pour la montagne, elle s'élançait à leur suite, et s'en allait, sautillant de ses

(1) Par J.-M. Maurin, auteur de *Pauline-Marie Jaricot*. (Reproduction interdite.) Cette biographie, avec quelques détails qui la complètent, a été publiée en 1893 sous le titre de : *Une ouvrière chrétienne*.

quatre pieds légers, brouter, elle aussi, avec délices la ronce, le thym et le serpolet, qu'elle alambiquait à sa manière, pour apporter le soir à sa petite amie une abondante et délicieuse provision de lait, la nourriture quotidienne de celle-ci.

Marie ne pouvait pas non plus se livrer aux jeux des enfants du village, ni les suivre à la course dans leurs promenades un peu vagabondes. S'il leur arrivait de dire à la chère petite, avec une naïveté quelque peu cruelle : « Marie, pourquoi ne viens-tu donc pas courir avec nous, là-bas, dans la montagne? il fait si bon! si beau ! » elle répondait doucement : « C'est que je n'ai pas d'assez bonnes jambes pour courir et que mon cœur bat trop fort quand je monte un peu longtemps. » Et c'était tout. Jamais une plainte. Cependant l'enfance a besoin de jouer, comme l'oiseau de voler, et notre fillette éprouvait ce besoin autant que les autres enfants. Aussi un regard scrutateur eût-il aperçu un voile humide dans ses yeux, quand elle parlait ainsi, et sur ses lèvres un sourire plein d'une mélancolie sereine, prélude de la résignation parfaite qui allait bientôt transfigurer sa vie tout entière au profit des faibles et des affligés.

On a dit que la souffrance est l'école des grandes âmes, et l'oracle demeure vrai toujours. Cette école sévère est ouverte partout, dans les chaumières et dans les palais, parce que la souffrance est de toutes les latitudes sociales. Nous allons suivre son travail sous la chaumière où Marie la connut, dès son enfance, dans son corps débile et dans son âme noble et généreuse, parce que dès cette époque, elle pensa et aima comme peu savent le faire à cet âge, où la légèreté et l'indifférence priment la réflexion et le sentiment.

Nous avons signalé des misères qui affaiblissaient son corps; quant à ses souffrances morales, nous en passerons les détails sous silence. Elle ne les confia jamais qu'à Jésus-Christ. Nous dirons seulement que si la plupart des oiseaux ont un nid de mousse, il en est quelques-uns dont le nid est formé de bois et d'épines.... Celui de notre oiseau du paradis fut de ces derniers.

Elle était d'un extérieur agréable et avait les traits délicats et expressifs : son regard plein d'innocence valait une caresse, et une sorte de distinction naturelle, dans son air et dans ses allures, ajoutait au charme répandu sur toute sa personne enfantine. Elle emportait, pour ainsi parler, l'affection d'assaut et commençait déjà à exercer, sur les enfants, une sorte d'empire plein de douceur.

Elle fréquenta pendant trois ans l'école de Rignat, tenue alors par une excellente chrétienne, Mlle Brevet, qui fit un bien immense à la jeunesse, et dont le souvenir est gardé par la reconnaissance dans la vallée du Suran.

Cette digne institutrice développa avec un soin particulier l'âme, le cœur et l'intelligence de Marie qui lui voua une affection inaltérable.

Dans cette solitude, les ressources intellectuelles étaient encore moindres alors que celles qu'on y trouve aujourd'hui ; mais, comme la diligente abeille sait puiser dans les fleurs les plus simples des éléments pour son miel, Marie savait profiter de tout ce qui pouvait contribuer à développer sa jeune intelligence. Elle écoutait les lectures et les instructions avec une attention remarquable, et n'était satisfaite qu'après avoir tracé quelques notes pour les mieux retenir. Manière de faire qui étonnait beaucoup ses compagnes, pour lesquelles la science était le moindre des soucis.

Sans doute, il devait y avoir dans cette nature privilégiée quelques-unes des petites misères inhérentes à la faiblesse de l'enfance ; nous avons cherché à les connaître pour les signaler avec la même franchise que le reste, mais personne n'a pu nous instruire sur ce point. Seulement il nous a été affirmé qu'elle s'était montrée, dès son enfance, dévouée et bonne pour tous, d'une manière si simple, que le dévouement et la bonté semblaient couler de source en elle, comme le ruisseau dans la vallée.

Qu'on n'en soit pas étonné : « Celui qui est le *seul bon* » par essence était là, et il fécondait divinement cet ensemble de qualités naturelles que l'orgueil dessèche vite, quand la céleste rosée de l'humilité n'en vient pas alimenter la sève.

Du sein de l'indigence, la petite Marie était en rapports intimes avec le grand Maître de l'humilité. Non seulement elle faisait de courtes prières devant la petite Vierge placée à côté de sa couchette; mais elle allait souvent visiter Notre-Seigneur dans la pauvre église solitaire. Là, dans la simplicité angélique de sa foi, elle parlait à Jésus comme si elle l'eût vu de ses propres yeux, et lui disait tout ce qu'elle avait dans son noble petit cœur, où se trouvaient bien des tristesses prématurées que nous ne pouvons révéler.... Puis elle répétait au Sauveur cette parole qui ne lasse jamais celui à qui elle est adressée : *Je vous aime!*

Et c'était bien vrai!

De l'autel du Fils, elle allait à celui de la Mère, y déposer quelques-unes des roses embaumées de la *couronne mystique du Rosaire : Ave Maria.*

En échange de cet hommage, il semble que la Reine Immaculée forma dans l'âme de l'enfant deux des plus beaux traits de la sienne à Nazareth : la charité sans borne dans la simplicité la plus parfaite, et la possession de la paix de l'âme, avec le privilège de la communiquer aux autres : ce qui eut lieu du commencement à la fin de son existence.

L'année de sa première Communion, Marie se livra avec bonheur à l'étude du Catéchisme. Elle écoutait attentivement les explications simples et lumineuses qu'en donnait le saint prêtre de Rignat. Sans rien changer à ses habitudes, à ses devoirs et à ses jeux ordinaires, elle était plus fidèle à offrir ses pensées, ses peines, ses joies et son travail au divin Maître dont elle attendait la visite, et à être bonne et dévouée pour tout le monde, encore plus que par le passé.

Elle intriguait ses petites compagnes qui ne savaient ni pourquoi, ni comment Marie avait *quelque chose* de plus qu'elles, bien qu'elle ne fît absolument rien d'extraordinaire.

Un jour que cette différence les obsédait sans doute fortement, l'une d'elles fit cette réflexion au retour du catéchisme :

« Dites-moi donc, vous autres *petites,* ce qu'a Marie et que nous n'avons pas? Pourtant, nous faisons ce qu'elle fait : lire, coudre, étudier, aller à la messe et le reste. C'est pas bien *malin* tout ça ! et pourtant !...

— Non, reprit une espiègle, tu dis vrai : c'est pas malin du tout; mais vois-tu, le *malin* c'est, je crois, de faire tout ça le mieux qu'on peut et tous les jours de même, comme Marie le fait, tandis que nous autres..., tu sais..., c'est toujours à la *bourre, bourre,* et puis, *Va te promener, vive la jouette !* »

Il y avait dans cette réflexion enfantine ample matière à philosopher : la continuité dans le bien étant l'une des plus grandes difficultés de la vertu.

Notre petite villageoise aimait et appréciait tout ce qui pouvait l'instruire : une lecture, une conversation intéressantes la charmaient plus que les jeux de son âge, auxquels elle n'était cependant pas indifférente. Quand elle ne comprenait pas ceci ou cela des lectures ou de la conversation, elle n'était contente qu'après en avoir obtenu l'explication de l'un de ses oracles habituels : le bon curé de la paroisse et Mlle Brevet, la digne institutrice, qui se faisaient un plaisir de satisfaire sa légitime curiosité.

Ce ne fut que beaucoup plus tard qu'on remarqua une supériorité incontestable d'âme, d'intelligence et de cœur, due à peu près exclusivement à « l'Esprit de qui procède toute lumière et tout don parfait. »

Quand approcha le jour où, pour la première fois, l'âme de l'enfant est conviée au festin des Anges, notre petite Marie éprouva un heureux embarras. Le prêtre avait dit qu'il fallait se préparer à la confession de tous ses péchés commis depuis l'âge de raison, et qu'il n'y a péché que lorsque l'on fait volontairement une chose que l'on sait être défendue par Dieu.

Or, elle était à peu près sûre de n'avoir jamais eu cette volonté. Que dire alors?

Elle alla toute confuse soumettre son embarras au digne pasteur dont la belle âme dut tressaillir d'une sainte joie en écoutant cet aveu.

Le jour de la première communion, toutes les cloches de l'église lancèrent, dès l'aurore, dans les airs leurs plus joyeuses volées, et l'étoile du matin avait à peine disparu derrière la montagne, que tous les habitants furent sur pied, et bientôt s'acheminèrent en habits de fête vers leur pauvre vieille église qu'enveloppaient les feux du soleil levant. Tout respirait la joie et la paix qui ne se montrent nulle part aussi délicieuses que dans les solitudes où le monde ne vient pas les altérer. Les jeunes enfants, conviés pour la première fois au céleste Banquet, laissaient éclater leur allégresse. Mais la petite Marie Husson était calme, silencieuse et même parée d'une certaine gravité.

Cette attitude étonna ses compagnes; une d'elles lui dit en route :

« Est-ce parce que tu n'es pas contente, Marie, que tu ne parles pas?

— Oh! je le suis à plein cœur!

— Mais alors, pourquoi ne le dis-tu pas comme nous?

— C'est, répondit-elle, que cela ne peut pas bien se dire.... »

Et, dans le regard angélique qu'elle jeta sur sa compagne, il y avait une révélation de bonheur intime et profond qu'aucune parole en effet ne pouvait exprimer.

L'église ornée de fleurs et de verdure fut bientôt remplie d'une assistance respectueuse, formée d'à peu près tous les habitants.

Plus la cérémonie avançait, plus Marie paraissait absorbée dans un recueillement paisible et doux. Que se passa-t-il dans son âme au moment où l'hostie sainte fut posée sur ses lèvres? Quel échange mystérieux se fit entre son cœur innocent, et celui du Dieu de l'innocence? Elle en garda le secret.

Il est des contrats ineffables qui se passent trop au-dessus de la terre, pour qu'ils soient jamais connus des hommes.

Au sortir de l'église, les enfants échangèrent de petits cadeaux : quelques images, des chapelets, des médailles de cuivre en firent tous les frais. On ne connaissait heureusement nulle part alors,

SAINTE GENEVIÈVE (P. 233.)

et au pauvre Rignat moins qu'ailleurs, l'usage de donner aux premiers communiants des objets plus propres à être placés dans une corbeille de mariage, que parmi les souvenirs sacrés d'un tel jour, où rien ne devrait contribuer à rabaisser les pensées vers la terre.

A partir de cette époque, Marie accepta sérieusement et généreusement tous les devoirs de sa position très modeste et très humble. Trop délicate toujours pour soutenir un travail continu dans les champs, elle apprit l'état de lingère, c'est-à-dire la confection et le lissage des coiffes portées dans le pays. Son adresse naturelle lui permit d'apprendre cela en peu de temps, si bien qu'elle put, un an et demi ou deux ans plus tard, aller en journée pour lisser, raccommoder et même faire du neuf, besogne très importante chez ceux qui n'ont pas les moyens d'ôter souvent quelques pièces de leur bourse, pour acheter de nouveaux vêtements.

La jeune ouvrière contentait ses pratiques autant par son amabilité, sa douceur et sa bonté, que par la perfection de son travail.

Si elle était adroite des doigts, elle n'était pas moins habile d'esprit et de cœur pour glisser dans la conversation de bonnes paroles, soit pour encourager dans le bien, soit pour y faire persévérer ou pour retirer du mal.

Mais, chose qui paraîtra incroyable dans nos grandes cités où l'on vend les heures si cher, la lingère de Rignat ne gagnait que quatre sous par jour, quand on la nourrissait, et douze, quand elle prenait ses repas chez elle. A ce revenu, si peu considérable, venait se joindre assez souvent le produit de la confection des coiffes de commande, travail qu'elle s'imposait le soir, au lieu de donner largement du repos à son faible corps. Ce dernier travail lui rapportait deux ou trois sous; mais il lui manquait souvent, et les journées de même.

Si la courageuse ouvrière eût trouvé un peu d'aisance sous le toit de sa famille, ce manque d'ouvrage eût été un bien pour elle, car sa santé se ressentait de l'assiduité à un genre de travail qui exige une immobilité continue et une grande application. Marie en souffrait beaucoup. Il n'était pas rare de voir ses joues, ordinairement pâles, s'empourprer subitement, par suite d'une petite fièvre occasionnée par l'excès de la fatigue.

Il faut ajouter à ces détails que si le revenu de la modiste était des plus minimes, ses dépenses l'étaient aussi. Le costume qu'elle porta toute sa vie consistait en une robe de la forme la plus simple, d'indienne grise ou violette, l'été, et d'alpaga noir, l'hiver; un fichu de percale blanche sur la robe d'été, et un en laine de couleur sombre sur celle d'hiver. Le dimanche, un châle noir remplaçait le fichu. Elle avait toujours un grand tablier à bavette, en coton pour la semaine, et en alpaga noir pour le dimanche. Elle conserva la coiffe de forme ancienne, en mousseline les jours ordinaires, et en dentelle les dimanches et les fêtes. Cette coiffe était composée d'un fond posé sur une carcasse fortement piquée et passée au bleu, qui faisait transparent, et d'une large bande unie sur le front et plissée des deux côtés.

Tout cela était d'une blancheur et d'une propreté remarquables. Quant au costume, il paraissait toujours neuf, bien qu'il fût toujours le même : Marie était si soigneuse et si habile à réparer les outrages du temps!

Pour se défendre de l'ardeur du soleil, ou de la rigueur du froid, elle avait sur la tête, comme les autres femmes du pays, un chapeau de paille grossière, à grands bords.

Grâce à son ordre et à sa propreté, elle était toujours mieux habillée que beaucoup de jeunes filles qui dépensaient plus qu'elle pour leur toilette.

La nourriture de Marie se composait, les jours de la semaine, d'une soupe, de lait, de fromage, de marrons ou de pommes de terre; le dimanche elle y ajoutait le luxe d'œufs préparés de différentes manières. Elle ne mangeait presque jamais de viande, si ce n'est chez ses pratiques, quand elle allait en journée, et que par hasard on avait cet aliment, peu usité alors aux foyers rustiques.

Ce régime austère qui est, à peu de chose près, celui des montagnards, tue beaucoup moins de monde que la bonne chère, tant recherchée dans les villes.

Les années s'écoulent vite. Bientôt la jeune fille remplaça l'enfant et apparut chez Marie dans la douce et pure beauté d'une candeur virginale qui s'ignorait elle-même. On l'eût remarquée dans nos cités; au village, ses charmes passèrent presque inaperçus, et comme elle ne faisait rien pour attirer les regards, on s'était habitué sans peine à la voir mieux et plus distinguée que ses compagnes, auxquelles, du reste, elle ne donnait aucune occasion de jalouser les avantages qu'elle tenait de la nature, et aussi de la grâce; car la vertu, en se développant dans sa belle âme, rayonnait d'un doux éclat sur son front. Cette vertu lui gagnait de plus en plus l'affection, le respect et la confiance des habitants de Rignat, où le vrai mérite fut toujours justement apprécié, grâce à la direction vigilante et éclairée des dignes prêtres qui s'y sont succédé depuis le commencement du siècle.

Tandis que l'ouvrière faisait manœuvrer rapidement son aiguille sous ses doigts, elle s'habituait à élever son cœur et ses pensées jusqu'à la région de la *vraie lumière*, celle de l'Esprit créateur qui se plaît à opérer des merveilles dans les âmes pures et soumises à son action directe, comme l'était celle de Marie. Ces sublimes merveilles se produisirent insensiblement chez cette humble chrétienne, non lettrée, qui en vint bientôt à aimer d'un indicible amour Dieu et le prochain et à éprouver une attraction souveraine vers tout ce qui est beau, grand, noble et saint.

Qu'on ne s'en étonne pas. Il est écrit : « Bienheureux les cœurs purs, parce qu'ils verront Dieu. » Or, *voir Dieu* c'est voir le beau, le grand, le noble, le saint dans leur essence même, et de cette vue à l'attraction et à l'amour irrésistible, il n'y a pas loin.

Nous reproduisons ici le témoignage du vénérable M. Gautherin, curé de Rignat. Il nous a affirmé que Dieu avait formé lui-même une âme d'élite, une intelligence supérieure et un cœur héroïque dans cette enfant de la chaumière, qui avait vécu, et qui devait vivre toujours de souffrances, de privations et de sacrifices de toute nature.

Les Geneviève de Nanterre et les Germaine de Pibrac ont eu le même Formateur.

Mais en s'élevant ainsi sous l'action divine, notre sainte ouvrière ne sortait en rien des travaux, des devoirs et des allures de sa condition modeste. Sa transformation intérieure demeurait un secret ineffable entre elle et Jésus-Christ.

Telle était Marie à vingt ans, alors que les rêves, les illusions et les aspirations naturelles de la jeunesse dirigent et absorbent toutes les facultés.

La Providence a des gouttes de rosée particulièrement fécondantes pour les âmes, comme pour les plantes destinées à croître et à fructifier dans le désert.

Arrivée à cette époque périlleuse et décisive de la vie où, comme l'oiseau qui commence à trouver son nid trop étroit, l'âme et le cœur battent des ailes, en quelque sorte, cherchant avec angoisse de quel côté prendre leur vol, Marie, l'élève de l'Esprit-Saint, n'éprouva ni perplexités ni terreurs.

Depuis son enfance, elle avait aimé Dieu par-dessus tout et l'avait vu en tout; elle avait reçu et accepté l'amer et le doux, comme venant de sa main paternelle, et bien souvent déjà elle avait eu l'occasion de secourir, de consoler et d'éclairer saintement autour d'elle; la Providence lui avait toujours fait suivre une route bordée de deux haies protectrices, la souffrance et la pauvreté, et elle y avait marché dans une paix profonde. Pouvait-elle ambitionner quelque chose de meilleur et de plus sûr ?

Elle avait demandé au souverain Maître des destinées, de daigner lui faire comprendre ce qu'il voulait d'elle, et cela avec une âme absolument soumise à sa volonté sainte, et chaque fois elle avait entendu au fond du cœur cette réponse : « Sois humble et dévouée pour l'amour de moi ! » Elle s'était efforcée depuis sa première Communion de mettre en pratique cette parole intérieure.

« Heureux, dit saint Augustin, ceux qui en vous interrogeant, ô mon Dieu, ont moins le désir d'entendre de vous ce qu'ils veulent, que ce que vous voulez vous-même ! »

Marie l'avait interrogé ainsi.

Pour le plus grand nombre, les éléments de la sainteté sont, comme ceux du bonheur possible ici-bas, à la portée de tous ; en sorte qu'il suffirait d'étendre un peu la main et d'agir pour arriver à l'un et à l'autre, en utilisant ces éléments providentiels. Ils se trouvent tout près, si près que souvent nous ne les apercevons même pas, attendu qu'on regarde presque toujours au loin, quand on cherche à organiser sa vie, et pour le temps et pour l'éternité. Que de passereaux, de canards et même d'oies se croient, hélas, des ailes d'aigle!...

De là, sur les hauteurs, religieuses et sociales, tant de nullités essoufflées et absolument incapables d'agir pour les grandes causes. Quelle histoire, à la fois curieuse et triste, on pourrait écrire des *déclassés !*

Notre tâche est plus consolante.

Marie, l'humble enfant de la solitude, continua de suivre en toute simplicité d'âme et de droiture de cœur, l'étroit sentier tracé par la Providence elle-même, et s'abandonna sans réserve aucune à sa conduite, parce qu'elle est *Mère* entre toutes les mères.... Détachée de tout et surtout d'elle-même, elle entra généreusement dans la voie du dévouement absolu, qui ne tient aucun compte des exigences de la vie et des difficultés de la pauvreté. Elle se fit la sœur et l'amie de tous, sans jamais broncher dans cette voie d'héroïsme humble et inconnu où le chrétien ne recherche et ne demande que le regard et la bénédiction de Dieu.

On a vu quel était le produit de son travail, prolongé jusque vers dix heures : *six sous*, en sus des frais de nourriture. Eh bien! *ce trésor* devint bientôt celui de toutes les indigences ; quand elle n'avait plus absolument rien, elle cessait de donner pour recommencer à la première goutte de la source intermittente de son pauvre petit revenu.

« Aussi loin que se reportent mes souvenirs, nous disait encore un ancien, je vois Marie Husson telle que tout le monde l'a vue ici depuis. Jamais difficile à aborder, jamais sourde à aucune plainte, jamais indifférente à la peine des autres. Quelqu'un de nous venait-il d'éprouver quelque malheur? Marie accourait pour le consoler, remonter son courage et l'aider de sa petite bourse et de ses conseils, à se sortir d'affaire.

» La mort planait-elle sur une de nos demeures? nous avions toujours Marie pour dire de bonnes et belles choses à la pauvre créature qui s'en allait au bon Dieu. Elle aidait dans les soins à donner aux mourants, préparait elle-même la petite chapelle quand on devait administrer les sacrements, et ne s'éloignait que lorsque tout était fini dans le cimetière.

» Nos enfants, garçons ou filles, la connaissaient bien, et ils l'aimaient de tout leur cœur, parce qu'elle les aimait beaucoup, et aussi parce qu'elle avait toujours pour eux dans ses poches quelque chose de bon : des noix, des raisins, des figues sèches, souvent des médailles, et dans sa tête, quelques jolies histoires à leur raconter.

» Il fallait voir comme ils l'écoutaient alors! C'était curieux, on aurait dit qu'ils mangeaient ses paroles. »

Le régime austère dont nous avons parlé se continua sans être modifié, si ce n'est un peu quand la maladie sévissait sur la frêle enveloppe de cette âme forte; mais alors la charitable Marie ne se croyait jamais assez souffrante pour ne pas recevoir ceux qui venaient lui demander conseil ou consolation.

La maison paternelle qu'elle habita toute sa vie, était comme sa mise, à la fois riche et pauvre : riche, parce qu'il y régnait je ne sais quelle simplicité gracieuse; pauvre, parce qu'il ne s'y trouvait que des choses communes, grossières même.

Cette maison, située en haut du village, se composait d'une cave en bas, de deux petites chambres au-dessus et d'un petit enclos fermé et solitaire. Le mobilier, tout brillant de propreté, consistait en un grand coffre, nommé bahut, quelques sièges, chaises et escabeaux, deux petites tables et un tout petit lit dans chaque chambre. Une quantité de gravures religieuses bien naïves, mais bien choisies, ornaient les murs.

Dans la pièce occupée par Marie il y avait un crucifix et une statuette de la Sainte Vierge, qu'elle ornait de fleurs, dans la belle saison, et de branches de bruyère, l'hiver. Une planche de bois blanc, servant de bibliothèque, portait ses livres préférés : l'*Évangile*, l'*Imitation de Jésus-Christ*, le *Paroissien du diocèse de Belley* et quelques volumes, prêtés par le digne curé de Rignat, heureux de favoriser le goût de l'intelligente enfant pour les lectures sérieuses et propres à élever les pensées.

Maintenant que le lecteur connaît l'habitation de l'ouvrière chrétienne, nous allons suivre celle-ci au milieu de ses sollicitudes de chaque jour et voir le travail de la grâce dans son âme.

Presque complètement isolée moralement, elle jouissait beaucoup quand il lui était donné, chose rare, de pouvoir causer avec des personnes capables de l'éclairer sur les points qui demeuraient nébuleux dans son esprit, après certaines lectures. Elle saisissait alors les explications avec une grande facilité et y pensait longuement ensuite, afin de s'assimiler toutes choses.

Mais tout cela encore, sans jamais se prévaloir de sa supériorité auprès de ceux qui avaient moins reçu qu'elle du Dispensateur suprême de tous les dons.

On dira peut-être en lisant ces détails . « Cette jeune fille était donc parfaite? » Non, assurément, personne ne l'a jamais été; aucune vie ne peut être racontée dans la vérité *in extenso* comme ayant été absolument exempte des faiblesses de la nature humaine, si profondément blessée en Adam.

Marie devait s'en ressentir comme tous les autres enfants de ce malheureux père; seulement, qu'on pardonne à l'auteur de cette courte biographie de n'avoir pu, sur ce point qu'il tenait cependant beaucoup à éclaircir, obtenir le moindre renseignement, ni faire signaler par les habitants du hameau quelques-unes des ombres qui avaient dû être projetées sur la lumière de cette belle et radieuse étoile. Ils l'ont tant aimée, tant vénérée que, dans leur amour et leur vénération, ils ont oublié les ombres fugitives, pour ne se souvenir que de la *lumière.* N'est-ce pas en la suivant qu'ils ont marché dans l'union, la paix et la vertu durant plus d'un demi-siècle ?

Touchant et noble oubli qu'aucun des lecteurs ne trouvera coupable.

L'ouvrière s'improvisa institutrice. (P. 238.)

On m'a cependant signalé quelque chose qui pourrait être une de ces *ombres* oubliées. Le voici :

Il paraît que la voix de Marie, naturellement douce et caressante, devenait d'une extrême sévérité, frisant la dureté, quand, mue par un sentiment d'indignation profonde, elle adressait des reproches à ceux qui auraient fait ou tenté de faire du mal aux âmes qu'elle aimait. Le mal, sous toutes ses formes, excitait au plus haut point cette indignation, qui débordait de son cœur chrétien, quand elle s'apercevait des menées des corrupteurs. Alors, de son beau regard calme et doux d'ordinaire, jaillissait un éclair qui atterrait les coupables.

Hors de ces occasions, heureusement très rares dans le paisible et religieux hameau de Rignat, Marie ne sortait jamais de sa bienveillance et de son calme. C'était l'ouvrière dans ses allures, dans ses paroles, dans ses actions, et comme l'avait si justement dit autrefois une de ses compagnes de première communion, il n'était pas plus *malin* que par le passé, de faire ce qu'elle faisait; mais plus que jamais, le *malin* était de le faire *comme* elle le faisait, c'est-à-dire, avec le cœur et la pensée bien haut en Dieu, et sans se lasser d'agir ainsi! Et cependant — qui le croirait possible? — cette vie si pure, si constamment dévouée à tous les besoins, à toutes les douleurs des autres, fut en butte à la calomnie, cette vipère qui ne blesse que ce qui est noble et saint. Oui, la calomnie osa tenter de noircir cette vie de dévouement et de sacrifice dont aucune pensée, aucun intérêt de la terre, n'avait jamais déterminé les actes.

Marie n'en fut pas irritée ni indignée; mais tout son hameau le fut à sa place, la défendit énergiquement et lui prouva que tous l'aimaient et la vénéraient comme leur ange tutélaire.

A un moment donné, l'ouvrière s'improvisa institutrice. Voici à quelle occasion :

Mlle Brevet, la très vertueuse maîtresse qui avait pris grand soin de former le cœur et l'intelligence de Marie, ayant été nommée à Bourg, ne fut pas remplacée à Rignat, par suite de circonstances qu'il est inutile de rapporter ici.

Les enfants du village se trouvant alors comme des agneaux sans berger, se mirent à prendre beaucoup trop leurs ébats, et tout s'en ressentit : assistance aux offices, catéchisme, travail manuel, obéissance aux parents, etc., rien n'allait plus droit; on ne songeait qu'à courir et à s'amuser.

Ce fut ce qui décida Marie à rouvrir l'école, à se passer de brevet et même de certificat d'études, inutiles pour apprendre aux petites filles à devenir d'excellentes femmes de ménage et de vraies chrétiennes, science supérieure à celle qui nécessite l'exagération du travail intellectuel usité de nos jours.

« Dans nos campagnes, nous n'avons que faire des savants et des savantes qui ont toujours un poil dans la main qui les empêche de *besogner*, » disait un paysan de la Saintonge où l'esprit et le bon sens ne sont pas choses rares.

Grâce au dévouement de Marie, l'école déserte se repeupla en octobre 1836. Tout y était *primitif :* local, meubles et enseignement, sur le modèle de la *Petite-Providence* d'Ars.

L'école à peine rouverte, la bande joyeuse y accourut, sans trop regretter monts et vaux où l'on s'était hâté d'oublier les soucis de l'étude. La bonne « Mamz'elle Marie » était là, sa présence suffit pour inspirer aux fillettes de la vallée l'*héroïsme* d'aimer presque autant la classe que les courses en pleine campagne au milieu des troupeaux.

Le petit monde reprit la route du devoir, au lieu de celle du plaisir, et travailla de son mieux à s'instruire autant que le comportait la vocation à la vie facile et simple des champs.

Tout alla à merveille. Une fois les quinze premiers jours du flux et reflux passés, on eût dit que l'incomparable maîtresse n'avait jamais fait autre chose que la classe, et que ses élèves n'avaient jamais su barbouiller leurs cahiers, ni déchirer leurs livres. Le temps était si bien employé, qu'il s'enfuyait dans le passé, sans qu'on rêvât, dès le lundi matin, aux délices du *jeudi.* Ce qui était plus beau encore, c'est que presque personne ne marchait « à reculons » en se rendant à l'école, comme cela s'est toujours pratiqué en tous lieux.

Pour instruire ses écolières, Marie employait la méthode la plus féconde en excellents résultats, celle de l'affection. Elle aimait et respectait dans l'enfant son âme, et n'avait qu'un but, celui de rendre la vertu et le bien aimables et faciles à cette âme innocente. L'affection sincère donne un empire absolu sur toutes les facultés de cette frêle créature, qui a si grand besoin d'être enveloppée d'amour et de respect pour s'épanouir à tout bien, à tout honneur, à toute vertu.

Qui donc aime et respecte les âmes des enfants dans les écoles où la *morale civique* leur est seule enseignée?...

O mères, qui avez une si grande mission à remplir auprès de vos enfants, sœurs aînées qui êtes les anges visibles de vos petits frères et petites sœurs, aimez leurs âmes et sacrifiez généreusement tout ce qui pourrait en arrêter l'élan vers le bien dont Dieu est la source.

« Si vous voulez élever des chrétiens, ne faites pas de ces enfants des jouets de votre vanité. »

Marie ne se servait d'aucun livre de l'Université pour instruire ses élèves. L'Histoire sainte, l'Évangile, le catéchisme, la grammaire très abrégée, et l'arithmétique élémentaire, suffisaient amplement pour faire de ces fillettes des montagnes, de bonnes et aimables personnes, destinées à vivre et à mourir dans la douce retraite de la vallée. Leur maîtresse savait que les récits imagés plaisent à la jeunesse et captivent son attention. Aussi, leur expliquait-elle les grandes vérités de la foi, à la manière du Sauveur parcourant la Judée, et instruisant le peuple, ce grand enfant, auquel on fait faire ce qu'on veut, que l'on conduit comme on veut et où l'on veut, pourvu qu'on saisisse son imagination et son cœur; ce qui n'est pas difficile, et ce dont on abuse pour l'égarer.

Les leçons de l'institutrice improvisée étaient si bien comprises et retenues, qu'on assurait n'avoir jamais vu d'écolières aussi *savantes* à Rignat, et même aux alentours, que celles de la bonne « Mamz'elle Marie. »

Oh! oui, elle était bonne, vraiment bonne et aimable pour l'enfance et pour la jeunesse, bonne pour tout le monde.

Comprenant le besoin qu'éprouvent les enfants de s'amuser et de se détendre, elle organisait pour ceux de l'école de petites fêtes, celle des étrennes par exemple.

A partir de Noël elle préparait toutes choses en secret; c'était une foule de jolis riens valant à peine un ou deux sous chacun, et dont son amie Célestine Chapuis, mariée à Lyon, lui avait envoyé la plus grande partie. Les jouets de luxe ne s'y trouvaient pas; mais on s'est tant et si bien amusé, de génération en génération, avec un moulin à vent, fait d'une coquille de noix! Point de poupées de deux cents francs, disant *papa* et *maman* à la vilaine façon des phoques; ni d'oiseaux empaillés, battant des ailes, sifflant à peu près, au moyen d'un mécanisme ingénieux; ni de chèvres se remuant, et bêlant par le même système. Qu'importait aux petites montagnardes? les oiseaux vivants chantaient en nombre dans la vallée, et les chèvres vivantes aussi, et cent fois plus gracieuses, ne bondissaient-elles pas par troupeaux aux flancs des rochers voisins?

Il ne faut pas tant d'argent pour se procurer de vrais plaisirs : ce qui est nécessaire à la vie du cœur et à celle de l'âme nous est donné gratuitement à tous, par notre Père céleste.

Le premier janvier, jour sans pareil pour les écolières, toutes les étrennes étaient disposées avec art, par Marie, sur le grand bahut de sa chambre, aux pieds d'un Enfant Jésus, le divin *Président* de la réunion. Les apprêts terminés, la bande joyeuse et impatiente entrait, poussant des cris de surprise et d'admiration à la vue du *superbe étalage.*

Tous les regards étaient braqués sur la commode. On souriait d'espérance, on tressaillait de crainte, parce que le sort est capricieux et que chacun voulait avoir le meilleur et plus bel objet.

La bonne Marie s'arrangeait de manière à contenter tout son petit monde, lequel exprimait sa *joie* à sa façon, criant, riant, battant des pieds sur le plancher avec les sabots, et croquant sur l'heure tout ce qui était croquable.

Et leur douce et patiente amie jouissait de leur candide allégresse.

Les premiers moments d'ébullition passés, elle profitait de la circonstance pour mettre quelques salutaires pensées dans les bons petits cœurs que la reconnaissance lui ouvrait à deux battants.

C'était sa manière d'aimer et d'instruire les enfants.

Quand arrivait la sainte Catherine, venait le tour des jeunes filles. Marie les réunissait aussi dans sa modeste demeure, où un charmant repas leur avait été préparé par sa délicate bonté.

Comme ses ressources, si modestes, ne lui eussent pas permis de se charger de tous les frais du festin, chaque invitée fournissait son écot : les unes de la volaille, les autres du beurre, du lait, de la crème, des œufs, des marrons, ces dragées de la montagne, qui ont sur celles des villes l'avantage de nourrir l'estomac et de ne pas l'irriter. Le tout était arrosé d'un bon petit vin rouge, voire même, au dessert, d'un excellent vin du crû et qui apportait, sans aucun excès, un redoublement de gaieté parmi les convives.

La maîtresse du logis se réservait les fonctions de cuisinière et s'en tirait à merveille, surtout pour les pâtisseries, qui l'emportaient, disait-on, en excellence, sur celles de Bourg même!...

Les œufs des trois poules et le lait de la chèvre de Marie y passaient, bien sûr; mais le plaisir qu'elle avait procuré la dédommageait de toutes ses privations.

Dans ces circonstances, elle sortait pour ainsi dire d'elle-même; car sa gravité faisait place à un entrain de si bon aloi, que les jeunes filles se disaient étonnées : « Mamz'elle Marie s'amuse autant que nous. »

Elle ne « s'amusait » pas précisément, mais elle était heureuse de les voir s'amuser innocemment, et elle profitait pour cela de toutes les occasions qui se présentaient.

Par exemple, elle ne manquait jamais d'habiller de blanc les jeunes filles et les enfants de l'école, pour les grandes fêtes de l'été : la première Communion et la Fête-Dieu, bien qu'elle dût se charger de préparer seule toutes les toilettes, ce qui était un surcroît de travail accablant, vu sa grande fatigue habituelle.

On dit qu'elle poussait la condescendance jusqu'à friser les plus petites, condescendance qui leur était des plus sensibles; — la vanité féminine germe à Rignat comme à Paris.

Ainsi parées par leur amie, petites et grandes jouissaient de sa bonté. Placées en tête de la procession, elles chantaient avec ensemble les cantiques de Saint-Sulpice, si simples, si beaux, si religieux, que l'infatigable Marie leur avait appris; c'était elle, encore, qui avait orné l'église et les reposoirs, de manière à rendre jalouses toutes les paroisses des alentours. L'air recueilli et plein de respect avec lequel elle dirigeait et surveillait son jeune *bataillon* blanc en écartait la dissipation. En sorte que la prière montait avec les nuages de l'encens, vers le Dieu caché sous les voiles eucharistiques.

Le soir de ces jours, hélas! de surmenage corporel, les forces de la généreuse fille étaient épuisées! Cependant, au lieu de se plaindre de ses saints labeurs, elle se disait trop heureuse d'avoir vu le divin Maître suivi à Rignat comme il l'avait été autrefois dans la Judée par la foule du peuple, c'est-à-dire des travailleurs.

Les pensées élevées et les intentions surnaturelles de Marie étaient une sorte de lettre scellée pour son rustique entourage, qui en recueillait le fruit, et en subissait la céleste influence, comme on respire les parfums d'une fleur, sans chercher d'où ils émanent.

Il en était de même pour le dévouement que toute adversité voyait grandir; chacun en usait et en abusait même, parfois, avec je ne sais quelle conviction intime qu'il ne s'épuiserait jamais.

Qui donc se fait scrupule d'user et d'abuser d'une eau pure qu'on a toujours vue couler avec abondance?

Qui donc dans la vallée du Suran pourrait dire avec vérité que Marie a refusé une seule fois de se dévouer, quand elle le pouvait, fût-ce même en surmontant les difficultés que tout autre eût trouvées insurmontables!

Au milieu de tant d'occupations écrasantes pour elle, Marie pratiquait sans mesquinerie ni ostentation les grandes dévotions de l'Église; elle assistait deux ou trois fois à la messe, chaque semaine, et y communiait avec un profond recueillement, mais toujours dans une attitude exempte de toute singularité. En la voyant, immobile et absorbée, il était seulement facile de comprendre qu'elle s'entretenait cœur à cœur avec Jésus-Christ. Voilà tout, et c'est beaucoup! c'est même une prédication à l'éloquence de laquelle peu d'âmes droites peuvent résister.

Dans l'usage fréquent des sacrements, elle puisait la force surhumaine de s'immoler, heure par heure et tous les jours, au bien et au bonheur des autres. « Immolation cent fois plus méritoire et plus difficile que de se sacrifier tout entière une bonne fois, » disait une grande âme qui expérimenta longuement tous les genres d'immolations (1).

Après les sacrements et le saint Sacrifice, le Rosaire avec ses ineffables mystères alimentait la piété de Marie, laquelle, sans jamais avoir étudié aucune méthode d'oraison, en était venue, sous la direction de la grâce, à méditer et même à contempler de la manière la plus excellente : celle qui fait suivre de plus près les traces du Sauveur, traces dans lesquelles le chrétien voit l'*itinéraire* de son dévouement.

Ce qu'elle pensait et pratiquait en grand, elle s'attachait à le faire penser et pratiquer en petit par ses élèves. Elle avait horreur de la routine qui accompagne trop souvent la récitation des longues formules de prière. Aussi, au lieu de les imposer à son cher petit peuple de l'école, lui apprenait-elle à dire principalement le *Pater* en pensant à la bonté, à la tendresse de notre Père du Ciel, et l'*Ave Maria*, en se souvenant de l'enfance pure et laborieuse de l'humble Vierge Marie, à Nazareth et dans le temple. Aux jeunes filles, c'était la dizaine du Rosaire-Vivant, si propre à alimenter la foi chez les chrétiens qui manquent de temps pour réciter les quinze dizaines du grand Rosaire : les

(1) Pauline-Marie Jaricot.

ouvriers surtout absorbés par le travail, et les amateurs de plaisir courant du matin au soir après des distractions nouvelles.

M. VIANNEY, CURÉ D'ARS (P. 250.)

Combien souvent les premiers ont repris courage et les seconds sont rentrés dans le sentier d'une vie chrétienne, au souvenir de l'un des mystères de la Rédemption !

La parfaite simplicité qui enveloppait toutes les actions de Marie, exerçait un heureux entraînement parmi ses élèves et les jeunes filles de Rignat, auxquelles sa douce parole enseignait une tout autre morale que la morale civique, laquelle ne saurait former la mère chrétienne, l'honneur et la joie du foyer domestique, ni la Sœur de Charité tenant la place d'un ange auprès des mourants. Il y avait alors et il y a encore dans la vallée du Suran, grâce peut-être à l'exemple et l'heureuse influence de Marie Husson, un caractère remarquable de simplicité, dont le charme l'emporte sans comparaison sur toutes les minauderies calculées, qui sont à la mode un peu partout dans le monde des femmes.

Aux plus âgées de ses écolières, à celles qui auraient pu être tentées de s'éloigner du hameau pour aller gagner un peu d'or dans les villes, la religieuse maîtresse disait : « Ne quittez pas nos tranquilles montagnes où l'air est si bon, si pur, et où le vice n'oserait lever le masque. La vue du clocher natal est douce, et l'ombre de ce clocher, salutaire, parce qu'il nous rappelle de grands et beaux souvenirs.... Que feriez-vous au loin, perdues dans une foule d'indifférents et exposées à des tentations affreuses, auxquelles votre foi et votre vertu succomberaient? Là, chères enfants, on rencontre à chaque pas d'ignobles *acheteurs d'âmes*, contre lesquels vous seriez sans défense, parce qu'ils usent d'armes perfides quand ils s'attaquent à l'innocence. Ici, tout vous protège contre leurs menées. Gardez le trésor de la vertu et celui de l'honneur. Il vaut infiniment plus que l'or. L'or peut être remplacé; mais la vertu et l'honneur chrétien ne sauraient l'être, fût-ce même par toutes les richesses et toutes les gloires du monde. »

Aux jeunes filles qui lui demandaient conseil au moment de fixer leur avenir, elle disait tout ce qui pouvait les éclairer sur les devoirs d'une chrétienne, et les convaincre que le sacrifice est le fonds de toute vie humaine, — que le plaisir n'en est que le rare accident; — que la femme est née pour obéir et se dévouer; — que Dieu se charge d'être sa force et sa récompense, soit qu'il l'appelle à la vie parfaite du cloître, soit qu'il la veuille au foyer de la famille avec la sainte mission d'y former des enfants à l'observation de sa loi; — qu'aucun *motif humain* ne doit faire embrasser la vie religieuse, sous peine de ne jamais atteindre la perfection que Jésus-Christ exige de ses épouses; — qu'il ne faut pas non plus choisir la vie du mariage avec légèreté, parce que la mission d'une épouse et d'une mère est sainte et sérieuse entre toutes les autres, etc.

Et on l'écoutait avec une confiance pleine de respect. Sa parole éclairait, non seulement les jeunes filles, mais aussi les pères, les mères qui ne manquaient jamais de la consulter dans les circonstances solennelles de joie ou d'affliction. Le mot : « Allons le dire à Marie, » était alors sur toutes les lèvres, et chacun savait vers *quelle* Marie! car, aucune autre n'était comme Marie Husson, la servante de la toute-puissante Vierge Marie, s'ingéniant par le cœur et l'intelligence à devenir, dans la mesure de ses forces et de ses moyens, le *perpétuel secours de tout le monde.*

Sous la direction de la dévouée Marie Husson, l'école de Rignat allait si bien que tous les habitants souhaitaient qu'elle gardât la même *institutrice.* Mais en dépit de son courage Marie se sentit à bout de forces, vers la fin de l'année 1842. L'enseignement épuise les plus robustes et elle avait toujours été souffrante. De plus, très délicate de sentiment, comme elle savait peu aisées la plupart des familles, elle n'avait jamais traité avec celles de ses élèves la pénible question de paiement ou de gratuité. Il s'en était suivi pour elle une gêne extrême, qui lui avait fait prolonger le travail du soir et multiplier ses privations, afin de subvenir aux plus pressantes nécessités de sa vie, cependant si frugale et si simple. Il n'y avait eu ni indiscrétion, ni avarice de la part de ces familles; mais seulement excès de générosité de la part de l'institutrice, qui avait laissé croire à des ressources qu'elle ne possédait pas. De plus, les tracasseries incessantes de l'instituteur civil devenant intolérables et la maladie envahissant le corps de l'héroïque maîtresse, il fallut qu'elle se résignât enfin à fermer son école et à laisser son cher petit troupeau de fillettes se réunir à celui des garçons, « au nom de la loi, » sous la férule du magister!

L'administration refusait de donner une institutrice, et la commune était trop pauvre pour pouvoir subvenir à l'entretien de deux Sœurs.

Cette détermination forcée, prise aux vacances de 1842, causa une douleur indicible à Marie qui aimait si profondément l'âme de ses élèves. Elle se promit bien de suppléer autant qu'elle le pourrait au manque d'instruction chrétienne de l'école laïque, où l'on oublie trop que l'enfant est tout autre chose qu'une sorte de perroquet répétant sans le comprendre ce dont on bourre sa mémoire.

Pendant les longs mois où la maladie la condamna à la réclusion et au repos, Marie fut l'objet des soins et des attentions de tous les bons habitants de Rignat qui savaient apprécier son inépuisable dévouement pour eux. Elle profita de ce temps de repos pour se recueillir et se livrer à la prière, sans contention d'esprit, mais amoureusement et simplement toujours. Nous revenons souvent sur ce caractère distinctif des actions de cette grande âme, afin que nulle autre, quelque ignorante et dépourvue de secours qu'elle soit, ne croie trop difficile pour elle la voie qui mène à Dieu par l'amour, ou celle de l'apostolat, par la charité auprès des autres.

Marie lisait parfois quelques revues et quelques journaux catholiques prêtés par le vénérable curé de Rignat, mais elle ne se permettait jamais ces sortes de lectures, quand elle pouvait rendre quelque service au prochain. Ce qui traitait de la *question sociale* l'intéressait vivement, parce que sa perspicacité d'esprit voyait au fond de cette question la question religieuse, question de vie ou de mort pour la France, qu'en sa qualité de chrétienne l'humble fille aimait plus que tout après Dieu.

Ces grands intérêts de l'Église et de la France lui causèrent des angoisses inexprimables et des désirs bien ardents! Tout ce qu'elle faisait ou souffrait était offert à Dieu pour le triomphe de la Religion dans notre chère patrie, opprimée par l'impiété. Elle priait beaucoup à cette fin et disait avec feu sa douleur pour le présent et ses espérances pour l'avenir, que tant d'œuvres et de sacrifices ignorés ensemencent, sous les rayons vivifiants du *Soleil de justice.*

Bien que ces hautes considérations occupassent habituellement ses pensées, elle n'en laissait rien percer dans ses relations journalières avec ceux qui n'auraient pu les comprendre.

Ces vues intellectuelles, étonnantes chez une paysanne, allèrent se développant les dernières années de sa vie; quand on avait occasion de causer avec elle des problèmes brûlants qui agitent et épouvantent de tous côtés, on ne pouvait qu'admirer ce que l'Esprit-Saint avait mis de discernement et de pénétration dans son âme angélique.

On pourrait dire que se dévouer était pour elle un besoin de tous les moments et de tous les états dans lesquels la plaçait la Providence. Elle aimait même les tout petits enfants, qu'elle gardait, à peu près tous les jours, pour que leurs mères pussent aller travailler dans les champs. Ce service était, bien entendu, gratuit. La *dévouée* n'en bénéficiait que pour le mérite; et la *vaillante,* pour un surcroît de fatigue. Les bébés étaient enchantés de cette gardienne, et encore plus des régalades et des distractions qu'elle leur donnait. Mais ils ne songeaient nullement à la *régaler* à leur tour d'un peu de silence et d'immobilité....

Cependant les moments formaient des heures, et les heures étaient comptées et inscrites au livre de l'éternité par les anges gardiens de ces petits exilés, commençant à marcher vers leur patrie, et l'âme de leur sainte protectrice se remplissait de plus en plus de paix et de générosité.

Sur son modique gain de chaque semaine, elle prélevait le *sou* de la Propagation de la Foi, la grande œuvre catholique! Non seulement elle la soutenait de son aumône, mais elle allait solliciter et recueillir celles des habitants de la contrée.

Malheureusement, bien qu'elle eût cessé de faire l'école, et qu'elle eût pris un peu de repos, repos trop relatif, ses forces ne revenaient pas, et chacun s'en étonnait, parce qu'elle ne confiait qu'à Dieu le secret de ses souffrances morales dont l'intensité allait croissant, à mesure que chez elle le cœur, la délicatesse de sentiments, la foi et la charité se développaient sous l'action divine.

Il est vrai aussi que les tristesses de l'Église dans nos temps d'épreuves, les offenses faites à Dieu, et les malheurs du prochain entraient pour une large part dans ses souffrances intimes, et la portaient à s'immoler de toutes manières, pour empêcher le mal de triompher dans les âmes et pour écarter la douleur de ceux qu'elle aimait. Et elle aimait tous les habitants de son village.

En 1846 ou 1847, Marie sortit pour la première fois de sa vallée. Une dame lui ayant demandé de l'accompagner à Ars, elle avait accepté avec empressement; car on parlait déjà des merveilles opérées à Ars par un prêtre, très pauvre des dons de la nature et de ceux de la fortune, mais très riche de grâce et de sainteté.

Elle le vit, lui confia son âme tout entière, et recueillit de ses lèvres bénies des paroles vivifiantes. Ces deux *pauvres de Jésus-Christ* durent s'étonner l'un et l'autre, de se voir mutuellement comblés des libéralités de la grâce, et admirer la manière dont s'était opéré en eux le travail de l'Esprit-Saint.

M. Vianney dit à Marie que sa santé s'améliorerait un peu, ce qui arriva. Du modeste presbytère à la *Petite-Providence* il n'y avait qu'un pas. Marie le franchit et alla respirer les parfums de cet asile de l'innocence, où le saint curé forma aux vertus chrétiennes bon nombre d'âmes, entre autres, celle de Maria Dubouis, l'héroïque compagne de Pauline-Marie Jaricot, fondatrice de la Propagation de la Foi et du Rosaire-Vivant.

Marie y trouva tout selon ses goûts : maison délabrée, meubles des plus primitifs; ouvrages de première nécessité: tricot, couture, filage à la quenouille, etc.; dans la *salle d'étude,* qui servait en même temps de cuisine, de réfectoire et de parloir, les mêmes livres de science qu'à son ancienne école de Rignat : dans ces deux *Académies*, l'âme l'emportait sur l'esprit, et l'esprit sur le corps.

Marie assista aux instructions familières de M. Vianney aux enfants. Une table de bois blanc y servait de chaire, et des planches, équilibrées on ne sait comment, formaient les sièges de l'auditoire, qui ne perdait rien des paroles si simplement belles que le Dieu des humbles faisait fructifier d'une manière admirable, non seulement dans l'âme des enfants, mais dans les les cœurs les plus endurcis.

Marie revint d'Ars avec un renouvellement de courage et un désir plus vif encore de faire aimer Dieu et ce qu'il aime : la vertu.

Il y avait beaucoup de pauvres à Rignat; mais le plus pauvre, le plus délaissé des *habitants* du hameau était... le divin Captif du Tabernacle.

Ce dénûment auguste toucha d'une sainte pitié le cœur de la pieuse ouvrière et lui inspira de se charger d'entretenir la prison terrestre du Roi des Cieux : l'aiguille volera plus rapide, les heures du travail seront prolongées le soir, et il y aura bien encore moyen d'ajouter privation sur privation. Avec toutes ces ressources, le Prisonnier d'amour sera traité de manière à faire comprendre que dans sa prison il est aimé et adoré!

Le plan ainsi tracé, Marie se mit à l'œuvre, et dès lors la maison du Seigneur brilla, comme celle de son humble adoratrice, du luxe des pauvres: l'ordre et la propreté. La sacristie, dépourvue de tout, devint l'objet de ses soins et de son industrie. Elle répara de son mieux aubes, linges, ornements, bannières, qui furent remis à neuf par ses mains habiles et diligentes; les trois autels s'embellirent de fleurs, souvent renouvelées dans la belle saison et remplacées l'hiver par des branches de bruyères.

A l'approche des fêtes, Marie se prodiguait, se multipliait, et mettait tout en œuvre pour réveiller le sentiment chrétien chez les uns, et le raviver chez les autres. Elle atteignait son but : on priait avec une ferveur nouvelle dans l'église, et les bons habitants de Rignat étaient émerveillés de la voir si bien parée, malgré sa pauvreté. S'ils avaient pu connaître l'âme de Marie, ils auraient compris que cette âme si pieuse en était l'ornement le plus agréable au Seigneur. Ne chantaient-ils pas :

L'or, la poussière,
Dieu de lumière,
Devant toi sont d'un même prix.
Un cœur qui t'aime,
Beauté suprême,
Voilà le don que tu chéris.

Marie, la *dévouée*, la *vaillante*, agissait pour cette œuvre, comme pour les autres, selon ses ressources et son pouvoir, malheureusement trop restreints par l'impérieuse nécessité de travailler pour avoir le pain de chaque jour, et par le manque de forces physiques qui lui rendait certaines fatigues impossibles à surmonter. Pourtant on disait : « Comment peut-elle s'en tirer ? On croirait que le bon Dieu lui envoie des anges pour aides ; car nous avons une église et une sacristie mieux tenues que ne le sont celles des grandes villes. Et puis ce n'est pas tout ! Tenez, quand elle est là, à prier, on dirait qu'elle voit Jésus-Christ, tant elle est recueillie, avec ce je ne sais quoi qu'aucun de nous n'a sur la figure quand il prie. »

Ce « je ne sais quoi » était le sentiment profond de la présence réelle du Sauveur Jésus dans l'Eucharistie.

Tout ce que faisait son humble bienfaitrice était accompagné de mille fois plus d'attention, de respect, de délicatesse et d'amour que ne l'a jamais été le service des plus grands rois.

En 1858, il y eut, parmi la population de Rignat, un mouvement sublime. L'église, très ancienne et enfoncée dans le sol,

En la voyant immobile et absorbée dans l'église... (P. 244.)

était tout à fait insuffisante pour contenir les fidèles qui étaient obligés de s'entasser dans une tribune s'avançant sur la plus grande partie de la nef. Cent et cent fois on avait demandé à l'administration des secours pour en faire construire une autre; mais inutilement.

Blessés de ce mauvais vouloir, nos braves gens se demandèrent un beau jour si, après tout, forts de leurs bras et de leur foi, ils ne pourraient pas agir sans l'administration.

Alors ces humbles montagnards sentirent passer sur leurs âmes le souffle de l'enthousiasme chrétien, qui faisait vibrer autrefois de toutes les nobles poitrines ce cri enlevant : *Dieu le veut!* auquel la France dut tant de gloires nationales et tant de magnifiques cathédrales, bâties par le travail gratuit de ces *petits* que la foi rend toujours grands et capables d'opérer les choses les plus étonnantes.

Deux âmes ardentes et généreuses entre toutes avaient provoqué cet élan : celle du vénérable curé d'alors, M. l'abbé Bombay, et celle de notre Marie, qui avaient dans le cœur cette conviction : Dieu veut avoir sur notre montagne une demeure qui puisse contenir tous ses enfants. A l'œuvre donc! et que chacun donne et travaille selon ses ressources et ses forces!

Et cela eut lieu.

On recueillit quelques aumônes, quelques dons pour l'achat des matériaux, et les journées furent offertes pour l'*honneur de Dieu*, comme au moyen âge. Tous les cœurs étaient à l'unisson pour hâter le moment désiré, et lorsqu'il fut arrivé, tout le hameau se mit au travail, joyeusement et courageusement, à la grande stupéfaction des quelques *libres penseurs* de la région.

En voyant ce qui ce passait à Rignat, ces esprits forts dirent avec l'assurance d'architectes sortis de l'École Polytechnique : « Pauvres gens! Laissons-les faire, et leur besogne achevée, nous aurons le plaisir de voir les voûtes s'effondrer sur eux. »

Au lieu de les écouter, tout le monde travaillait à qui mieux mieux, sous la direction intelligente et énergique de M. l'abbé

Bombay, qui avait étudié l'affaire et tracé ses plans avec autant d'habileté que de sagesse.

On démolit d'abord l'ancienne église, on nivela le terrain et l'on creusa les fondations de la nouvelle qui devait être assez vaste et avoir trois nefs. Le style gothique que l'on avait adopté était simple il est vrai, mais néanmoins d'une grande élégance. Projet hardi, et ce semble, impossible à réaliser, car les constructeurs n'avaient presque rien.

Cependant, bientôt les murs et les piliers apparurent et s'élevèrent solidement et rapidement! Personne ne restait oisif : tandis que les hommes bâtissaient, les femmes allaient chercher dans la vallée l'eau pour faire la chaux et le mortier. Les enfants mêmes travaillaient comme la *mouche du coche*, mais fièrement et joyeusement surtout, enchantés qu'ils étaient d'avoir à courir du haut en bas de la montagne pour faire les commissions, au lieu d'aller à l'école de laquelle on oublie si volontiers le chemin....

On arrive aux voûtes.... C'est le moment critique.... Mais les impies sont déçus. Les voûtes achevées, on enlève les échafaudages et la jolie église apparaît blanche et gracieuse comme un pavillon royal; et les voûtes demeurent intactes.

A cette vue la joie déborda de tous les cœurs vaillants, de celui de l'architecte, *par amour de Dieu*, et de ceux de tous les braves ouvriers, ses auxiliaires dans cette œuvre de foi. Marie qui avait encouragé et soutenu de mille manières *ses travailleurs du bon Dieu*, était ravie de voir enfin le divin Maître abrité sous une *tente* incomparablement plus belle que celles de tous ses enfants de l'humble Rignat.

Dans la charmante église, l'honneur et la gloire de tous, on dressa un autel dans chacune des trois nefs, et elle conserva son vocable de saint Didier.

La maison de Dieu achevée, on en fit la dédicace, non avec la magnificence déployée à Jérusalem pour celle du temple de Salomon; mais avec plus de joie peut-être, car la joie du succès est proportionnée aux sacrifices faits pour l'obtenir. Or, pour l'érection du temple, la merveille du monde, Salomon n'avait donné que la surabondance de ses incalculables richesses, tandis que, pour élever celui de la montagne, les enfants du hameau avaient sacrifié de leur nécessaire et beaucoup même leur pain de chaque jour.

Le joli monument avait été élevé avec une si étonnante rapidité que l'administration *affairée* n'avait pas eu le temps d'opposer son *veto.*

Que les échos de la tranquille vallée du Suran répètent à tous les chœurs chrétiens, capables d'agir et qui n'agissent pas : « Tout est possible à celui qui croit, et rien n'est difficile à celui qui aime. » Vouloir, c'est pouvoir, dit-on. Quel malheur que *pouvoir* ne soit pas *vouloir!* S'il en était ainsi, la question sociale, qui préoccupe et épouvante tout le monde, sans qu'on fasse grand'chose de décisif pour la résoudre, serait vite tranchée pour la paix et le bonheur de tous.

Dans les dernières années de sa vie, Marie sortit une seconde fois de son département, pour accompagner à Lyon une personne malade. La sainte villageoise admira moins les splendides aspects de la cité des martyrs, que la foi des Lyonnais, priant en foules recueillies et suppliantes, dans l'antique chapelle de Fourvière, que tant de prodiges ont rendue célèbre et où l'on accourt dès que la douleur ou le danger approchent.

Marie y passa de délicieux moments et remit entre les mains de sa divine Patronne le peu de jours qu'elle devait passer encore sur la terre. Elle descendit de Fourvière à Sainte-Philomène, autre sanctuaire miraculeux, élevé par la reconnaissance de la vénérée Pauline-Marie Jaricot.

Marie vénéra la plupart des reliques que les églises de Lyon gardent comme des trésors; puis elle reprit avec joie la route de son village dont le calme et la solitude allaient mieux à son âme méditative que le bruit et le mouvement de la grande cité, d'où elle rapporta cependant un surcroît de grâce et de courage, dus aux héroïques souvenirs qu'elle y avait trouvés.

De retour à Rignat, elle s'y fit plus que jamais toute à tous, jusqu'au dernier de ses jours. La savait-on arrêtée dans quelque demeure étrangère, on pouvait dire : il y a là quelque malade à soulager, ou quelque affliction à consoler; car, avare du temps, cette précieuse monnaie avec laquelle nous devons acheter l'éternité, elle n'en perdait jamais une heure en visites inutiles. En sorte que, si « le panache blanc du Béarnais était toujours sur le chemin de l'honneur, » la coiffe blanche de Marie fut constamment sur celui de la charité, qui est l'éternel honneur de Dieu lui-même.

Que de nuits sans sommeil pour veiller la souffrance!
Que de pain retranché pour nourrir l'indigence!
Que de pleurs toujours prêts à s'unir à des pleurs!...
Tant de soupirs brûlants vers une autre patrie,
Et tant de patience à porter une vie
Dont la couronne était ailleurs!...

Thérèse REULAND[1]

La jeune fille que les pages suivantes vont faire connaître à nos lectrices a été justement surnommée l'*artiste du Carmel*. C'est en effet dans un humble monastère de Sainte-Thérèse qu'elle est allée déposer, avec l'immolation de tout son être, son incomparable talent, sa renommée et cette auréole de gloire dont le monde s'était plu à l'entourer. Ses œuvres ont brillé aux expositions universelles et lui ont obtenu des succès éclatants. Le Vatican a vu son chef-d'œuvre, l'*Adoration du Très Saint Sacrement au ciel*, et le Saint-Père, après l'avoir longuement considéré, a ordonné de le placer dans sa chapelle. Le Nouveau Monde a réclamé ses œuvres et, pour suffire à tous les désirs, jour et nuit l'artiste eût dû se consumer; c'est que son aiguille créait des merveilles dans l'art chrétien, elle en avait le génie. Les conceptions de ses tableaux s'élaboraient dans son esprit et ses doigts habiles les reproduisaient aussitôt. Et ce talent exceptionnel, inouï, était un don infus du Créateur, aucune étude ne l'avait fait éclore : c'était une flamme déposée dans cette intelligence, dans cette âme; flamme qui, à travers mille obstacles, devait se faire jour au moment marqué par la

(1) *L'artiste du Carmel* par Élise de Rœbé. Comme tous les autres de ce recueil, ce récit est historique, mais certains noms ont été changés et l'on a fait quelques suppressions au texte original.

Providence. L'œuvre des Missions du Congo a porté le feu de son zèle jusqu'au fond de l'Afrique, et Léon XIII en récompense de son dévouement lui a décerné une médaille.

Et voici que tout ce renom, que toute cette gloire est venue mourir à la grille d'un cloître !

Quelle est donc cette « artiste du Carmel, » cette Sœur Thérèse de Jésus ?... » Nous allons essayer de faire connaître son caractère mâle et viril, son cœur chaud et aimant, son âme saintement enthousiaste de tout ce qui est grand et beau.

Pour rendre complète cette figure vraiment remarquable, nous sommes obligé de mettre en scène aussi son amie intime qu'elle appelle « la sœur de son âme » et la famille de cette amie à cause des circonstances qui s'y rattachent.

En quittant la grande ligne du Nord à la station de C..., un embranchement de chemin de fer à petites sections vous mène en moins d'une heure au charmant bourg des Rochers.

C'est de tout le Grand-Duché de L..., le coin de terre le plus pittoresque qui se puisse rêver : une étroite vallée, couverte de prairies où serpentent les eaux cristallines d'un beau ruisseau poissonneux; des montagnes boisées d'où surgissent les hauts et magnifiques rochers qui ont donné leur nom à cet endroit privilégié; des habitations blanches et proprettes témoignent de l'ordre et de l'aisance des habitants. Mais ce qui donne à ces lieux leur véritable cachet, leur charme saisissant, ce sont les ruines d'un château féodal du Moyen Age qui s'élèvent majestueuses sur le massif proéminent de roches s'avançant en pointe au-dessus du village. La sombre verdure des sapins, celle plus claire des mélèzes et des fouillis inextricables de lierre s'accrochant aux épaisses murailles forment un ensemble où le grandiose se mêle à la fraîcheur, la vie à la destruction.

Juste en dessous des ruines, comme faisant partie du parc du vieux château, s'étage en terrasses un jardin anglais, suivi d'un potager où se cultivent les primeurs de la saison, grâce à l'abri de tout souffle du nord : les carreaux de légumes bordés de buis, agrémentés de plates-bandes où fraternisent les roses et les lis, les bluets et les pavots, les valérianes et les spirées. Sur la dernière terrasse une des portes de l'habitation permet d'avoir accès à l'intérieur. Ce jardin avec la demeure appartiennent à Mlle Thérèse R..., directrice d'un atelier de couture et confections. Mais remontons sur la terrasse supérieure. C'est là que, dans une ombreuse allée de sapins, nous trouverons deux jeunes filles engagées dans une conversation animée. L'aînée, Thérèse, notre héroïne, avec sa mise simple et modeste, nous apparaît comme le type de cette classe bourgeoise, intelligente, qui a conscience de sa force et s'appuie sur elle-même. L'autre plus jeune, Alix, appartient au château d'en bas ; elle apprécie beaucoup les qualités de cœur de son amie et pénètre jusqu'au fond de l'âme de celle qui pour elle n'a aucun secret. Quel lien intime rattache ces deux jeunes filles placées sur une échelle sociale inégale, quel attrait irrésistible les a conduites l'une vers l'autre? C'est l'amour de la beauté de la maison de Dieu. Thérèse avait été chargée par son pasteur de l'entretien et de l'ornementation des autels; c'est là qu'elles se sont rencontrées, et la fille du château a demandé à la directrice d'atelier : « Voulez-vous de moi pour aide dans le temple du Seigneur? » et celle-ci de répondre avec tout son cœur : « Oh ! certes oui. » Et de ce jour le pacte d'amitié fut conclu, amitié bénie par les anges, union de deux âmes qui devait rester sans ombre et sans nuage à travers mille vicissitudes.

Ce soir-là, c'était un dimanche et au retour du printemps ; le parfum des lilas embaumait l'air, la pourpre du soleil couchant jetait ses derniers reflets sur le bourg, sis au pied du vieux donjon ; le clocher de l'église, la tour du château des pères d'Alix miroitaient sous les chauds rayons ; les oiseaux gazouillaient leur hymne du soir et, de la montagne voisine, quelques lointains accords de fanfare venaient mettre leur note tantôt joyeuse, tantôt mélancolique, dans cette soirée pleine de rêveries ! Et pourtant elles ne rêvaient pas nos jeunes filles. Jamais Thérèse ne s'accordait cette faiblesse, le temps lui en faisait complètement défaut. Toujours pressée, elle n'avait ni trêve ni repos et cette promenade sous les sapins ou dans le jardin du château, les soirées de dimanches, était une récréation inusitée accordée aux instances de son amie qui, sourde à toutes les objections, revendiquait le repos du jour du Seigneur. « Dessins, comptes, correspondances, tout cela quand vous voudrez, avait-elle dit, mais la soirée appartient à notre amitié. »

Et Thérèse qui ne savait résister à aucun désir d'Alix, avait cédé. Une nuance de fatigue, de découragement se lisait sur les traits accentués de l'aînée.

« Non, s'écrie-t-elle, je ne puis continuer cette vie de galères! travailler jour et nuit à une besogne fastidieuse quand mon esprit et mon cœur sont à cent lieues!... restreindre mes facultés à ces misérables chiffons, quand je sens en moi la flamme qui peut créer des œuvres de valeur!... Tenez, quand je n'en puis plus de fatigue, d'ennui, je m'assieds à mon métier à broder et un quart d'heure de cet ouvrage-là m'est un repos délicieux, mes nerfs se détendent et je puis reprendre mon travail ordinaire.

— Oui, oui, répond Alix, c'est ainsi que vous prétendez vous reposer les nuits. Vous avez beau parler de ce repos moral, vous savez bien ce qu'en pensent vos amis : la lame use le fourreau : le repos physique est aux nerfs d'une nécessité absolue. Vous avez encore une fois outrepassé vos permissions de veillées cette semaine; où en est votre devant d'autel?

— Je le finirai dans les premiers jours. On me l'a demandé pour l'exposition de Paris, mais si un jour j'expose, ce sera un autre travail, je vous le promets; mais jusqu'à quand, mon Dieu! jusqu'à quand? Tenez, Mademoiselle Alix, vous vous plaignez parfois de trop de solitude; eh bien, moi, être seule dans une petite cellule, fût-ce même en prison, seule avec mon métier, livrée à mes inspirations, serait pour moi un bonheur sans pareil.

Voire même au ciel, je souscrirais volontiers de broder pendant toute l'éternité des robes aux Anges et aux Saints.

— Grand merci, riposte Alix en riant, moi je me souhaite un tout autre bonheur pour l'éternité; ma jouissance sera dans l'amour : aimer, aimer sans bornes, sans mesure, et, se voir, se

SAINTE THÉRÈSE (P. 280.)

sentir ainsi aimée, Dieu, quelles délices!... Mais nous nous éloignons de notre sujet : voyons, chère amie, ne trouverons-nous pas enfin une issue à ce labyrinthe où depuis si longtemps vous languissez ou plutôt vous enfiévrez de plus en plus?

— J'aperçois une faible lueur d'espérance : M. le curé qui, vous le savez, est grand connaisseur en fait d'art chrétien, m'a promis de s'adresser à un atelier en renom de Munich. Reste à savoir si j'y trouverai place, car il me faudra bien passer par là pour connaître les rouages du métier. Mais quel orage dans ma famille quand je déclarerai mes intentions!... L'atelier de couture marche si bien, le transformer en atelier d'ornements d'église et broderies d'art, quel changement et qui répondra du succès? C'est ce que M. le curé me répète toujours, sacrifier le certain pour l'incertain : mais vous le savez, quand, après mûre réflexion, une idée m'est entrée dans la cervelle, le monde entier se liguerait contre, rien ne m'arrêterait; d'ailleurs je sens en moi la certitude d'arriver.

— Oui, chère Thérèse, je l'espère; j'ai foi en votre talent; il ne vous a certes pas été departi dans une telle mesure pour rester sous le boisseau. Mais venez donc donner un coup d'œil à ce charmant paysage avant que les ombres nous le voilent. »

Les jeunes filles s'accoudèrent en silence à la balustrade qui courait le long de la terrasse; au même moment les sons argentins de l'Angélus s'envolèrent dans les airs et montèrent jusqu'à leurs hauteurs. *Ave Maria!* dirent-elles avec ferveur. Et du buisson fleuri le rossignol dans une demi-roulade répéta : *Ave Maria!*

— Dieu! que notre nid est ravissant, murmura Alix, contemplant le château, le village avec son cadre de rochers en saillie et ses montagnes boisées : dites, Thérèse, pourriez-vous le quitter?

— Le quitter! autant m'arracher le cœur. Mais pourquoi cette supposition? je n'ai nulle envie de m'expatrier; au contraire, faire le bien aux Rochers, aider de tout mon pouvoir à faire entrer, sinon le bien-être, du moins le nécessaire dans les familles ouvrières. Et puis, vous le savez, Mademoiselle Alix, notre rêve!... donner à notre jeunesse le goût du sérieux, préparer son bonheur pour ce monde et surtout pour l'autre.

— Oui, tout le monde est ici désireux de connaître, d'apprendre; ajoutez à cela une bonne dose d'amour propre : un penchant naturel à obliger et en même temps très prononcé pour le plaisir; un beau petit mélange d'où peut surgir quelque chose de bon moyennant la direction. Et pourquoi n'y arriverions-nous pas? J'ai un immense désir de me dévouer à cette chère jeunesse. Nous la prendrions au moment où elle quitte les bancs de l'école et nous continuerions l'œuvre des bonnes Sœurs auxquelles ces enfants échappent alors. Je me chargerais de la partie morale et récréative, et vous, mon habile Thérèse, vous feriez le reste. Combien je serais heureuse! fasse le ciel que ce beau projet ne reste pas à l'état de rêve! Mais j'entends notre cloche du souper, vite, vite, je me sauve. Tâchez de passer bientôt, chère Thérèse, bonsoir.

— Bonsoir, chère âme. Dieu vous garde.

Et Alix descendit rapidement la montée.

M. le curé des Rochers s'occupait activement d'art chrétien et c'est ainsi que Thérèse trouva en lui un guide et un puissant encouragement. Lui, de son côté, comprit cette nature primesautière, toute faite de dévouement, d'abnégation et douée d'un talent exceptionnel. Il se reposa sur Thérèse pour la direction de l'association chargée de l'ornementation de l'église, mission dont elle s'acquitta toujours avec un tact parfait, prenant pour elle-même toutes les préoccupations, les fatigues et les charges, ne se servant de son influence sur les jeunes filles et leurs mères que pour enflammer leur zèle pour la beauté du lieu saint et les porter par le visible jusqu'à l'invisible. Jamais Thérèse ne se départit de sa modestie naturelle, de son désintéressement inné, et l'on chercherait en vain, dans toute sa conduite, un seul acte empreint d'un sentiment personnel.

Ce furent les recommandations du bon curé qui introduisirent Thérèse dans les ateliers en renom de Mlle I*** de Munich. Elle n'y était que depuis peu de temps lorsqu'elle apprit la mort prématurée de son protecteur. Cette nouvelle plongea son cœur aimant et reconnaissant dans une tristesse profonde, mais sa nature énergique ne s'abandonnait jamais : elle fit à Dieu le sacrifice de sa peine, et, vaillamment, elle acheva de se perfectionner à l'habile école de Mlle I....

Le retour de Thérèse fut salué avec joie par Alix et toutes les jeunes filles des Rochers; un grand nombre d'entre elles sollicitèrent leur admission dans le nouvel atelier qui promptement s'organisa. Un ouvroir de couvent n'eût pas offert un aspect plus édifiant : la lecture spirituelle, la récitation du chapelet y trouvaient leur place tout naturellement, et, en confectionnant ces beaux ornements, nos jeunes brodeuses apprenaient à qui les dédier; en maniant l'aiguille, l'âme montait plus haut.

On eût dit que la bénédiction du vénérable défunt planait sur la nouvelle œuvre, le succès dépassa toute attente, et la famille de Thérèse fut promptement rassurée. Si le gain ne monta pas en proportion, on ne peut s'en prendre qu'au désintéressement de l'artiste : produire beaucoup d'œuvres pour le culte, en remplir toutes les églises et chapelles de son pays et, s'il était possible, du monde entier, tel était le désir toujours insatiable de Thérèse. Quant à la question d'argent, elle resta toujours secondaire et son amie Alix l'en reprit mainte fois. « Quand vous vous serez rendue aveugle à force de broder, lui disait-elle, que deviendrez-vous? Il faut pourtant un peu songer à l'avenir. Si vous aviez plus d'argent, vous sauriez déjà bien à quoi l'employer. » Thérèse convenait de son tort en riant : « Oui, oui, grondez-moi, répondait-elle, vos raisonnements sont très justes, mais je crains fort que vous ne prêchiez dans le désert... je ne puis pas me changer. Travailler pour de l'argent, moi qui aimerais tant tout donner pour l'amour du bon Dieu! Cette répugnance chez moi est instinctive; vous savez ce qui m'arriva dans ma première jeunesse? Après avoir terminé mes classes, je fus mise à la couture; un jour, j'accompagnais ma tante chez une pratique, et, lorsqu'on voulut me remettre mon salaire, je me sauvai dans la plus grande confusion. J'aurais toujours voulu *donner* mon travail, et rien ne me mortifiait comme de recevoir de l'argent.

— Singulière enfant! riposta Alix, moi je trouve très honorable de recevoir le gain de son travail.

— Oui, certes, ce n'est pas cela... comment m'expliquer? Je

voudrais toujours donner, me dépenser pour les autres sans que ceux-ci aient besoin de me le reconnaître.

— C'est un don de Dieu, chère amie, il vous a donné une nature exceptionnelle, mais n'en demandez pas autant d'un chacun et surtout souvenez-vous que la prudence est aussi une vertu.

— Je tâcherai, je tâcherai, » répondait Thérèse d'un ton peu convaincu, et les débats reprenaient à chaque occasion nouvelle.

Plusieurs années s'écoulèrent ainsi. Thérèse obtint une médaille à l'exposition universelle d'Anvers; mais sa modestie n'en souffrit pas la moindre altération : elle semblait ignorer qu'elle-même fut l'auteur des merveilles écloses sous ses doigts de fée.

Un soir qu'Alix contemplait les beautés de la nature sous les rayons d'un soleil de décembre qui donnait au givre toutes les nuances de l'arc-en-ciel, elle fut interrompue par l'arrivée de Thérèse qui venait lui apporter divers ouvrages à terminer pour la mission du Congo. C'était une œuvre que Thérèse avait créée aux Rochers ; elle avait su y intéresser le plus grand nombre ; les jeunes filles apportaient avec leur travail maint colifichet et parure qu'on façonnait à l'usage des sauvages; les marchands trouvaient toujours quelques marchandises défraîchies qui s'adaptaient aux besoins de ces pauvres dénués; les enfants récoltaient les vieux timbres et ainsi, avec beaucoup de bonne volonté et à peu de frais, grâce au dévouement sans bornes de la directrice, l'œuvre prospérait. Du fond de sa mission du Congo, le R. P. S... bénissait les cœurs charitables qui songeaient à ses pauvres néophytes et envoyait des rapports circonstanciés sur les travaux des missionnaires, leurs espérances, les progrès des chers sauvages, et ces lettres, lues aux réunions d'ouvrage, entretenaient le feu sacré de l'œuvre parmi la jeunesse qui, pour persévérer, a toujours besoin de stimulant.

Cette fois, à l'envoi de vêtements, chapelets, canifs, livres, etc., devaient s'ajouter quelques objets plus précieux destinés à la chapelle des missionnaires : un ciboire et divers ornements. Les deux amies ne se possédaient pas de joie en passant en revue toutes leurs richesses.

« Quelle surprise pour les bons Pères ! disait Thérèse.

— Combien de vaches, porcs et chèvres donneront bien tous ces couvre-chefs et colliers? demandait Alix. Ah! si j'étais homme, moi aussi je partirais à la conquête des sauvages; rien de plus sublime que cette mission d'apôtre avec la chance du martyre au bout; mais nous, pauvres petites femmes, nous ne sommes bonnes à rien. Pardon, ma Thérèse, je ne parle que de moi; vous c'est autre chose, vous êtes bonne à tout.

— Oui, vraiment, reprit celle-ci en riant, qui sait si un jour je ne m'embarquerai pas pour le Congo, question de voir de près les besoins de la Mission!

— Ah! vous êtes capable de tout et savez vous en tirer partout.

— Cependant j'ai un autre voyage à cœur, un bien cher projet que je réaliserai certainement avant qu'il soit longtemps.

— Ah! et peut-on savoir ?

— Oui, certes, j'irai à Rome.

— A Rome, heureuse enfant ! je souhaite que ce rêve de cœur se réalise. Mais nous voilà bien loin de nos sauvages : il est temps que je me mette à ma besogne. Je vous enverrai le tout terminé ce soir ou demain ; maman m'aidera avec plaisir et nous irons voir votre belle exposition. »

De nouveau le printemps était venu, riant, plein de fraîcheur, aux Rochers, vraiment enchanteurs. Sur l'une des terrasses du château, dans un chalet ouvert, nous trouvons les deux amies; mais d'où vient que devant un paysage si riant elles aient un tel air de tristesse? Alix a les yeux remplis de larmes en écoutant Thérèse. C'est que l'artiste brodeuse, l'enfant des Rochers a pris une grave détermination, elle va quitter la patrie de son cœur sur laquelle elle a déversé pendant tant d'années tous les trésors de son infatigable charité et de son incomparable désintéressement ! Elle va se séparer de cette jeunesse que sa vigilance, son dévouement avaient su maintenir dans le droit chemin; de ses pauvres, de ses malades qui la connaissaient si bien ! Dire adieu à sa vieille mère, trop âgée pour être transplantée sur un autre sol ; abandonner sa vaste maison qu'elle venait d'enrichir d'un nouvel atelier, tant son œuvre était prospère ! son beau jardin... mais ce dernier ne comptait pas dans sa peine; le côté matériel des choses la touchait peu. Oui, Thérèse allait transférer son atelier dans la capitale, et sa nombreuse clientèle s'en félicitait. Mais les deux amies ne se félicitaient pas; elles se résignaient et acceptaient en silence ce changement comme la meilleure solution d'une situation délicate pour sauvegarder la paix et la charité. Dieu permet pour l'épreuve des siens que des âmes qui sembleraient faites pour s'entendre et se prêter aide mutuellement, pour faire le bien, restent parfois incomprises l'une à l'autre. Il y a entre elles comme un voile épais que les intentions les plus pures d'une part et la bonne volonté la plus constante de l'autre ne parviennent pas à faire tomber. C'est pour l'âme généreuse qui voudrait se dévouer et faire le bien, une cruelle souffrance.

— Notre correspondance sera active, disait Thérèse, j'aurai toujours du temps pour cela ; je ne vous cacherai rien et nous croirons encore être ensemble.

— Oui, et quand je serai malade, répliquait tristement Alix, je n'entendrai plus votre pas rapide et léger qui vous annonçait à moi dès que vous mettiez le pied dans la maison et me réjouissait déjà le cœur. Et nos soirées du dimanche! Nous n'ornerons plus ensemble notre chère église où nous nous sommes rencontrées pour la première fois!... nos réunions de travail! notre pauvre Mission ! »

Il n'y avait rien à répondre, sinon à s'encourager au sacrifice et à se promettre de se rapprocher le plus souvent possible.

Thérèse partit donc, suivie des regrets de toute la commune où elle avait apporté sa part de travail, contribué au gain de ses enfants.

Les mères de famille, tout comme leurs filles, la pleurèrent; mais dans les esprits subsista longtemps encore l'espoir que ce départ ne resterait pas définitif. Chères illusions! que de sacrifices vous cherchez à éluder! La souffrance est si antipathique à la nature humaine qu'avant de l'admettre, l'esprit pour y échapper épuisera les derniers ressorts de l'imagination, il s'accrochera à tout lointain mirage. C'est parfois un bien pour les âmes un peu faibles : on se familiarise ainsi peu à peu avec l'idée du sacrifice, soutenu par l'espoir que peut-être on l'évitera, et le temps fait son œuvre!

Celui qui voit les luttes intimes soutenues sous son seul regard aime parfois à leur accorder un triomphe éclatant. C'est ce qui eut lieu pour notre artiste. Sa réputation l'avait devancée à la ville de L...; elle y fut accueillie avec joie, surtout par le clergé qui lui accorda sa pleine confiance. A mesure qu'elle fut plus connue, elle fut appréciée à toute sa valeur. Mgr l'évêque lui-même ne dédaigna pas de se rendre à l'atelier, surtout à l'époque où Thérèse brodait pour l'exposition vaticane son grand tableau de l'*Adoration du Très Saint Sacrement au ciel*. Travail féerique qui reçut la plus douce sanction qu'une artiste chrétienne eût pu ambitionner. Le Saint-Père voyant le tableau s'arrêta, l'examina et prononça ces paroles : « Ceci me plaît! » et, comme nous l'avons dit en commençant, Sa Sainteté ordonna de le conserver pour le Vatican.

Malgré son surcroît de travail, de soucis, d'embarras inévitables à des affaires si étendues, Thérèse n'abandonna pas sa chère Mission du Congo; au contraire, l'œuvre se dilata dans un milieu pouvant disposer de plus de ressources; les envois, précédés d'une brillante exposition, se firent régulièrement, et la directrice sut si bien communiquer le feu du zèle renfermé dans son cœur, qu'elle mérita de recevoir de Léon XIII ce témoignage d'estime si flatteur et si précieux, dont nous avons déjà parlé, la médaille d'encouragement.

Comme Thérèse l'avait promis, sa correspondance avec Alix

ROME (P. 273.)

fut très suivie et très intime; celle-ci jouissait de tous les succès de cette amie dont le départ avait fait une si profonde lacune dans sa vie, car avec Thérèse avaient disparu toutes les œuvres et Alix, malgré sa bonne volonté et son désir de propager le bien, se trouvait les mains liées par suite des mêmes malentendus énoncés plus haut. Obligée, quoique avec tristesse, de se désintéresser de ses chers Rochers, elle ne s'identifia que d'autant plus intimement aux intérêts extérieurs qui venaient jusqu'à elle. Thérèse, au cœur délicat, ne négligea rien pour mettre ce charme dans l'existence de son amie et c'est ainsi que, quoique séparées, elles vécurent de la même vie.

Plus les affaires de Thérèse prenaient des proportions vastes, plus multiples aussi devenaient les soins, les fatigues, les préoccupations. Elle avait à cœur de contenter sa clientèle jusque dans les moindres détails, et telle était sa fidélité à la parole donnée, qu'elle ne s'épargnait ni jour ni nuit pour que chaque objet arrivât à point nommé à la paroisse où il était attendu. Ce qu'elle réalisa ainsi tint souvent du prodige. Et, au milieu de cette presse, de cette hâte, elle restait calme, tranquille, parachevant son ouvrage avec la dernière perfection comme si elle eût eu un temps considérable devant elle. Pour Thérèse la gloire de Dieu passait avant tout, avant ses intérêts propres; c'est ainsi que maintes fois n'ayant à disposer que de peu de ressources à cause de la pauvreté des paroisses, elle ne put se résigner à confectionner tel ornement ou telle bannière avec un tissu si médiocre et un travail si peu ornementé; elle le faisait donc *beau* et prenait le surplus des frais à son compte.

Le grand jubilé de Léon XIII qui attira à Rome l'univers catholique tout entier, devint aussi pour Thérèse l'occasion de réaliser enfin son pieux désir de voir le Vicaire de Jésus-Christ et d'en être bénie. Elle se mit en route au mois de février et jouit avec bonheur du charme puissant de ce beau voyage. Dans la Ville éternelle elle trouva un compatriote dans la personne d'un pieux et savant prêtre, doué d'une obligeance et aménité parfaites, qui lui fit voir avec intelligence toute la Rome chrétienne. La voyageuse prenait des notes chaque soir et, à son retour, ses amis obtinrent de faire publier cette relation écrite avec une lucidité et une simplicité pleine de charme. Son audience du Saint-Père et son pèlerinage à la Madone de Genazzano comptent parmi ses meilleurs souvenirs.

De graves pensées avaient accompagné Thérèse pendant son pèlerinage : elle se sentait fortement appelée à quitter le monde pour embrasser l'austère règle du Carmel et elle implorait la lumière d'en haut pour connaître clairement, sûrement, la volonté de Dieu à cet égard. Rien en elle ni dans les circonstances extérieures où elle vivait ne semblait indiquer une vocation si extraordinaire à l'âge où elle était parvenue; aussi ses ouvertures à ce sujet ne rencontrèrent-elles que le doute sinon une négation absolue; sa place était si bien marquée dans le monde où elle faisait tant de bien! son talent ne lui avait pas été donné pour aller le cacher sous le boisseau, etc... etc.... Plusieurs années de lutte, de souffrances intérieures inouïes devaient se passer avant que notre artiste vît se fermer sur elle les grilles du saint monastère objet de ses vœux.

A Rome, à Lorette, elle ne reçut aucune lumière spéciale, mais elle rapporta de ce lointain pèlerinage un amour toujours plus grand pour la sainte Église et un désir plus véhément encore de se consumer tout entière en travaux pour la gloire de Dieu. Par obéissance elle s'efforça de refouler son désir de vie religieuse et de s'absorber dans les travaux de son art demandés maintenant jusqu'en Amérique. Peine inutile; cette pensée surgissait du chaos des affaires et prédominait le tout. En parlait-elle, on ne voulait pas la croire, et cette lutte devint un tel martyre que sa santé commença à s'altérer. Seule son amie l'avait crue sur parole; sans doute, comme les autres, elle ne pouvait s'expliquer cette vocation par aucun signe extérieur, mais elle croyait fermement que la grâce de cet appel sublime avait été réservée à son amie, en échange de toute une vie de dévouement à la gloire et aux intérêts de Dieu. Elle était ravie de joie en voyant de quelle récompense magnifique le Seigneur voulait couronner le labeur de sa fidèle servante et elle mit tout son cœur, toute son âme à consoler, à encourager Thérèse durant le long temps d'épreuve que celle-ci eut à traverser.

Cependant le directeur de conscience de notre artiste, homme rempli de l'esprit de Dieu, pieux, prudent et éclairé, après avoir ainsi passé cette vocation au crible, facilita à Thérèse des relations avec le Carmel de R..., dans les Pays-Bas, où elle ne tarda pas à se rendre sous le prétexte d'une commande d'ornements à fournir. De part et d'autre on fut gagné, et Thérèse, à son retour, vint directement aux Rochers rendre un compte détaillé de cette importante entrevue à sa chère Alix. Une fois encore les deux amies se promenèrent longuement sous les sapins du jardin de Thérèse. Celle-ci était remplie d'ardeur, une sainte impatience la dévorait maintenant qu'elle entrevoyait le port. Alix comprenait le bonheur de son amie, le partageait; mais l'idée de s'en voir bientôt séparée par des grilles inaccessibles la remplissait de mélancolie.

« Quand vous connaîtrez la Révérendissime Mère Prieure, Alix, lui dit Thérèse, votre âme se remplira de joie. Et puis, songez donc, si nous avions le Carmel dans ce pays même, à la place où nous nous trouvons!...

— Ah! cela serait trop de bonheur, chère Thérèse, s'écria Alix avec enthousiasme, cette perspective mérite bien des sacrifices.

— Prions et espérons, » conclut Thérèse en s'éloignant.

Grâce à l'initiative généreuse, à l'énergie virile de la volonté de Thérèse, jointe au zèle prudent et infatigable de M. le doyen H..., les dernières difficultés furent enfin aplanies et les Filles de sainte Thérèse firent leur entrée dans le Grand-Duché de L. au mois de juin 1889. Thérèse alla les recevoir à la frontière, heureuse mille fois d'avoir été l'instrument de Dieu pour doter sa patrie d'un tel trésor. En effet qu'y a-t-il de plus grand, de plus sublime que ces ordres contemplatifs tant méprisés, honnis par les incrédules, déclarés au moins inutiles par un grand nombre de chrétiens? Inutiles! ces vies de prière, de pénitence, d'immolation sous le seul regard de Dieu? Et à quelles fins? Pour fléchir la colère, la justice du Seigneur en faveur de leurs frères égarés. Ce sont ces dix justes obtenant grâce pour Sodome et Gomorrhe! ces pénitentes sauvant Ninive de sa ruine! c'est Moïse priant sur la montagne, assurant la victoire de ceux qui combattent dans la plaine.

Les premières Carmélites reçurent l'hospitalité de leurs sœurs du Tiers Ordre en attendant que leur modeste monastère fût prêt à les recevoir. Thérèse s'y rendait journellement tant pour les affaires temporelles que pour les conférences spirituelles.

Nous nous demandons quels étaient bien maintenant ses sentiments : Sans doute elle surabondait de joie de voir cette grande entreprise menée à bonne fin et elle-même si près d'atteindre ce but si longuement, si ardemment désiré? Il n'en était rien : les difficultés s'amoncelaient sur son chemin; la prudence voulait qu'elle ajournât son entrée au printemps; l'hiver à passer dans un bâtiment neuf, sans feu, selon la règle des Carmélites, elle qui avait tant souffert d'un rhumatisme au bras, ce n'était pas à conseiller. L'avenir de son atelier la préoccupait; elle ne trouvait personne à y mettre à la tête, pour la remplacer; finalement on résolut de l'attacher au monastère même. Aux embarras extérieurs s'ajoutèrent les luttes intérieures; tristesse, découragement, aucune épreuve ne lui fut épargnée. M. le doyen H... et la Révérende Mère Prieure mirent toute leur charité à la consoler, à la soutenir, mais ils n'étaient pas toujours abordables. Le plus grand soulagement de Thérèse fut donc de s'épancher près d'Alix qui, mieux que nul autre, savait pénétrer le fond de cette âme, la relever, l'encourager; lui montrer cette bourrasque comme passagère et par delà, le ciel serein qui brillait sur la montagne du Carmel dont chaque jour la rapprochait davantage.

Vaincus par les instantes supplications de Thérèse qui trouvait réponse à toute objection, ceux qui avaient autorité sur elle consentirent enfin à son entrée au Carmel qui fut fixée au 15 octobre.

Avant de se séparer pour toujours de ce monde qu'elle n'avait jamais aimé, Thérèse voulut donner quelques jours encore à Alix.

Elle vint donc aux Rochers au commencement d'octobre et les deux amies parcoururent une dernière fois ensemble ces lieux qui avaient vu se former et grandir leur sainte amitié. L'automne étendait sa teinte mélancolique sur ces paysages si richement décorés par la nature. Mais chez Thérèse point de mélancolie, elle était si surnaturellement heureuse qu'Alix ne tarda pas à être entraînée à ses hauteurs et elles jouirent vraiment sans tristesse de ces derniers jours d'intimité. Seulement, quand vint l'heure du départ, leur cœur éclata et Mme des Rochers, qui aimait beaucoup Thérèse, mêla ses larmes à celles des deux amies.

Pour éviter les longues dissertations et les attendrissements, Thérèse, en dehors des proches membres de sa famille, n'avait communiqué sa détermination à personne; aussi fut-ce comme un coup de foudre quand on apprit aux Rochers que Thérèse R. était entrée aux Carmélites. On admira son courage, son énergie, son détachement; nul ne songea à la blâmer : « Elle s'est tant dépensée pour les autres, disait-on, il est juste qu'elle songe une fois à elle. » Mais tous regrettèrent de n'avoir pu lui dire un mot d'adieu.

A L..., cette grande nouvelle se répandit comme une traînée de poudre et la chapelle du Carmel se trouva trop petite le jour de la Sainte-Thérèse pour contenir la foule de connaissances et d'amis, désireux de voir une dernière fois en dehors des grilles celle qui allait s'y cacher pour toujours. Mais chacun fut déçu dans son attente; Thérèse avait prévu le coup et sa modestie l'évita. Elle avait devancé l'heure fixée pour son entrée; avant la messe, M. le doyen l'avait remise entre les mains de la Mère Prieure qui reçut cette chère fille à bras ouverts.

Le 28 décembre, Thérèse prenait l'habit avec le nom de sœur Thérèse de Jésus. Cette fois, ses amies des Rochers avaient été convoquées et elles étaient accourues. Mgr l'évêque de L. présida la cérémonie et fit ressortir l'héroïsme de cette immolation. Tous les cœurs étaient émus en voyant contre la grille cette blanche apparition qui, pour la dernière fois, avait revêtu les livrées du monde et dont les traits allaient disparaître pour toujours aux regards sous un voile épais!

Monseigneur, en se retirant, remarqua des regards humides, des airs attristés; il s'empressa de sourire en disant :

« Mais nous ne sommes pas à un enterrement, nous célébrons les noces d'une vierge! c'est une cérémonie de joie.

— Oui, pour celle qui est *derrière* les grilles, » répondit une voix.

Bientôt les membres de la famille de sœur Thérèse et les amies des Rochers se trouvèrent au parloir où les attendait une collation. Sœur Thérèse de Jésus se tenait à la grille, toute fière de sa nouvelle livrée, grondant amicalement ceux qui, les larmes aux yeux, venaient lui parler de séparation. Elle était très gaie et fit tant et si bien que chacun se trouva consolé. Alix, contre la grille, cherchait le moyen de dire un mot plus intime à son amie, lorsqu'elle se sentit prendre la main et attirée au dehors. C'était la Mère supérieure des Tertiaires qui lui glissa joyeusement à l'oreille :

« Vous pouvez entrer, Monseigneur l'a permis.

— Quel bonheur! » s'exclama Alix, et l'instant d'après elle était dans les bras de sœur Thérèse.

Grande fut la surprise des hôtes du parloir en voyant apparaître Alix derrière la grille.

« Prenez garde, lui cria-t-on, de nous revenir!

— Oh! soyez tranquilles, répondit-elle, on ne saurait que faire de moi de ce côté-ci. »

La Révérende Mère Prieure et la bonne sœur Anne de Jésus parurent aussi et mêlèrent leur note saintement joyeuse à ces entretiens semi-terrestres, semi-célestes. L'heure du dîner ayant sonné, Alix, sur l'invitation de la Mère Prieure, se rendit avec les religieuses processionnellement au chœur et de là au réfectoire. Rien de plus vénérable que ces usages et formes extérieures prescrits au Carmel! ce costume antique, ces prostrations faites d'une manière toute particulière, vous reportent au moyen âge. Alix imitait de son mieux et la bonne Mère Prieure ne pouvait réprimer un sourire, surtout au réfectoire, en passant à l'amie de la novice les épingles destinées à fixer la serviette qui sert en même temps de nappe. C'était fête ce jour-là; les Tertiaires offraient le festin des noces : un potage julienne, du macaroni, des pommes de terre rôties et une tarte aux pommes, voilà le menu, pas trop chargé, comme on peut s'en convaincre. Le couvert en bois, la vaisselle en terre, le gobelet en étain, le tout conforme à la plus parfaite pauvreté. Alix, assise à côté de son amie, jouissait d'un spectacle si nouveau et s'en édifiait profondément. Cependant ce fut avec un léger sentiment de satisfaction qu'elle quitta le réfectoire sans feu pour la salle de récréation où régnait une douce chaleur. Elle pensait : je ne porte point les vêtements de laine des Filles de sainte Thérèse, et, hélas! je possède encore bien moins cette flamme intérieure qui, plus que la laine, leur fait supporter gaiement l'action du froid. La Mère Prieure, aimable et bonne comme toutes les saintes, voulut bien prêter sa magnifique voix pour récréer les cœurs, et ces instants ne passèrent que trop rapidement, il fallut songer à se quitter. Les deux amies s'embrassèrent une dernière fois et Alix franchit la clôture pour se retrouver dans ce monde où souvent chaque pas est une souffrance, où chaque fleur cache une épine!

Elle emporta de ces heures passées au Carmel un parfum suave dont elle voulait au retour faire jouir sa mère et le conserver précieusement pour les jours sombres où, seule et sans appui, son âme pourrait se réconforter encore à ce souvenir.

Maintenant, un voile mystérieux dérobe à tous les regards la novice du Carmel. Quels autres que Dieu et ses Mères seront témoins de ses combats, de ses efforts incessants pour s'initier à une vie si nouvelle et si contraire à la nature?... C'est ici que l'énergie de sa volonté, ce grand don de Dieu, lui fait remporter victoire sur victoire. Par la permission des supérieurs, Alix est restée la confidente de sœur Thérèse de Jésus et il lui est donné d'admirer l'œuvre croissante de la grâce dans cette âme d'élite. Maintes fois, sœur Thérèse lui a dit : « Lorsque je me trouve dans ma cellule, je regarde autour de moi et je répète dans la joie de mon âme : est-ce bien possible, est-ce vraiment toi à qui Dieu a accordé une telle grâce !... Et je m'abîme dans mon indignité comme dans ma reconnaissance. Chaque jour je sens davantage que je suis à la place où Dieu me voulait et cette conviction fait ma force. »

Cette nature si active, tout adonnée aux œuvres extérieures, ne trouve pas maintenant de plus grandes délices que de chanter les louanges du Seigneur au saint office. De la contemplation elle passe au travail; son cher métier, elle le retrouve avec joie! et, plus encore que par le passé, son aiguille crée des merveilles! les figures de Jésus, de sa sainte Mère, des anges et des saints naissent sous ses points inspirés; l'œil ne se lasse pas de les contempler. Le monastère est pauvre, sœur Thérèse est heureuse de venir en aide à ses sœurs par son talent.

L'artiste du Carmel travaille avec bonheur : son rêve de vingt ans s'est réalisé!... la voilà dans une petite cellule seule avec son Dieu et son métier. C'est là que nous la laissons, morte au monde et à toutes ses vaines prétentions. La Carmélite prie, souffre, s'immole en silence. Dieu la voit et l'entend, la gloire du divin Roi est procurée, les âmes sont aidées! c'est tout ce qu'ambitionne l'humble Fille de sainte Thérèse.

Gabrielle CHANDELLIER (1)

ABRIELLE n'avait que trois ans quand le bon Dieu lui envoya sa première grande épreuve : elle perdit sa mère. D'ordinaire à cet âge, la mort passe sans laisser une grande impression; mais le cœur de la chère petite était particulièrement tendre; toute sa vie et jusqu'à la mort, Dieu seul a pu lui faire accepter la séparation des membres de sa famille.

La tendresse pour les siens était un signe distinctif de cet excellent cœur; aussi, à l'âge où notre Immaculée Mère se présenta au Temple, elle sentit le sacrifice et demanda à suivre sa chère maman avec toute l'énergie de son chagrin. Pour la distraire de cette pensée, on essaya de la lui enlever par une impression contraire.

« Mais si tu veux aller avec ta mère, lui disait-on, il faudra que tu meures; alors on fera un grand trou et on te mettra dedans, penses-y un peu.

— Cela m'est égal, répondait Gabrielle, je veux aller au ciel avec maman. »

Le divin Maître n'écouta pas ce désir filial et pourtant la séparation ne devait pas être bien longue. Bien jeune encore, mais déjà épouse de Notre-Seigneur, l'enfant ira retrouver sa mère.

(1) Née à Marly près Metz en 1865; morte en 1887. — (Extrait de : *Une âme privilégiée.* Vanves près Paris, Imprimerie franciscaine missionnaire. Reproduction interdite.)

Du ciel, Mme Chandellier veilla sur sa chère petite fille et Marie eut pour elle cet amour de prédilection que, dans sa bonté maternelle, elle accorde toujours aux orphelins. Ainsi protégée, Gabrielle grandit à l'abri du mal, à l'ombre de la plus affectueuse tendresse. Son caractère était charmant, sa nature très bien douée; elle savait se faire aimer de tous ceux qui l'approchaient.

Comme elle, ses aînées avaient vraiment une *bonne Maman* dans toute l'acception du mot; celle-ci veillait sur l'éducation de ses trois petites-filles, en mère et en chrétienne. Les belles qualités de la plus jeune des orphelines ne lui échappèrent pas et elle chercha à les développer par une éducation forte et sérieuse. Du reste sa tâche était admirablement favorisée, car dès le berceau, Gabrielle parut marquée de Dieu et inclinée au bien.

Dans sa toute petite enfance, elle rêvait déjà la vie religieuse; l'attrait l'inclinait vers ce qu'elle ne comprenait pas encore. Parmi ses livres d'images, elle affectionnait entre tous, un d'eux qui, au nombre de ses illustrations, avait la figure d'une religieuse. Elle restait à contempler cette gravure, disant à sa sœur :

« Vois-tu, sœur Gaîne (elle appelait ainsi son aînée, Marguerite), plus tard je serai aussi Carmélite. »

L'aimable enfant avait pour les pauvres une charité qui allait souvent jusqu'au sacrifice. Que de fois elle se priva de son dessert pour aller le porter à des malades!

Un jour son bon cœur fut plus généreux encore. Que ne fait-on pas quand on est petite, pour une poupée, surtout si elle est belle et séduisante? En fouillant dans ses souvenirs on se rappelle son propre attrait ou celui d'une sœur attirée par ces pimpantes miniatures.

Gabrielle les aimait comme toutes les petites filles et pourtant elle se refusa « une poupée modèle » pour en donner le prix à une orpheline. On avait deviné ce qu'il en avait coûté à son jeune cœur et on lui donna de nouveau, quelque temps après, la somme nécessaire à l'achat de la fameuse poupée. La généreuse petite ne voulut pas perdre une part de son sacrifice et le doubla en consacrant son nouveau trésor à une bonne œuvre.

Gabrielle était non seulement charitable, mais avec toute la sensibilité d'un cœur largement doué, elle cherchait à faire plaisir à tous ceux qui l'entouraient; elle avait à leur endroit les attentions les plus délicates.

Son bon père n'oubliait pas, même au foyer, le métier des armes, et il usait pacifiquement de son fusil contre les terriers des alentours. Un renard fut sa victime; il était superbe; en contemplant son magnifique pelage, il eut l'idée d'en faire une surprise pour Gabrielle. La peau fut montée en tapis et offerte à l'enfant qui se montra ravie de ce cadeau. Il fut déposé au pied du lit de Gabrielle, qui regardait et aimait son renard; surtout elle en était très fière.

Mais bien qu'attachée à la jolie fourrure, elle avait pour son institutrice une reconnaissance qui l'occupait bien davantage. Jugeant des goûts de celle-ci par les siens, elle imagina que la chère peau de renard ferait également le bonheur de la gouvernante; tout aussitôt elle la lui offrit, s'imposant cette privation afin de lui donner une joie, qu'elle croyait sans égale.

Ses parents, ses sœurs la voyaient aussi chercher le moyen de leur faire plaisir, et quand c'était la fête d'un membre de la famille, les inventions de son cœur la préoccupaient souvent longtemps à l'avance. Elle préparait mystérieusement ses petits cadeaux. S'absentait-elle, il lui fallait rapporter à chacun un souvenir.

La première fois qu'on lui permit d'aller seule à la ville voisine avec un domestique, elle crut faire merveille en choisissant pour sa sœur aînée une parure en imitation de jais. Il faut bien l'avouer, le choix était d'un goût douteux et peu artistique. Cependant la joie de la petite By (nom amical donné à Gabrielle) était telle quand son aînée portait la parure, que Marguerite la mettait très souvent.

Telles étaient les qualités aimables de Gabrielle; mais à côté de ces qualités, elle avait bien quelques défauts que nous ne voulons pas dissimuler. D'ailleurs comment passer sous silence le trait piquant qui va suivre?... Arrivée à la jeunesse, Gabrielle eut une volonté calme, douce, ferme qui devait être comme son cachet distinctif; dans l'enfance cette volonté arrêtée avait parfois des nuances d'entêtement.

A trois ou quatre ans, lorsqu'elle commença à apprendre à lire, elle connut très rapidement toutes les lettres de l'alphabet. Toutefois il y en eut une qu'elle refusa énergiquement de nommer; sa grand'mère la sollicita vainement, il n'y eut pas moyen de la décider. Son grand'père et ses sœurs redoutaient de la voir punie, et ils mirent tout en œuvre pour l'amener à obéir à sa grand'mère.

« Non, non, répondait malicieusement la jeune espiègle; c'est un F, mais je ne le dirai pas à bonne maman. »

Nous l'avons dit, Mme Poinsignon, sa grand'mère, était profondément chrétienne. Elle ne gâtait pas ses petits-enfants. Devant la ténacité de Gabrielle, elle se montra inexorable.

« Tu veux rester un âne toute ta vie, lui dit-elle, eh bien je ne t'apprendrai plus à lire. »

Là-dessus, elle ferma le livre, et ce fut à son tour de ne point céder. L'enfant eut beau supplier, elle tint ferme. La pauvre Gabrielle était désolée, ses yeux imploraient sa bonne maman; mais celle-ci voulait donner une leçon qui se gravât pour toujours dans sa petite tête, et rien ne put ébranler Mme Poinsignon.

Que fit Gabrielle? Elle prit une énergique résolution et se mit à étudier toute seule, voulant se faire pardonner par son application. Quand elle était trop embarrassée, elle allait demander du secours à ses deux sœurs aînées, qui le lui octroyaient d'autant plus volontiers, qu'elles trouvaient bien sévère la punition donnée à « leur chère petite By. » Grâce à sa persévérance vraiment extraordinaire chez une enfant si jeune, elle arriva à apprendre à lire.

De nouveau alors elle osa aller trouver sa grand'mère qui consentit enfin à lever la punition et à recommencer ses enseignements à sa bien-aimée petite-fille.

Quelle leçon pour les mères de famille parfois trop faibles! Mme Poinsignon eut la récompense de la fermeté qui avait dû coûter à son cœur. A partir de ce moment Gabrielle fit tant d'efforts, qu'elle devint en peu de temps aussi souple qu'elle avait été entêtée.

Nous en sommes aux défauts de Gabrielle et nous avons promis de n'en déguiser aucun. Les tendances défectueuses, montrées par les âmes vaillantes dans leur enfance, sont une grande consolation dans nos luttes. Elles les ont réformées, elles les ont vaincues par amour pour Dieu. Ce qu'elles ont fait, pourquoi ne le ferions-nous pas?

Gabrielle est restée toujours réservée et doucement fière; mais étant petite, cette dignité était de l'orgueil et même de la vanité. Comme sa mère Ève, de belles pommes lui donnèrent l'occasion de montrer ces dispositions superbes. Les pommes étaient rouges, luisantes, de celles qui ravissent l'œil des enfants; une petite fille du village avait le bonheur de posséder ce trésor dans sa demeure. Selon l'usage ancien de la campagne, les pommes avaient été serrées avec soin dans les appartements du haut de la maison villageoise. La petite campagnarde racontait à Gabrielle combien elles étaient belles et comment sa mère les avait disposées.

Au lieu de prendre part à la joie de la petite, Gabrielle se redresse d'une manière un peu hautaine et répond d'un air de protection :

« Mais nous, Marie, *nous sommes riches*, nous avons de l'argent et même des diamants. »

L'autre dut baisser la tête sans bien comprendre et Gabrielle ressentit un malaise dans sa conscience délicate.

Notre petite fille était extrêmement jolie. Son miroir ou des langues indiscrètes le lui avaient appris, paraît-il; aussi Mademoiselle prenait-elle des airs, qu'elle croyait gracieux, quand elle devait recevoir quelque visite. Elle minaudait même, afin d'arriver à plaire, ne voyant pas qu'elle se privait, au contraire, du charme de la simplicité.

Mais qu'on ne s'inquiète pas au sujet de Gabrielle, la bonne maman était toujours là. Attentive, elle suivait de près sa chère petite-fille et s'aperçut bien vite du manège de son orgueil. Elle parla à la fois à la raison et au cœur de Gabrielle, et au lieu de procéder par ces considérations humaines dont l'impression est passagère, âme pleine de foi, elle fit poindre l'humilité dans cette âme d'enfant, en la faisant remonter à Dieu.

« Tu tiens tout de lui, dit-elle à sa petite-fille. Si tu es plus riche, plus jolie que d'autres enfants, c'est que Dieu l'a voulu, afin que tu te serves de ces dons pour lui plaire ; si au contraire tu y trouves un moyen de l'offenser, il ne t'aimera point, il a en horreur l'amour de soi-même et déteste les petites filles orgueilleuses et coquettes. Du reste, ajouta finement la grand'mère, tu te trompes si tu crois te rendre jolie et agréable par ces manières qui te font devenir au contraire fort laide et désagréable. »

La petite Gabrielle comprit. Comme elle s'était corrigée de son entêtement, elle lutta contre son orgueil et devint l'enfant la moins occupée d'elle.

Gabrielle devint donc modeste ; mais il resta dans son cœur une énergie et un feu que sa douce apparence permettait difficilement de deviner.

En 1870, elle n'avait que cinq ans. Malgré ce jeune âge, ses sentiments patriotiques étaient dignes de son héroïque compatriote : Jeanne d'Arc n'eût pas répudié son amour pour la France.

L'état-major prussien avait établi son quartier général dans le vieux manoir de la famille Poinsignon. Les officiers se sentaient attirés vers cet ange aux yeux bleus, qui circulait tout petit au milieu de leurs uniformes ; mais malgré leurs efforts, ils faisaient peu de progrès dans les bonnes grâces de la fière petite Française. Ils eurent recours aux présents, moyen trop puissant, ordinairement, auprès de la pauvre humanité.

A la guerre, les bagages ne sont pas considérables; mais ils donnèrent tout ce qu'ils purent rencontrer, en un pareil moment, parmi leurs provisions : tablettes de chocolat et douceurs de ce genre essayèrent de faire la conquête de Gabrielle. Sa politesse et son patriotisme se livrèrent alors une guerre cruelle; refuser lui paraissait bien malhonnête; accepter l'humiliait au plus profond du cœur. Recevoir des cadeaux des officiers prussiens, c'était vraiment au-dessus de ses forces. L'amour de la France l'emporta sur la civilité, et elle répondit :

« Merci, je ne veux rien des Prussiens. »

En hommes d'esprit, ils se mirent à rire de cette fierté enfantine, ils insistèrent donc; mais si Metz se laissa prendre, ils ne purent triompher d'une enfant française et elle répondit avec fermeté :

« Non, je ne prendrai rien; si vous me donnez quelque chose, je le jetterai. »

Cinq ou six mois après la capitulation, Gabrielle eut de nouveau l'occasion d'affirmer ses sentiments. Cette fois ce fut l'ordonnance d'un officier qui l'exposa à la tentation. Ce militaire avait été envoyé à Metz et en avait rapporté des cerises qu'il offrit, au retour, à la gentille enfant, pour laquelle il les avait achetées. Un refus ferme accueillit sa gracieuseté. Plus tard l'excellent cœur de Gabrielle eut quelques remords à ce sujet.

« J'ai eu tort, disait-elle, de refuser à ce pauvre soldat qui avait payé, pour moi, ces cerises bien cher. Les officiers, c'est différent; mais ce pauvre homme avait si peu d'argent! »

A la suite des événements politiques, ses parents durent quitter l'habitation de leurs ancêtres, ils s'en allèrent le moins loin possible, dans un village auprès de Nancy. C'est là qu'à sept ans et demi, Gabrielle suivit avec une piété remarquable une mission prêchée par un Père de la Compagnie de Jésus.

Il ne connaissait pas Gabrielle; mais cette enfant, qui priait avec tant de recueillement, attira son attention et le frappa d'étonnement. Il fit alors la connaissance de sa famille et témoigna le désir de donner à Gabrielle le scapulaire du Mont-Carmel. Cette âme d'enfant lui avait laissé voir la grande dévotion qu'elle avait toujours eue pour la très sainte Vierge; le bon Père avait compris que chez elle la grâce avait devancé l'âge et qu'elle porterait dignement la livrée de sa divine Mère. Les pieux parents donnèrent volontiers l'autorisation et Marie prit ainsi possession de son enfant dès l'âge le plus tendre. Cette mission fut pour Gabrielle l'occasion d'une grâce plus grande encore; le Père Jésuite apprit dans la famille que la sœur de Gabrielle se préparait à faire sa première communion dans deux ans.

« Pourquoi cette chère petite n'aurait-elle pas le même bonheur? » demanda-t-il à Mme Poinsignon et à M. Chandellier, en désignant leur Benjamine.

Il rencontra d'abord chez tous deux une sérieuse opposition : ils déclaraient l'enfant beaucoup trop jeune. Le Père ne se tint pas pour battu; il gagna à sa cause le Curé du village. Tous deux revinrent trouver la famille, affirmèrent qu'ils répondaient de Gabrielle, et que, toute jeune qu'elle était, deux années seraient plus que suffisantes pour la préparer à recevoir ce divin Jésus que son cœur savait déjà mieux aimer qu'un autre enfant.

Mme Poinsignon et M. Chandellier se rendirent aux raisons que leur donnaient le digne Pasteur et l'excellent religieux. Gabrielle eut connaissance de cette décision; sa joie fut immense; depuis longtemps elle désirait faire sa première communion, et la pensée que sa sœur approchait plus qu'elle de ce grand jour lui causait une sainte envie. Partager son bonheur était une grâce dont elle se sentait bien indigne, mais aussi une consolation ineffable, dont elle n'osait encore accepter l'espoir, même après la décision donnée. Toutefois, sans trop compter sur son bonheur, elle se mit à l'étude du catéchisme avec une attention exemplaire ; elle s'appliquait de toutes ses forces à bien étudier et surtout à bien se rendre compte de ce qu'elle apprenait.

A l'église, elle se distinguait toujours entre toutes par sa tenue modeste et sa grande piété.

A mesure que le jour de la première communion de sa sœur approchait, l'ardeur de Gabrielle devenait plus grande. Le bon Maître ne trompa point son attente ; ses parents tinrent la promesse qu'ils avaient faite : elle accompagna sa sœur à la sainte

VUE DE METZ (P. 287.)

Table. Le deuxième dimanche après Pâques, 11 avril 1875, elles reçurent toutes deux le Pain des Anges.

Comment peindre la joie de Gabrielle ? Son bonheur fut immense et se trahit à l'extérieur. Plus que tout autre, le prêtre qui lui donna la communion, en fut frappé. Il avoua que l'expression angélique de cette enfant lui était allée si droit au cœur, qu'en déposant l'hostie sur ses lèvres, il n'avait pu retenir ses larmes.

Ceci nous donne une idée des grâces de choix dont l'âme de notre Gabrielle était remplie par l'amour de son Dieu. Elle n'avait que neuf ans et demi, lorsqu'elle s'unit à lui d'une manière si étroite et qui devait toujours aller en se resserrant.

A côté des prédilections de Notre-Seigneur, nous trouvons toujours celles de la très sainte Vierge. En ce beau jour de la première communion, ce fut cette Benjamine qui fut choisie pour réciter l'acte de consécration à sa Mère Immaculée. Cette consécration fut définitive pour Gabrielle; la main de la divine Mère ne devait pas la quitter. Elle avait choisi cet agneau pour le conduire au milieu du troupeau de ses missionnaires. A l'heure de la mort, la consécration des vœux devait lui donner à jamais une place de choix parmi les vierges de l'Immaculée qui suivent sans cesse l'Agneau divin, leur époux et leur Dieu.

Le 8 mai suivant, une autre grâce devait parfaire celle de la première communion : Gabrielle fut confirmée. L'Esprit d'amour, en prenant davantage possession de son cœur, lui fit entendre l'appel et la voix de Jésus-Christ.

Nous l'avons dit, l'orpheline avait été adoptée par la Reine du ciel d'une façon toute spéciale. De même que les fleurs se tournent vers le soleil, le cœur de Gabrielle s'inclina tout d'abord vers un Ordre consacré à Marie. Le Carmel occupa donc en premier lieu ses pensées et ses désirs, mais ce n'était point parmi les filles de l'illustre sainte Thérèse que Dieu avait marqué sa place, bien qu'il la voulût fille de la très sainte Vierge. Un autre appel vint, peu après, lui indiquer sa voie et lui montrer un autre but.

Elle apprit l'entrée d'une jeune fille dans l'Ordre franciscain ; son âme fidèle se sentit aussitôt vivement touchée : la pauvreté, le détachement de saint François étaient pleins d'attraits pour elle. Être la fille du séraphique Pauvre, porter elle aussi ce nom de Franciscaine lui sembla la part de son héritage. Mais où et comment se réaliseraient les desseins de Dieu? Gabrielle l'ignorait, elle ne connaissait aucune branche de l'Ordre de saint

François et n'avait jamais vu un religieux ni une religieuse faisant partie de cette nombreuse phalange.

Les impressions de l'imagination passent, mais celles qui viennent du Saint-Esprit et des anges sont dans le plan de Dieu et la touche divine laisse un souvenir ineffaçable.

Appelée par Marie et par François d'Assise, Gabrielle ne voyait autour d'elle aucun moyen humain de leur appartenir à la fois. Pour arriver à accomplir la volonté de Dieu, elle prit à cette époque la résolution de réciter tous les vendredis le petit Office du Sacré-Cœur. Elle resta très fidèle à cette pratique. Le Cœur divin ne l'oublia pas et son amour travailla de plus en plus l'innocente jeune fille.

Les années qui suivirent s'écoulèrent paisiblement; la famille Chandellier vivait à la campagne et sortait rarement. Dans un tel milieu, si le monde avait peu de prise, les secours spirituels n'étaient pas non plus très nombreux. On peut dire que Jésus, comme jaloux d'agir tout seul dans cette âme, l'avait privée du secours de la direction.

Sa servante fidèle ne s'arrêta pas pour cela; de même que seule elle avait appris à lire, elle se mit, seule aussi, à travailler courageusement à se sanctifier. La voyant si forte, son divin Époux la soumit à une des épreuves les plus crucifiantes de la vie spirituelle : les scrupules envahirent son âme.

Plus tard, parlant de ce temps douloureux à ses Supérieures, elle avouait avoir enduré un véritable martyre. L'obéissance à son confesseur vint à son secours, le démon perdit son empire, grâce à ce remède souverain qui resta toujours la force de Gabrielle. La crainte de Dieu, ce don qui est le commencement de la sagesse, demeura au cœur de la jeune fille, comme souvenir de cette lutte.

Dans ce milieu paisible, le désir d'entrer en religion s'assoupit un instant. Au jour de la Toussaint, les bienheureux vinrent réveiller celle qui devait si promptement devenir leur sœur.

« Ce jour-là, disait-elle, je me suis convertie. »

Dès lors, elle réfléchit plus sérieusement. Dieu et ceux qu'elle aimait se placèrent sans cesse en face de son âme; elle devait tout à sa famille, mais plus encore à son Créateur. Elle était trop fidèle, l'éducation qu'elle avait reçue était trop pleine de foi, pour qu'elle ne comprît pas la parole de notre premier commandement, hélas! trop oubliée de nos jours :

« Un seul Dieu tu adoreras et aimeras parfaitement. »

Pouvons-nous refuser quelque chose à Celui qui a sur nous tous les droits, sacrifier son bon plaisir à nos affections de famille, si attachantes qu'elles soient?

L'amour, la foi, la raison nous disent le contraire; pratiquement cependant, de nos jours, on est tenté de penser qu'il faut une entière liberté du côté de la terre pour se donner à Dieu.

Malgré la tendresse de son cœur pour tous les siens, Gabrielle n'hésita pas à faire son sacrifice; elle parla même dans ce sens à plusieurs prêtres et religieux. Dieu l'éprouva encore de ce côté et ce fut sans doute dans un dessein d'amour; personne n'entra dans ses vues, on lui répondait qu'elle était trop jeune et on la retardait toujours.

La pauvre petite souffrait de cet état de choses; malgré les directions reçues, l'appel se faisait toujours entendre; certains jours, certaines grâces lui donnaient une force de plus.

C'est ainsi qu'en 1882, revenant d'une première Messe, d'autant plus émouvante pour elle que le nouvel ordonné était un de ses cousins, elle écrivit sur un papier ces mots bien simples mais qui témoignaient de l'ardeur de ses désirs : « Mon Dieu, donnez-moi la vocation religieuse! »

Sur ces entrefaites, la sœur aînée de Gabrielle fut atteinte de la fièvre typhoïde et tellement malade que le médecin la déclara perdue. On attendait son dernier moment, tout semblait fini; mais on eut recours à la Sainte Vierge : on promit d'aller en pèlerinage à Notre-Dame de Lourdes, et Gabrielle, qui se sentait probablement celle que Dieu cherchait dans la famille, pria plus que tout autre pour la guérison de sa sœur.

Marie exauça tant de supplications. Marguerite Chandellier guérit; mais le divin Maître avait exigé de sa jeune sœur une compensation.

Notre mère Ève a laissé à ses filles un certain attrait pour leurs dons naturels; le travail de l'amour divin les détache peu à peu de ces agréments extérieurs. Gabrielle n'était pas indifférente à la beauté de ses blonds cheveux, elle tenait également à ses bonnes dents; lorsque sa sœur fut à l'agonie, Dieu lui inspira de se sacrifier elle-même. Il donna à la chère enfant l'idée d'offrir au Ciel ses cheveux et ses dents....

Le marché fut accepté, en partie du moins : Marguerite guérit et les cheveux de Gabrielle tombèrent soudainement avec une rapidité extraordinaire. Rien n'arrêtait leur chute; sa sœur aînée, bien portante alors, ne se doutant pas qu'ils étaient sa rançon, lui dit un jour :

« C'est désolant, tu vas devenir chauve, rien n'empêche tes cheveux de tomber! »

Notre chère Gabrielle sourit et répondit simplement :

« Que cela ne t'étonne pas, le bon Dieu me les prend parce que je les lui ai donnés quand tu étais malade. »

Ce trait a son importance; il indique à la fois les voies de Dieu dans cette pieuse famille, puis aussi combien le cœur de Gabrielle était généreux et oublieux d'elle-même. Elle avait alors seize ans.

Vers ce même temps, Gabrielle fit au Sacré-Cœur de Metz la retraite des Enfants de Marie; cette nouvelle grâce fut la source de bien d'autres. C'est à partir de ces pieux exercices qu'elle commença à lire très assidûment *La Perfection chrétienne* de Rodriguez, qui devait lui faire commencer sous le toit paternel une sorte de noviciat religieux. Elle y trouva des moyens et des lumières pour se sanctifier et se vaincre en toute occasion et elle prit l'habitude de ne reculer devant aucune épreuve, grande ou petite; tout lui était bon pour s'exercer à la mort à elle-même. Jusque-là, elle avait été excellente aux yeux du monde; mais alors elle commença à devenir sainte sous le regard du céleste Époux.

Ses progrès frappèrent tout le monde : peu à peu on voyait disparaître même ses légères imperfections; on la trouvait toujours prête à obliger et ne songeant jamais à elle : lui demandait-on un service, elle quittait son ouvrage, ses études, ses prières, avec un visage souriant, comme si au lieu de la déranger, on lui eût procuré le plus grand plaisir. C'est souvent un écueil pour les âmes pieuses d'avoir une trop grande attache à leurs exercices et à leurs habitudes et de ne point savoir sacrifier la régularité légitime qu'elles se sont imposée à la charité qui les sollicite. Gabrielle sut saisir le joint délicat; on y arrive par le mépris de soi-même; son âme était déjà assez mûre pour le comprendre.

A son insu l'esprit de saint François s'emparait d'elle de plus en plus; sa dévotion spéciale devint la conformité à la volonté de Dieu. Selon l'esprit séraphique, elle voyait et adorait en tout le vouloir divin, elle louait en tout et partout le Seigneur, par sa soumission :

« Oui, disait-elle, même dans mon fil qui se casse pour éprouver ma patience. »

Elle comprenait combien Dieu était bon en se manifestant à elle, en la conviant à une si grande fidélité. Parfois cette crainte amoureuse, dont nous avons parlé plus haut, lui faisait redouter de ne pas être assez fidèle à ce Dieu qui la comblait de faveurs; elle redoublait alors d'attention, s'efforçant d'accomplir plus parfaitement le bon plaisir divin.

Malgré les épreuves que lui causait sa crainte du mal, son caractère se maintenait gai, plein d'entrain, son esprit était très réjouissant. Véritable oiseau du bon Dieu, elle chantait toute la journée des cantiques et des psaumes.

Elle s'appliqua avec quelques succès à l'étude du latin, désirant bien comprendre les prières liturgiques que son esprit juste et profond préférait à toutes les autres. Elle en faisait ses délices et récitait chaque jour l'Office de la Sainte Vierge avec une piété qui disait assez son amour pour son Immaculée Mère.

C'est dans un missel qu'elle aimait à suivre la messe. Ces lectures sérieuses alimentaient et nourrissaient en elle une dévotion positive et vraie. Elle ne négligea pas cependant les arts d'agrément; ses jolies enluminures entourent encore les pieuses pensées qu'elle confiait au papier. Nonobstant ses occupations, elle récita pendant plus d'un an le rosaire; elle avait pour cette pratique si chère à Léon XIII une dévotion toute spéciale.

Jamais on n'oubliera ce qu'était sa prière; dès qu'elle parlait à Dieu, son visage devenait comme transfiguré; il y avait sur son front une sorte de rayonnement. Chacun s'en apercevait, il arrivait même qu'on lui en parlait, ce qui la couvrait de confusion.

« Que dites-vous? répondait-elle, je prie si mal, j'ai tant de distractions, si vous saviez ce qui se passe en moi, vous ne me croiriez certes pas aussi sainte que vous le dites. »

En 1885 et 1886, Gabrielle fit, en compagnie de ses sœurs et d'un oncle, plusieurs pèlerinages qui contribuèrent beaucoup à l'éclairer sur la grande question de sa vocation. Elle se sentit irrésistiblement attirée vers la nombreuse phalange de saint François.

A Rome, la pieuse jeune fille s'ouvrit à un Père Franciscain dont les sages conseils lui fournirent une direction aussi salutaire qu'appréciée. Aussi, à peine de retour à Marly, elle s'empressa de continuer des rapports pleins de filiale confiance avec celui que la divine Providence lui avait donné pour guide.

« Nous sommes seulement rentrées depuis deux jours, lui écrivait-elle le 10 mars 1886. C'est en toute simplicité que je viens m'adresser à vous.

» Une de mes principales intentions, en venant dans la Ville éternelle, était de demander à Notre-Seigneur de m'éclairer sur ma vocation, afin d'accomplir sa volonté.

» J'ai fait de tout mon cœur la neuvaine à saint François et à saint Joseph; j'ai tâché de me rendre indifférente à n'importe quel état. Je n'avais qu'une crainte, c'était de rester dans le monde. Cette pensée, quoique me souriant parfois, jetait mon âme dans une grande tristesse. Je conjure Notre-Seigneur de me faire la grâce de n'avoir pas d'illusions; je me méfie de moi, je me demande si mes bonnes pensées viennent de Dieu ou de mon imagination. Ma tendance est pour la vie religieuse que je trouve plus parfaite; je ne connais point le monde et n'ai qu'une crainte, celle de me laisser entraîner par lui. Toute jeune, j'ai pensé à me faire religieuse; en grandissant je me suis laissée attacher par les chères affections qui m'entourent.

» Depuis cinq ans, je combats cette tendance vers les choses de la terre, en conjurant Notre-Seigneur de me faire la grâce de n'être qu'à lui. Je ne triomphe pas toujours de moi; quand je succombe, je suis dans l'ennui et le trouble intérieur.

» Je ne saurais mieux vous dépeindre mes goûts, mon Révérend Père, qu'en vous donnant le détail de ma vie de tous les jours, qui est tout à fait conforme à mes idées.

» Je me lève de bonne heure; je récite mes prières du matin, fais un quart d'heure de méditation, ensuite je dis mon office. Puis je vais à la messe. En rentrant je m'occupe du ménage; vers neuf heures, je me mets au travail qui consiste, le matin, dans une heure de latin, une autre heure à différentes études; je finis par dessiner ou peindre. Tout ceci, je le fais avec beaucoup de goût.

» L'après-midi est employé aux travaux à l'aiguille pour les églises ou pour nous. Mes sœurs ou moi nous lisons pendant le travail. Nos ouvrages favoris sont les œuvres de Montalembert, de Lacordaire, ou de quelques bons écrivains. De romans, nous n'en lisons jamais.

» J'ai besoin d'une vie active. Je trouve qu'ici, je n'ai point assez l'occasion de pratiquer la vertu, surtout l'humilité. Je ne suis utile qu'à soigner ma grand'mère qui est sur son lit, depuis deux ans, sans espoir de guérir.

Elle avait une grande dévotion à ce saint. (P. 157.)

» C'est elle qui nous a élevées, ma mère étant morte lorsque nous étions toutes jeunes. Mon père, qui était militaire, a quitté le service pour être avec nous. Je crois qu'ils ne s'opposeront pas à ma vocation, ayant approuvé celle de deux de mes cousins qui ont quitté de très belles positions dans le monde, l'un pour être Jésuite, l'autre pour être prêtre séculier : ce dernier est mort dernièrement.

» Je vais me confesser tous les quinze jours. J'ai reçu la permission d'aller communier deux fois la semaine. Je ne le fais pas, je n'ose jamais communier que trois fois après ma confession : de nature je suis un peu scrupuleuse.

» Si ces détails ne sont pas suffisants pour vous éclairer, mon Révérend Père, je suis prête à recommencer et à faire tout ce qui dépendra de moi pour vous obéir. »

Et quelque temps après, elle écrivait au même religieux :

« Votre bonne lettre est venue me combler de joie. Je ne saurais vous dire quelle paix règne en mon cœur, maintenant que je connais la volonté de Dieu.

» C'est de toute mon âme que je veux correspondre aux desseins de Notre-Seigneur. Je ne veux pas brusquer les choses en parlant tout de suite de mon projet à mes parents ; ils pourraient croire que c'est un pur effet de mon imagination ; peut-être me refuseraient-ils un consentement que, plus tard, je pourrais obtenir.

» Auriez-vous la bonté de me tracer un plan de vie qui me facilite la persévérance dans mes résolutions ? C'est avec bonheur que je vous obéirai, étant assurée par là de plaire à Dieu. »

On voit avec quelle simplicité et quelle ferveur la chère enfant se dispose à son entrée en religion. Le temps d'épreuve, qu'elle s'était imposé elle-même, étant terminé, elle manifesta son désir à ses pieux parents. Ils lui accordèrent immédiatement leur consentement, non sans éprouver un vif chagrin ; mais jamais ils n'auraient voulu s'opposer aux desseins de Dieu sur leur enfant.

Elle-même souffrait beaucoup à la pensée de se séparer des siens ; la grâce la portait. Malgré sa sensibilité, elle gagnait tous les jours du terrain sur son cœur et sur les cœurs qu'elle aimait.

Au commencement de janvier 1887, elle obtint de ses parents la permission de demander son admission dans l'Institut des Franciscaines Missionnaires de Marie. Sa grand'mère a dit elle-même dans une lettre à la Supérieure générale ce que furent les derniers jours de cette pieuse enfant au milieu de sa famille.

« Ma Très Révérende Mère, — Priez bien pour nous afin que Dieu nous aide dans les jours si pénibles qui nous approchent du moment cruel de la séparation. Je n'ose y songer et je rassemble toutes mes forces pour quitter avec courage et résignation ce cher ange que tous nous aimons tant. Elle part avec calme et toujours plus convaincue de sa vocation. Dieu veuille lui faire trouver la paix et le bonheur dans son noviciat! L'annonce de votre venue aux Châtelets (1), pour cet été, a été bien agréable à mes chères petites-filles; Marguerite, Hélène et peut-être leur cousine auront le bonheur de vous voir; M. Chandellier, celui de faire votre connaissance.

» Je regrette de ne pouvoir remettre ma Gabrielle entre les mains de Madame la Supérieure des Châtelets. Comme j'aurais désiré la connaître et voir la nouvelle résidence de ma chère petite-fille! Il faut me résigner à tous les sacrifices que le bon Dieu m'impose, mais ce n'est pas sans souffrances. J'ai écrit aux Châtelets pour annoncer l'arrivée de Gabrielle; elle y sera le 2 juin, j'espère. Nous sommes tous très touchés de l'accueil fait à notre future novice; elle s'en rendra digne, je n'en doute pas. Elle part dans un temps bien choisi; le lendemain de la Pentecôte, dans les derniers jours de mai, pour entrer au commencement du mois du Sacré-Cœur.

» Que le Saint-Esprit la guide, que la Sainte Vierge la bénisse, dans son sanctuaire de Chartres, et que Notre-Seigneur la place dans son Sacré-Cœur, pour qu'elle puisse y trouver toutes les vertus qui constituent une bonne et fervente religieuse; c'est le vœu de notre affection à tous. »

(1) Où se trouve le noviciat des Franciscaines Missionnaires de Marie.

Gabrielle disait de son côté :

« Je vais donc quitter Marly le lundi de la Pentecôte. Nous arriverons aux Châtelets dans les premiers jours de juin, sous la protection du Sacré-Cœur.

» Une nouvelle faveur m'est accordée; nous devons nous arrêter à Chartres pour vénérer, dans l'antique cathédrale, la Vierge miraculeuse. Je vais lui demander de bénir la nouvelle vie que je vais embrasser, et pour mes parents, les grâces dont ils ont tant besoin. Je les trouve bien résignés à la volonté de Dieu; mais qu'il est dur de les faire souffrir! Malgré cela le bon Maître nous soutient. Je lui demande de donner à ma chère bonne maman la force de supporter cette épreuve. Je crains que sa santé si ébranlée ne souffre trop de ce sacrifice. Quand je me mets à penser à l'avenir, j'ai peur pour elle, mais ce qui me donne du calme c'est de me jeter entre les bras de Dieu en me soumettant à sa volonté de tout mon cœur. »

Et la séparation s'effectua avec un grand courage de part et d'autre....

Nous terminerons cette rapide esquisse en citant quelques notes données sur Gabrielle par une de ses cousines :

« Très jeune encore, Gabrielle avait le désir de la vie religieuse; elle le nourrissait secrètement dans son cœur, le confiant à Dieu avec une foi, une ardeur, un abandon absolus; sa simplicité, son amabilité, son à-propos plein d'enjouement, une physionomie, un regard doux et limpide lui attiraient tous les cœurs; rien ne perçait des luttes que cette âme énergique subissait au dedans d'elle-même. Douée d'une grande délicatesse de conscience qui allait parfois jusqu'au scrupule, elle souffrait de la moindre imperfection; tout ce que le monde apprécie et estime lui était une croix. Le travail incessant qu'elle faisait sur elle-même était l'occasion de combats continuels qui l'avaient mûrie d'une façon remarquable. A vingt ans, elle avait acquis une force d'âme qu'on n'obtient d'ordinaire que par de longues souffrances et des années d'expérience.

» A cet âge, elle me faisait part de ses réflexions intimes sur sa vocation, alors qu'elle n'avait absolument que Dieu pour directeur. Elle me parlait souvent de son abandon à la sainte volonté de Dieu, me disait que sa voie avait toujours été de ne rien refuser à Notre-Seigneur. Peu après, le ciel lui fit la grâce de trouver dans le P. Raphaël un directeur qui comprit immédiatement cette belle âme. Gabrielle surabondait de joie intérieurement, voyant que ses désirs n'étaient pas le fait de son imagination, mais de la vérité.

» Être à Dieu pour toujours faisait ses délices. Dieu, qui l'avait si bien douée sous tous les rapports, lui avait donné un cœur aimant. Tous les trésors de son affection appartenaient à son père, sa grand'mère, ses sœurs ; les quitter était un déchirement affreux, il fallait sa volonté, son énergie, surtout son amour pour Dieu, pour arriver à la consommation d'un tel sacrifice.

» Au moment de communiquer sa grande décision à son père, elle me disait avec un courage surnaturel :

« Je dois sacrifier Dieu ou ma famille. Eh bien, je ne sacrifierai » pas Dieu qui doit être à moi pour l'éternité. »

» Puis elle ajoutait :

« Dieu *a aussi ses vues*. Il demande à ma famille ce grand » sacrifice; ne pas répondre à son appel ne serait pas aimer » mes parents; car j'en suis persuadée, Dieu leur accordera des » grâces immenses, en compensation de la peine que je vais » leur causer. »

» Quel cœur rempli de foi, et comme on sent déjà que c'est une victime prête et toute disposée à entrer dans un Institut qui s'offre en holocauste pour l'Église et pour les âmes !

« Oui, j'irai, disait-elle en parlant de l'Institut; car je sens que » c'est là que Dieu me veut et, quand je saurais n'y vivre que » *quelques mois*, je partirais quand même. »

La nouvelle de son départ éclata à Marly comme un coup de foudre; elle l'avait tenu secrète jusqu'au dernier moment, voulant éviter des adieux pénibles et aussi les récriminations et les censures du monde. Lettres et visites affluèrent à Marly; ce fut une surprise, un regret général, surtout parmi les gens du village, qui pleuraient à chaudes larmes et venaient sans cesse demander: « *Si Mam'zelle Gabrielle se plaisait bien là-bas.* »

Ce fut sa sœur aînée et une de ses tantes qui la conduisirent au noviciat. La porte se referma sur elle; elle était en possession du trésor qu'elle avait acheté au prix de tant de déchirements. Sa bonne grand'mère lui avait dit un jour :

« Songes-y, ces Religieuses sont en Chine à Tché-Fou; bien près, il y a eu, à Tien-Tsin, un massacre de Religieuses; la mort et le martyre peuvent être la conséquence de ta vocation. »

Gabrielle avait répondu avec sa simplicité ordinaire :

« Cela m'est égal; on souffre si peu de temps, c'est si vite fini de mourir, et on va tout droit au ciel!... »

C'était, en quelque sorte, le résumé de ce qui l'attendait aux Châtelets. Gabrielle resta forte et vaillante jusqu'à la fin.

TABLE

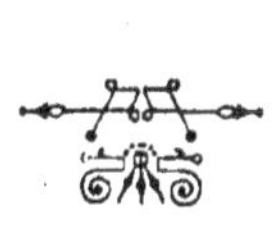

— Lille. Typ. A. Taffin-Lefort. 1900 —

www.ingramcontent.com/pod-product-compliance
Ingram Content Group UK Ltd.
Pitfield, Milton Keynes, MK11 3LW, UK
UKHW021059220726
13924UKWH00005B/2156

9 782019 930585